浙江绿色管理 理论和经验研究系列丛书
Green Management

研究阐释党的十九届四中全会精神国家社科基金重大项目（项目编号：20ZDA087）资助

浙江绿色管理案例和经验

美丽乡村管理篇

（第一辑）

高友江◎编著

经济管理出版社
ECONOMY & MANAGEMENT PUBLISHING HOUSE

图书在版编目（CIP）数据

浙江绿色管理案例和经验——美丽乡村管理篇（第一辑）/高友江编著 .—北京：经济管理出版社，2020.6
ISBN 978-7-5096-7473-4

I.①浙… Ⅱ.①高… Ⅲ.①社会主义建设—案例—浙江 ②农村—社会主义建设—案例—浙江 Ⅳ.①D619.55 ②F327.5

中国版本图书馆 CIP 数据核字（2020）第 161030 号

组稿编辑：张莉琼
责任编辑：丁慧敏　张莉琼
责任印制：黄章平
责任校对：陈晓霞

出版发行：经济管理出版社
　　　　　（北京市海淀区北蜂窝 8 号中雅大厦 A 座 11 层　100038）
网　　　址：www.E-mp.com.cn
电　　　话：（010）51915602
印　　　刷：北京晨旭印刷厂
经　　　销：新华书店
开　　　本：720mm×1000mm/16
印　　　张：16.75
字　　　数：283
版　　　次：2020 年 6 月第 1 版　2020 年 6 月第 1 次印刷
书　　　号：ISBN 978-7-5096-7473-4
定　　　价：78.00

总　序

　　《浙江绿色管理理论和经验研究系列》丛书是改革开放 40 多年来（特别是近 20 年以来）浙江绿色管理各领域的理论探索和经验案例的系统总结。

　　随着现代文明的发展，能源危机和环境污染成为当代社会面临的重要问题，开拓一条节能减排、低碳环保的绿色转型之路成为社会发展的必然战略选择。绿色管理（Green Management）正是在这样的形势下受到越来越多的关注，不仅成为一种重要的社会发展趋势，也成为未来经济新的增长点。绿色管理是指将资源节约和环境保护理念融入人类管理活动的具体环节，以期在人类管理活动的各层次、各领域、各方面、各过程实现绿色、节约、环保和可持续。需要指出的是，绿色管理是一种全新的管理思想和理论体系，是对现有管理思想和体系的彻底变革。且随着理论和实践的深入，绿色管理也从狭义的企业内部延伸到企业外部（如政府机构、非政府组织、社会公众等领域）。绿色管理既是国家层面绿色发展战略规划的应有之举，也是社会层面全员应有的自觉自为。党的十九大报告明确指出，我们要建设的现代化是人与自然和谐共生的现代化，而绿色管理就是探索人与自然和谐共生之路的有益实践，是实现社会可持续发展的坚实助力。因此，深入探索绿色管理经验成为中国可持续发展的迫切需要。

　　改革开放 40 多年来，浙江锐意进取，大胆实践，形成了有浙江特色的发展道路，创造了令人瞩目的"浙江模式"，形成了卓有成效的"浙江经验"，书写了生动宝贵的"浙江精神"。浙江是习近平总书记"绿水青山就是金山银山"发展理念的发源地，也是绿色发展的先行地。2003 年，时任浙江省委书记的习近平同志在浙江启动生态省建设，打造"绿色浙江"。2005 年，习近平同志在浙江安吉首次提出"绿水青山就是金山银山"的科学论断和发展理念。从此，浙江绿色发展从初阶、浅层、零散阶段（1978~2003 年）进入了高阶、深层、系统阶段（2003 年至今），提前迈进了新时代。根据《中国经济绿色发展报告 2018》，浙江的绿色发展指数名列全国第一。另据国家统计局

2017 年发布的"2016 年生态文明建设年度评价结果公报"，浙江在省份排名中位列第二。浙江是唯一在两份排名中都稳居前二的省份。改革开放 40 多年来（特别是近 20 年以来）的浙江发展实现了高质量经济发展和高标准绿色发展的高层次统一，成为中国省域层面成为一道亮丽的风景。

改革开放 40 多年来，浙江发展的一个基本经验就是坚持绿色发展、坚持保护环境和节约资源，坚持推进生态文明建设。浙江是中国陆地面积最小的省份之一（仅 10 万平方公里），人多地少、资源短缺，面临严峻的资源环境约束，践行绿色管理既是经济社会发展的内在要求，也是缓解经济发展与资源环境矛盾的必然选择。在浙江发展过程中，绿色管理贯穿生产方式与生活方式全过程，贯穿政府管理、企业管理和社会管理各层面，发挥了极其重要的作用，积累了极其宝贵的经验，初步形成了浙江特色的政府、企业、社会多元协同共治的绿色管理体系。在这一理论和现实背景下，探索并总结浙江绿色管理的理论、案例和经验极有必要，《浙江绿色管理理论和经验研究系列》丛书应运而生。

《浙江绿色管理理论和经验研究系列》丛书是我们多年来对浙江绿色管理实践持续关注和深入研究的结晶，主题涵盖了改革开放 40 多年（特别是近 20 年以来）浙江绿色管理的多个方面。丛书第一辑共 6 本，其中，《浙江绿色管理案例和经验——企业绿色管理篇（第一辑）》（王建明编著）主要依据企业绿色管理的生命周期分类介绍浙江企业绿色战略、绿色创新、绿色生产、绿色市场、循环经济等实践案例和经验启示；《浙江绿色管理案例和经验——城市绿色管理篇（第一辑）》（王建明编著）主要依据市县绿色管理的思路分类介绍浙江县域绿色规划、绿色发展、绿色治理、绿色改造、绿色督察等实践案例和经验启示；《浙江绿色管理案例和经验——美丽乡村管理篇（第一辑）》（高友江编著）主要根据浙江乡村地貌特征分类介绍浙江乡村山地丘陵且沿溪环河地带、山地丘陵且沿江环湖地带、山地丘陵地带等地的实践案例和经验启示；《浙江绿色管理案例和经验——垃圾治理篇（第一辑）》（高键编著）主要根据浙江垃圾分类管理的内容分别介绍城市垃圾分类管理，农村垃圾分类管理，垃圾减量、清运和回收管理，垃圾处置等实践案例和经验启示；《浙江绿色管理案例和经验——水污染治理篇（第一辑）》（冯娟编著）主要根据浙江水污染治理的领域分类介绍浙江治污水、排水、五水共治、河湖长制等实践案例和经验启示；《浙江绿色管理案例和经验——政府监管篇（第一辑）》（赵婧编著）主要根据浙江政府监管的主题分类介绍浙江环境监管体制改革、环境监管考核评价体系改革、环境执法实践、产业监管实践等实践案例和经验启示。

本丛书通过浙江绿色管理案例的生动呈现，以不同的主题、不同的维度和不同的切入点全面深入地展现浙江绿色管理的理论进展和实践成果，并进一步凝练出浙江绿色管理的系统理论，旨在打造一个全面丰富的绿色管理"浙江样板"。期望本系列丛书的出版能够丰富中国特色的绿色管理理论体系，为探索绿色管理经验的社会各界人士提供现实理论和实践参考，以全面深入地推进中国和世界的绿色高质量发展。

浙江财经大学工商管理学院院长　王建明
2020 年 2 月 20 日

PREFACE
前 言

　　本书是一部关于浙江美丽乡村管理案例和经验选编，汇集了浙江近 20 年来美丽乡村建设的探索以及成功经验，向读者生动展现了浙江美丽乡村建设的现实样本。

　　21 世纪以来，中央已经连续发布了 16 个有关"三农"问题的中央一号文件，足可见"三农"问题在中国特色社会主义现代化建设中的重要地位。进入新时代，2018 年的中央一号文件则提出了关于实施乡村振兴战略的意见，明确提出了要建设美丽乡村的目标。然而，环境污染和脆弱生态问题依然没有得到彻底有效解决，严重阻碍了乡村振兴的前进步伐，建设宜居的美丽乡村成为一种迫切需要和必然的选择。美丽乡村建设不仅仅是创造一种宜居的、舒适的自然生态环境，也是助推经济社会发展的重要动力源，推动广大农村逐步走上经济社会环境和谐的可持续发展道路。美丽乡村建设就是走绿色、循环、文明的经济社会发展之路，也就是实行循环的经济发展模式、绿色的生态保护制度、文明的社会发展模式，以期达到生产美、生态美、生活美、行为美。美丽乡村建设是一项系统工程，是中央解决有关"三农"问题的生动体现，直接关乎美丽中国建设的进程。

　　随着党的十九大报告和中央一号文件对美丽中国和美丽乡村的关注，相应的美丽乡村建设国家标准也随即出台，明确了要以"规划科学、生产发展、生活宽裕、乡风文明、村容整洁、管理民主，宜居、宜业的可持续发展"为主要目标，突出普适性、指导性、引领性、实用性、兼容性等特点，统筹考虑各地需求，对美丽乡村建设的基本要素进行了规范，标准内容体现了"美丽乡村村民建、建设成果村民享"的核心理念。美丽乡村建设国家标准的出台，为正在摸索当中的中国广大农村提供了总体性的指导，使得农村的发展有了明确的路线图。然而，不少农村地区依然不美丽，人居环境不理想，河流污染、乱砍滥伐、村庄破败、垃圾乱弃、废气乱排等问题仍然严重，尚未得到有效解决。在不少农村地区面临着资源浪费、环境污染、文化凋敝、经济乏力问题的同时，浙江的农村建设走出了一条独具特色的崭新道路，涌现出如安吉余村、淳安下姜村等一大批明星村庄，它们走在了美丽乡村建设的前列。这些村庄的建设严守生态环境这条底线，发展绿色生态循环经济，既增加收入，又维护了自然生态的原生性。村民们充分认识到"绿水青山就是金山银山"发展理念的重要性和广泛指导性，纷纷加入美丽乡村的建设当中，摸索出了切实可行的治理村庄的道路，并且成果显著，真正实现了乡村的人美、景美、物美。当前，美丽乡村已经成为浙江农村居民的一致追求，也是浙江为美丽中国建设做出的一份贡献。基于此，我们编写了《浙江绿色管理案例和经验——美丽乡村管理篇（第一辑）》一书，以期为更多有需要的企业或相关专业的学生提供参考。本书内容分为六篇（包括结论篇），总共收集了74个浙江美丽乡村建设案例，并系统总结了这些乡村建设的管理经验和启示，各篇内容如下：

第一篇　山地丘陵且沿溪环河地带（共23个案例）；

第二篇　山地丘陵且沿江环湖地带（共11个案例）；

第三篇　山地丘陵地带（共16个案例）；

第四篇　山地丘陵且沿海环岛地带（共4个案例）；

第五篇　平原盆地地带（共20个案例）；

结论篇　浙江美丽乡村建设的经验与启示。

本书中的美丽乡村建设覆盖了一二三产业，涵盖了社会、文化、经济、生态等，例如，循环农业、党建引领、社会规约、文化传承、红色旅游、村庄改造、村落保护、景观工程、生态旅游、有机农业、养生经济、运动经济、文创经济、电商经济、节庆经济、生态农业等。各村庄根据自身的优势和劣势，因地制宜，走出了一条独具特色的美丽乡村建设之路。这些案例依照不同的角度展开，以不同的管理模式描绘了一幅多姿多彩的美丽乡村建设的生动实践蓝图，构成了一个较为丰富的案例库。尽管案例库中的每一个村庄以及其实践活动各有不同，但包含了美丽乡村建设的一些共性特征。为方便读者阅读和参考，本书在每篇案例经验分析的基础上，概括总结出浙江美丽乡村建设的八大经验和八大启示。具体如下：

浙江美丽乡村建设的八大经验：

经验一：注重因地制宜，践行"两山"理念。

经验二：遵照党政指示，守初心担使命。

经验三：党员模范带头，生态经济优先。

经验四：宣传绿色理念，培养环保意识。

经验五：整合多方资源，统一规划村庄。

经验六：支持返乡创业，推动绿色发展。

经验七：发动村民参与，增强主体意识。

经验八：文化生态并举，物美景美人美。

浙江美丽乡村建设的八大启示：

启示一：美丽乡村建设应该明确绿色发展理念。

启示二：美丽乡村建设需要提前进行科学规划。

启示三：美丽乡村建设不能放弃发展生产。

启示四：美丽乡村建设应该着力提高生活水平。

启示五：美丽乡村建设应该大力提倡文明乡风。

启示六：美丽乡村建设必须全力保护生态环境。

启示七：美丽乡村建设需要构建民主管理体制。

启示八：美丽乡村建设应该打造整洁村容村貌。

以上经验和启示是对 20 年来浙江大地上涌现出的美丽乡村建设典型的一次大提炼、大总结，进而加深对典型村庄在美丽乡村建设方面的科学性认识和全局性认识，为未来的进一步研究和进一步行动铺平了道路。

案例中的村庄普遍都意识到了"绿水青山就是金山银山"思想的丰富内涵，纷纷转变经济发展方式和社会管理模式，决心走美丽乡村的发展之路。这些村庄从社会、文化、经济、生态各个领域全面发力，力争建成生活美、生产美、生态美、行为美的大美乡村，它们强大的监督和自我监督的力量，确保了美丽乡村建设稳步推进。他们把整个村庄分为人造之物、自然之物、心灵之物、生产之物，借助各类手段和方法来清扫这些"物品"，使其焕发光彩，呈现与众不同的美丽。对于人造之物，村庄大多采取了修整建筑、清理街道、拆除违建、垃圾分类、污水处理等措施。对于自然之物，村庄大多采取了守护森林、禁止砍伐、禁止开采、疏通河道、栽种树木等方式。对于心灵之物，村庄大多采取了制定村民规约、开展优秀评比、保护非物质文化遗产、弘扬传统技艺、重启祠堂祭拜等举措。对于生产之物，村庄大多采用了有机农业、生态农业、电商经济、养生经济、文创经济、生态旅游等发展模式。通过对人造之物、自然之物、心灵之物、生产之物的集中清理清洗，美丽乡村才开始真正浮现在村民们的眼前，真正看得见摸得着。这些案例代表了过去一段时期以来最为典型的美丽乡村建设实践，拥有丰富的信息和完整的管理建设脉络，而立足于这些案例而形成的八大经验和八大启示则拥有较为深刻的理论意蕴，具有指导实践的现实意义。

本书是集体智慧的结晶，是老师和学生共同努力的成果。参与本书编写工作的教师有：浙江财经大学工商管理学院王建明教授、浙江财经大学东方学院教务管理部于洋老师。参与本书资料收集和整理撰写工作的学生有：陈意、池舒雨、林晨星、赵艺菲、陈蔚林、胡星汝、李欣雨、梅雄心、邱若希、吴魏诚、俞美琪、戴祯豪、蒋子浩、刘根涛、胡尽欢、江豪等，周裕霞同学则参与了本书资料收集以及初稿修改和校对工作。在此一并向他们表示感谢。

本书可以作为相关专业（工商管理、市场营销、城乡规划、农业农村等）研究生、本科生、高职生学习"管理学""绿色管理""绿色营销""绿色农业""智慧农业""乡村规划""乡村创业"等相关课程的案例教学参考书、实训实践指导书或课外阅读书目，还可以为从事农业农村绿色管理相关工作的职场人士（规划师、育种师、园艺师、建筑师、咨询师、文物修复师等）提供实践操作指导。

尽管笔者已经做出最大的努力，但由于水平有限，加上编写时间较为仓促，书中难免存在不足或者错漏之处，敬请各位专家、学者、老师和同学批评指正（邮箱：18821264982@ zufe. edu. cn）。

高友江

2019 年 10 月 5 日于杭州

DIRECTORY
目　录

第一篇
山地丘陵且沿溪环河地带

一、 建辉村： 美丽乡村建设纪实

 案例梗概

1. 政府在建辉村文化礼堂建立美食体验中心，组织留守妇女参加传统美食创意培训。
2. 提高文化礼堂利用率，增添人气，为村民创收。
3. 修建民俗文化馆，丰富村民文化。
4. 利用文化礼堂展销特产，邀请游客参与制作产品。
5. 通过微商和媒体推介，将特色产品销售至各大城市。
6. 制定发展规划设计，引导各大工程顺利完工。
7. 充分利用土地发展经济，让老百姓都有机会赚钱。
8. 兴办农家乐、采摘基地等，增加村民收入渠道。

关键词：文化礼堂；美食体验中心；民俗文化馆；农家乐；采摘基地

 案例全文

　　浙江省诸暨市马剑镇建辉村是一个典型的江南山村，四面环山，小溪流淌，白墙青瓦，民风淳朴。建辉村是浙江富有特色的精品村，游客们在村里的文化礼堂可以现场品尝传统美食，享受乡村休闲旅游的乐趣，这些都是近年来"美丽乡村"建设的成果。

从政府补助向自我造血转变

马剑镇制作馒头、发糕、长寿面、豆腐皮等纯手工食物已有几百年历史，形成了自己独特的民俗文化。但是，这些传统美食一直只是用作礼品馈赠给亲朋好友，没有形成产业。马剑镇政府在建辉村文化礼堂建立美食体验中心，组织留守妇女参加传统美食创意培训。建辉村抓住文化礼堂提升建设的契机，把村里的祠堂、大会堂和学校旧址改造成为美食体验中心、家宴服务中心、民俗文化馆和乡村大舞台，兼具美食体验、会务、演出、参观等旅游功能。以前，建辉村的文化礼堂利用率不高，平时只有文化演出活动时村民才会来参与，管理运营上也主要靠政府补助。如今，曾经冷清的文化礼堂人气旺起来了，而人气又给村民带来了财富。

从"种"文化向"卖"文化转变

马剑镇有着深厚的文化积淀，建辉村就是其中的代表。村里有支板凳龙队，最长的板凳龙有120节，需要100多位舞龙者协调配合。每年元宵佳节，建辉村就会举办舞龙灯活动。传统的舞龙灯活动，一般一年只举办一次，不是每位游客都有眼福的。2016年，建辉村建起了马剑镇民俗文化馆，介绍马剑镇的文物遗产、文学遗产、生活习俗和手工技艺。马剑镇有哪些宗祠、古桥、古亭，马剑镇的馒头、豆腐皮、长寿面是怎么做的，烧木炭、掏六谷的生产习俗又是什么样的……这些都能满足游客的好奇心和求知欲。

建辉村不只是"种"文化，还有着丰富的"卖"文化。走进文化礼堂美食体验中心，村妇们忙着做发糕、馒头、粽子和豆腐皮等，一些游客亲自参与制作，整个文化礼堂内弥漫着诱人的清香。在销售渠道上，建辉村通过微商平台和媒体推介，将产品打入杭州、上海等大城市的连锁超市，供不应求。2017年1~2月，全村共销售创意发糕7万余个，花样馒头5万余个，销售额共计210余万元。

从建设成果向经营成果转变

建辉村是诸暨市美丽乡村景观带西线列入重点提升工程的4个精品村之一，2016年，建辉村委托浙江省直建筑设计院制订了《建辉村精品村规划设计》。随后，建辉村实施了村庄农居整治、电网升级改造、文化大礼堂室内装修等8项工程，这些工程当年全部完工。为了更好地吸引游客，建辉村通过土地流转，种植向日葵、百日草花、波斯菊等，形成连片花田，并新建迎宾花道1200米，又引进盆栽2000多盆，做到户户有花香，家家蝶轻舞。

截至2017年3月，建辉村有403户家庭，创办农家乐8家，经营自行车、皮划艇等旅游项目和采摘基地5家，从事农副产品制作销售75户，年接待游客近6万人，综合收入近3000万元，约占村民总收入的60%。通过利用闲置劳动力、闲置土地和闲置房屋，村民们在家里就能就业、赚钱。

资料来源：严红枫、翁均飞：《山村春来早——浙江诸暨建辉村"美丽乡村"建设纪实》，《光明日报》2017年3月26日，第04版。

 经验借鉴

浙江省诸暨市马剑镇建辉村"美丽乡村"建设成果颇丰，总结建辉村建设经验，有如下几点：①提高文化礼堂利用率，从政府补助向自我造血转变。建辉村组织留守妇女参加传统美食创意培训，让传统美食制作形成产业让村民发家致富；把村里的祠堂、大会堂和学校旧址改造成为美食体验中心、家宴服务中心、民俗文化馆和乡村大舞台，兼具美食体验、会务、演出、参观等旅游功能。②变文化为产品，从"种"文化向"卖"文化转变。建辉村村民在文化礼堂美食体验中心制作特色美食吸引游客眼球，并通过微商平台和媒体推介将产品打入大城市的连锁超市，真正做到宣传产品、收获财富。③借助土地流转，让绿水青山变成金山银山。建辉村通过土地流转，种植各种花卉形成连片花田；马剑镇利用闲置劳动力、闲置土地和闲置房屋，给老百姓创造就业机会，让老百姓在家里就能赚钱。

二、 岩下村： 一个古村落的美丽蜕变

 案例梗概

1. 在农耕文明展示馆分设农家厨房、农产品与制茶、非物质文化遗产、民间文学、农民书画5个展区。
2. 建造小型水库，疏浚河道、修建护岸，同时大规模实施杆线整治工程。

3. 在环境管理上由专业的保洁公司代劳，政府以公开招标的形式，引入了民营资本。

4. 还原以前胜景，突出村庄"小""慢""静""幽"的特色。

5. 乡村旅游向乡村旅居转变，获得诸多国内大型旅游投资主体的青睐。

关键词： 农耕文明展示馆；小型水库建造；景色还原；乡村旅居

 案例全文

　　文溪坞是一个自然村，位于海盐县秦山街道隐马山南麓，隶属永兴村。村里白墙黑瓦，小径通幽，一条溪水从村中流淌而过，怎么看都像一处精心雕琢过的景致。每天早晨，74岁的周益凯骑着自行车，从村东头骑到村西头的农耕文明展示馆，作为馆长，他朝九晚五，就像城里的上班族。展示馆里除了摆设一些农耕时代的老物件外，还有一间以周益凯名字命名的文化工作室，平日里，老人喜欢画农民画，节假日，他便在工作室里教孩子们书法和国画。这两年，来村里观光休闲的游客络绎不绝，这时，周益凯便成了名副其实的"地导"，他为游客讲解展示馆里的陈列物件和文溪坞的历史文化。在他的口中，文溪坞这个小村落，既有"文溪寻幽"的典故，又有"孝女节妇"的故事，而更多的是几年来"美丽乡村"建设给村里带来的巨变。

"老村干部"如今当"馆长"

　　文溪坞是海盐县"美丽乡村"建设的示范点，入选2016年度浙江省"两美浙江特色体验地"。周益凯是公认的"代言人"，他当过10多年的村委会主任。退休后，他继续在村里帮忙，做些财务、办证的活，闲暇时，他喜欢翻阅村里的史籍、档案，汇编之后成了一本村史——《小村春秋》。

　　2012年9月，秦山街道启动了文溪坞"美丽乡村"建设，其间，立面改造、设景布局都需要民俗文化烘托，于是，周益凯这些年在故书堆里的拾遗就派上了用场，墙绘、匾额、题词，几乎都来自于他的搜集，其中还有不少是他自己创作的诗词。当年，"美丽乡村"建设牵动人心，早年旅居上海的周志和听说此事，给村里寄来了凭回忆画就的20世纪50年代文溪坞俯瞰图，街道工作人员通过卫星地图一比照，竟然差之甚少。如今，这幅俯瞰图被绘在了村口的墙上。2013年，秦山街道将一间废弃的农房改造成了展示馆，用于展示当地的农耕文化，同时，需要一个熟悉当地文化的村民来当馆长，于是，周益凯成了不二人选。展示馆分设了农家厨房、农产品与制茶、非物质文化遗产、民间文学、农民书画5个展区，其中一个展区展示了不少周益凯创作的农民画，他的很多灵感便来自于"美丽乡村"建设的成果。

2016年，秦山街道在村里建了一个小型水库，用于水循环系统，由于依山而建，自然而然也成了村里一处小景。周益凯信手拈来，创作了一幅农民画，并赋诗一首："榆荚飞舞三月天，杜鹃山茶花正艳，墨雀私语为哪般？东湾新建碧玉潭。""美丽乡村"建设前后的对比，一目了然：之前，房前屋后堆满建筑垃圾，如今，是绿植盆景构成的优美庭院；之前，房屋是暗淡粗糙的水泥墙面，如今，是粉刷一新、遍布墙绘的白墙黑瓦；之前，是泥泞不堪的泥地田埂，如今，是铺满青砖的沿河绿道……

古村落旧貌换新颜

文溪坞自启动"美丽乡村"建设以来，截至2017年6月已累计投入建设资金近3000万元，疏浚河道、修建护岸，同时大规模实施杆线整治工程，对村里的电力、通信、广播电视等杆线全部实行"地埋"，改善村庄各类杆线脏乱差的现象。文溪坞只有50户人家，为了解决生活污水排放问题，村里建造了太阳能微动力污水处理系统，使所有的生活污水通过管道，进入处理器层层处理，从而实现达标排放。文溪坞说是一个村落，但在环境管理上更像城里的小区，比如保洁是由专业的保洁公司代劳。这是海盐县在全市率先实行的农村集镇、村庄、河道、道路"四位一体"长效保洁机制，政府以公开招标的形式，引入了民营资本进入环卫市场，是典型的"政府花钱买服务"。其实，文溪坞早在古时就是海盐十二胜景之一，为了恢复当年的盛景，在改造中，按照"踏砖""闻花""听溪""品茶""望山"的精髓设置，还原了马鼻灵泉、古樟问茶、隐马亭、古道印象等10余个景点。

如今，行走在文溪坞的乡间小道上，随处可见古朴的青砖、瓦片、廊架、座椅、灌木，尤其是每家每户农房外立面那勾勒鲜明的"黑白"线条，引人入胜。"要是让我来归纳文溪坞的特色，可以概括为4个字——'小''慢''静''幽'。"周益凯解释，"文溪坞不大，小得像盆景，很美；这里是体验慢生活的好去处；这里很安静，可以抛开外界烦扰；幽深，每走到一处总觉得别有洞天。"

"美丽乡村" 催热农家乐

田园美景引客来。村里的水果采摘、农事体验、农家乐、盆栽销售、采茶制茶体验等活动悄然在农户中开展起来，乡村休闲旅游既带来了人气，也带来了效益。现在，文溪坞家家户户都种上了花草、果树，既美化了庭院，又获得了经济效益。

为了给日益红火的乡村旅游加把火，这些年秦山街道出资建设了登山游步道、隐马山观光平台、游客中心游客广场、植物迷宫、绿化亮化、停车场等工程，投资 1200 余万元，重点对文溪坞村落外围进行景观提升，围绕乡村休闲旅游，从吃、住、行、游、购、娱等方面全面规划设计，完善旅游基础配套设施。如今，文溪坞乡村旅游正在向乡村旅居转变，为此，秦山街道总投资 780 余万元，新建 9 幢民宿，共有客房 78 间，此外，文溪坞还获得诸多国内大型旅游投资主体的青睐。

资料来源： 刘淑芳、刘斌、梅女杰：《岩下村：一个古村落的美丽蜕变》，《丽水日报》2017 年 6 月 8 日，第 003 版。

 经验借鉴

"美丽乡村"建设给文溪坞带来了巨变，成了海盐县"美丽乡村"建设的示范点。此地有着美不胜收的景致，还保留着手工制作的小物件，流传着历史悠久的传说故事。"美丽乡村"建设将这座小村落的特色发挥到极致，以民俗文化为依托，以下几点经验具有借鉴意义：①弘扬农耕文明，宣扬传统文化。农耕文明展示馆的不同展区分别罗列着不同民俗文化，史籍、档案、文学、书画等都蕴含着文溪坞的历史变迁。②完善基础设施，改变村庄面貌。建造小型水库，用于水循环系统，疏浚河道、修建护岸，同时开展大规模实施杆线整治工程。③建造污水处理系统，解决生活污水问题。为了解决生活污水排放问题，村里建造了太阳能微动力污水处理系统，使所有的生活污水通过管道，进入处理器层层处理，从而实现达标排放。④以城市环境管理为标准，大力实施长效保洁机制。率先实行的农村集镇、村庄、河道、道路"四位一体"长效保洁机制，政府以公开招标的形式，引入了民营资本进入环卫市场。⑤整修著名景点，还原古朴风景。为了恢复当年的盛景，在改造中，按照"踏砖""闻花""听溪""品茶""望山"的精髓设置,还原了马鼻灵泉、古樟问茶、隐马亭、古道印象等 10 余个景点。⑥开展乡村休闲旅游,提升经济效益。秦山街道出资建设了登山游步道、隐马山观光平台、游客中心游客广场、植物迷宫、绿化亮化、停车场等工程,从吃、住、行、游、购、娱等方面全面规划设计,完善旅游基础配套设施。岩下村文溪坞现已成为一个著名的乡村旅游胜地,更是入选了 2016 年度全省"两美浙江特色体验地",是乡村绿色管理的重要示范点。

三、 管头村: 美丽乡村迎客来

 案例梗概

1. 创办怡情石屋、金杰、双桂、正照 4 家农家乐。
2. 清除淤泥、砌上塘沿,增设喷泉。
3. 让有资格、经济条件好的农户来竞投地块,竞投所得用于村内的基础设施建设。
4. 修筑环村道路,安装排水排污设施,完善村内自来水管网,兴建村办公楼。
5. 增设垃圾箱,委托村老年协会的老大爷们协助管理村内卫生。
6. 实行统一营销、接团分客、收费标准、结算账目的"四统一"管理模式。
7. 种植油菜花、荷花、牡丹花,打造桂花林、樱花林、红枫林,建设蔬菜基地。
8. 新建土特产一条街。

关键词:农家乐;排水排污设施;村内卫生管理;管理模式统一;土特产一条街

 案例全文

尖山镇管头村共有村民 260 户,780 人。全村拥有水田 300 亩,旱地 250 亩。现有党员 28 名,村两委干部 6 名。村干部于 2005 年带领管头村民走上了发展农家乐致富之路。管头村现有 74 家农家乐,1500 个床位,依托一批很有地方建筑特色的乌石房,打响了"乌石村"名气,乌石农家乐成为县农家乐

的品牌、对外推介磐安乡村旅游的一张金名片。随着农家乐的迅速发展，管头村被评为全国文明村、省全面小康建设示范村、省特色旅游村、省精品农家乐村、金华市十大魅力村庄。

管头村坐落在一个朝东的山坡上，只在东面建有一个水口，水口很小，村内空间开阔，山坳的形状又是环形的，管头的老村很早就被称作"燕子窝"。几百年以来，村民们都有一手"衔泥筑巢"的功夫，经常到旱地里挖掘俗称"火山蛋"的乌石，然后剖开来，在野外用来砌地坎，肩挑背扛到村里后，则用来砌墙、砌塘沿、铺路、砌水井。凭着一代又一代的接力传承，村民们辛勤劳作的双手不经意间建起了一个以黑色打底的山村，乌黑的瓦片、乌黑的墙壁、乌黑的巷弄、乌黑的门堂、乌黑的水井，再加上一日三餐的炊烟缭绕，管头村就砌成了一个乌黑的小天地。

"七巧板"拼凑出一幅美丽的图画

1995 年，管头村换届，张威平担任村党支部书记；1998 年厉亚平担任村委主任。因为两人年纪相同，思路也类似，说话、办事都能想到一处，成为管头村的好搭档，也做出一些实实在在的事。1996 年开始，管头村建了一条宽 4 米多、长约 8 千米的生产路，自此，全村 70% 的田地都通了路。1998 年，管头村启动"移民上山"工程，4 年时间内，将山腰或山脚的马蹄庵、青树坞、横溪寺、澄溪山、麻园 5 个自然村 33 户 110 多人迁移至管头村安家，村里为他们每户无偿安排屋基 2~3 间。1999 年，前后花了半个月时间，运走了村后古枫林内的 100 多车垃圾，配套建设了一个小公园。

2001 年，管头村开展示范整治活动，对村口的池塘进行了整治，清除了淤泥、砌上塘沿，还增设了喷泉。2002 年，管头村在村南部搬迁了一个土坡，平整出 28 亩地，行政村内 50 户农户、每户 3 间得到安置。在安置过程中，村里把好的地块拿出来，让有资格、经济条件好的农户来竞投，竞投所得用于村内的基础设施建设，其他地块由相关农户协商安排。原有的旧房子要收归村集体所有。管头村摸索出来的"地级差"经验受到相关领导肯定，并于2003 年在全市推广。2003 年，管头村修筑了环村道路，安装了排水排污设施，完善了村内自来水管网，兴建了村办公楼，增设了垃圾箱，并委托村老年协会的老大爷们协助管理村内卫生。2005 年，管头村成功创建县级奔小康示范村，脏、乱、差现象改善了，管头村逐渐亮丽起来。

乌石农家乐，千呼万唤始出来

2005 年 10 月 1 日，管头村创办了怡情石屋、金杰、双桂、正照 4 家农家乐。为此，尖山镇政府、管头村对这 4 家农家乐的每个床位分别补助了 300 元、100 元。黄金周时，农家乐的生意还算好，4 家农家乐都有不少顾客。然而，黄金周一过，因为没有稳定的客源，4 家农家乐的生意冷清了很多，有 1 家农家乐曾想打"退堂鼓"。

2007 年 5 月，经人牵线，上海新大陆旅行社向管头村发了一个旅游团，张威平、厉亚平等专程陪同游客游玩了夹溪古道、十八涡。一个 80 岁的游客因为不习惯走山路，一路上都由张威平搀扶着游玩。同团一位姓孙的游客看到村干部这么诚心，就对张威平说："凭着你一路搀扶老人的热情，我也要支持你一下，帮你介绍几个上海旅游界的朋友。"当年 6 月，张威平一行前往上海，在孙先生的帮助下，得到全国百强旅行社上海新大陆旅行社老总孙一飞的大力支持。6 月 15 日，"新大陆"就向管头村发出一辆大巴车的游客。此后，每周发来二三个团队。

发展农家乐的"管头经验"

游客来得少，没人办农家乐；游客来得多，农家乐有可能抢客人。为了防止拉客、抢客现象的发生，管头村未雨绸缪，在村综合楼设立管头农家乐服务中心，由村委主任厉亚平兼任服务中心主任，对农家乐实行统一营销、接团分客、收费标准、结算账目的"四统一"管理模式。每一个团队到达管头村，都由村服务中心按照门牌号统一分配接待，若有游客投诉，查实是经营户的过错，下一轮安排游客时该农家乐就会轮空，还要进行相应的经济处罚。

发展农家乐之前，管头村集体经济收入每年只有 70 亩茶山的 3500 元租金。实行"四统一"管理后，每接待一名由村服务中心统一安排的游客，农家乐要向服务中心交纳 3 元管理费。针对上海游客多且以中老年退休群体为主的实情，管头村迅速完善了村内基础设施配套，在村边、缓坡或溪岸修建游步道；增设了健身路径、舞厅、灯光球场、露天音响等文体设施；组织了棋牌比赛、卡拉 OK 赛等活动；为了美化村庄环境，管头村种植了 200 亩油菜花、10 亩荷花、20 亩牡丹花，打造了桂花林、樱花林、红枫林，建设了蔬菜基地。

农家乐里算大账

2007 年，村民厉向阳投资 18 万元办起了农家乐，共有 18 个床位，经营餐饮、住宿，为此，他负债 15 万元。曾当厨师的他负责买菜、炒菜，妻子梁亚连负责卫生，还从新宅村请来一个帮工。2011 年 2～12 月厉向阳家的农家乐营业额（1 万元以下的零头不计算）（2011 年的接待标准是 55～60 元每人每天）有 28 万元；2012 年也有 23 万元营业额。厉向阳说："开农家乐前，我在宁波、新昌等地塑料厂上班，一年最多只有 2 万元存款。没有农家乐，我家不可能过得这么轻松。"

向阳山庄农家乐的后面是 2000 年从麻园自然村搬迁到管头的潘定和、潘定祥兄弟的家，他们共有 4 间三层楼，合办一家农家乐，有 28 个床位，只住宿，不烧菜，2012 年也有 15 万元的营业额。

农家乐的繁荣发展也培育、带动了土特产销售业。村里特地新建了土特产一条街，全村土特产销售户达到 30 个，土特产销售额达三四百万元。村民厉高峰的家就在土特产街附近，他在自家一楼开了一家副食品店，在土特产街里还租了个摊位，专业销售本县的土特产。他的妻子说，销售的土特产质量好，价格不高，绝对不会缺斤少两，带好小孩的同时，做点生意，也能自己养自己。张威平说："管头村农家乐的发展数量基本上成倍增加。2005 年最早时是 4 家，2007 年增加到 8 家，2008 年增加到 16 家，2009 年增加到 32 家，2012 年则是 74 家。我们曾做过详细的调查，最差的农家乐一年收入也有四五万元。"

让所有村民都享受到农家乐的成果

外地游客来管头村游玩，既带来了财源，也带来了新的生活理念。如何让全体村民参与农家乐建设，如何带领村民提高农家乐服务档次，成了管头村干部思考的全新课题。在征询多方意见后，村干部提出了"外出当游客来提高村民文明程度"的思路，也得到村民的"双手"赞同。2006 年"三八"妇女节，管头村租了大巴车，200 名妇女喜笑颜开，畅游西湖。2009 年母亲节，全村妇女游览了千岛湖；还组织老年协会会员游览了普陀山。2010 年 7 月 1 日，全村青壮年兴致勃勃地游览了黄山。2011 年 10 月，全村所有农户的户主参观了东阳花园村、横店影视城。2012 年 5 月，全村 35 岁以上老年、青年代表 237 人兴高采烈地游玩了北京，去时乘坐杭京高铁，返回时坐了飞机。

张威平说，欣赏了祖国的大好河山，感受了外面世界的精彩，让所有村民享受到农家乐的成果，所有村民的思想都有了很大的触动，也看到自身存在的不足，齐心把村庄建设好的认识得到高度统一。据管头农家乐服务中心统计，2012 年管头村接待游客总人数达 28 万人次，村集体的农家乐管理费达 50 多万元。面对这一成绩，管头村还不知足，张威平认为，管头村的接待能力在全省农家乐村中最多也只能排在第三位，长兴县水口乡顾渚村、安吉县天荒坪镇大溪村的接待规模和效益都在管头村之上。为了改变低档农家乐为主的现状，管头村新近规划了一个农家乐新区，计划发展一批中高档农家乐，以实现新的超越，让村民有更大的奔头。

资料来源：张明华、吴利良：《美丽的管头，游客的家——走进尖山镇乌石村》，《磐安报》2013 年 3 月 8 日，第 02 版。

 经验借鉴

坐落于金华市的尖山镇乌石村，依托具有地方建筑特色的乌石房，打响了名气，从此走上了发展农家乐的致富之路。村民们靠衔泥筑巢的本领，建起了一个以黑色为底色的小山村。乌石村通过一系列的工程改造和设施建设，辅以其独特的管理模式，打造出风景优美的"黑色世界"村落。其中，以下几点措施在建设美丽乡村方面起到了至关重要的作用：①改善道路交通，启动"移民上山"工程。管头村启动"移民上山"工程，4 年时间内，将山腰或山脚的马蹄庵、青树坞、横溪寺、澄溪山、麻园 5 个自然村 33 户 110 多人迁移至管头村安家，村里为他们每户无偿安排屋基 2~3 间。②合理分配土地，实行集体所有制。村里把好的地块拿出来，让有资格、经济条件好的农户来竞投，竞投所得用于村内的基础设施建设，其他地块由相关农户协商安排。原有的旧房子要收归村集体所有。③以卫生为优先，大力整治村庄。1999 年，前后花了半个月时间，运走了村后古枫林内的 100 多车垃圾，配套建设了一个小公园。④逐步转型经济，鼓励发展农家乐。2005 年 10 月 1 日，管头村创办了怡情石屋、金杰、双桂、正照 4 家农家乐。为此，尖山镇政府、管头村对这 4 家农家乐的每个床位分别补助了 300 元、100 元。⑤创新管理模式，避免市场混乱。在村综合楼设立管头农家乐服务中心，由村委主任厉亚平兼任服务中心主任，对农家乐实行统一营销、接团分客、收费标准、结算账目的"四统一"管理模式。⑥完善配套基础设施，夯实经济发展基础。管头村迅速完善了村内基础设施配套，在村边、缓坡或溪岸修建游步道；增设了健身路径、舞厅、灯光球场、露天音响等文体设施；组织了棋牌比赛、卡拉OK赛等活动。⑦培养服务意识，提升服务质量。多年来，为游客服务的小故事很多很多。进了管头村，就是管头人。正是因为有了这个观念，乌石村农家乐赢得了游客的口碑，也逐步打响了服务品牌。

四、 岭源村： 绘一幅美丽的新农村画卷

 案例梗概

1. 制定出"一点二溪三桥四园"的建设规划。
2. 投入资金做好基础设施工程，村容村貌焕然一新。进行中心村建设。规划出新农居点，统一安排村民建房。
3. 从河道整治入手，对防洪堤进行全面规划重建，建成了潘家农居点的江边公园。
4. 依托文化，把文化大礼堂提升改造列为重点项目。
5. 吸纳企业落户，培育特色产业；同时加强农民技能培训，鼓励其自主创业，强化和巩固收入渠道。
6. 积极鼓励村民大力发展经济林，建立高山蔬菜基地、种起有机蔬菜，并将小流域农业生态工程与蔬菜特色园区建设相结合，进一步做强山地蔬菜产业。
7. 农业综合开发把发展山地蔬菜作为科技示范推广的重点扶持对象，并积极扶持合作社的蔬菜加工产业。

关键词： 建设规划；河道整治；文化大礼堂改造；经济林发展；蔬菜加工

 案例全文

小茆坞溪

走进合村乡岭源村，只见一幢幢绿树掩映中的小洋楼，整齐的柴垛堆放

门前，小桥流水，鸟语花香，一派怡人的田园风光。近年来，岭源村两委因村制宜，念活"山字经"发展经济，带领村民走上了致富路，和谐美丽的新农村画卷徐徐拉开，村民的生活也像芝麻开花般节节攀升。

科学规划　旧貌换新颜

漫步在岭源村的景观公园内别致的小桥上时，昔日杂草丛生的荒地以及沿溪成堆的垃圾已不见踪影，如今，取而代之的是清风习习、溪水潺潺、翠竹摇曳、树影婆娑的生态美景。每当傍晚，劳作一天的人们漫步在景观公园，欣赏镌刻在花岗石上的古诗文，或拾级而下，在鹅卵石铺就的亲水台边嬉水。村民们都表示，做梦也没想到这两年村里的变化会这么大，不仅能在小溪中游泳，还能在公园里散步。

自2012年被列为美丽乡村中心村建设以来，岭源村两委制定出"一点二溪三桥四园"的建设规划，"一点"为潘家新农居点建设；"二溪"指麻溪、小茆坞溪河道整治；"三桥"指塘干畈大桥、潘家大桥、小茆坞转桥改造；"四园"即打造村民景观公园——诸家粮油园区，万亩山核桃、万亩毛竹园区、"激流回旋"旅游园区。

近年来，岭源村两委先人一步，投入资金做好该村的道路硬化、路灯亮化、村庄净化等基础设施工程，村容村貌焕然一新。在中心村建设中，岭源村不仅对村里道路两边的老房子进行了墙面白化，白墙灰瓦一改之前"灰头土脸"的样貌，而且根据村民建房需求，在潘家自然村征地30余亩，规划出新农居点，统一安排村民建房。为了把新农居点建设成为具有山村特色的新亮点，村两委从河道整治入手，投资近200万元将沿溪500余米的防洪堤进行全面规划重建，建成了潘家农居点的江边公园。此外，岭源村总投资300多万元建设农发水利项目，该工程既能确保沿岸两边500多亩农田旱涝保收，又能确保下游群众的安全。

依托文化　推进中心村建设

村中昔日破旧的大礼堂，如今已被贴上灰色墙砖，安装上古色古香的木窗框。该大礼堂修建于20世纪70年代，年久失修，破损严重，多年来几乎闲置不用。在美丽乡村中心村建设中，岭源村考虑到小山村文化娱乐生活较为贫乏，村民对文化娱乐的需求十分迫切，同时岭源村又是竹马的发源地，在挖掘本地特色文化上下功夫，把文化大礼堂提升改造列为重点项目，在改建一新的大礼堂内分别设置图书馆、阅览室、竹马民俗文化展示厅、文娱活动室、大舞台以及套笔产业室等。

念好"山字经"　做活农业产业

中心村建设旨在改善生产生活条件，某种程度上就是增加农民支出。如何让农民建得起，住得起？农民必须要有可靠的收入来源。岭源村两委通过吸纳企业落户，培育特色产业；同时加强农民技能培训，鼓励其自主创业，强化和巩固收入渠道，达到让农民持续增收的目的。

近几年，岭源村依托得天独厚的自然环境和地理优势，发展经济林，做好靠山吃山文章，积极鼓励村民大力发展山核桃、毛竹、板栗、茶园等经济林，建立高山蔬菜基地，种起了绿色无公害有机蔬菜，深受市场的青睐。岭源村山上原来就长有野生山核桃，但由于管理粗放，采摘山核桃就是为了自己食用或是赠送亲友，并未形成产业。2007 年岭源村成立了岭源山核桃专业合作社，社员 10 户，带动农户 508 户，这 2000 余亩山核桃成了村民的"摇钱树"，也成了岭源村的主导农业产业。除此之外，岭源村还发展起了毛竹、山茱萸等经济林，如今山茱萸达到了 800 余亩，毛（菜）竹达到了 10000 余亩。

同时，岭源村在实现农业产业化时，将小流域农业生态工程与蔬菜特色园区建设相结合，进一步做强山地蔬菜产业。山湾湾蔬菜基地位于麻溪旁，以前在汛期，暴涨的溪水冲出堤坝流向基地，基地损失惨重，村两委加紧堤坝加固建设工程，确保了蔬菜基地在汛期也有好的收成。同时，把发展山地蔬菜作为农业综合开发科技示范推广的重点扶持项目，在岭源村选择集中连片的 155 亩蔬菜基地和 50 亩小萝卜种植作为科技示范点，引进番茄、茄子、北山小萝卜、辣椒、生姜等蔬菜新优品种，应用低毒低残留农药、有机复合肥、节水灌溉及无公害标准化生产等技术，提高基地蔬菜的产量和质量，实现节本增收。

在做好科技示范山地蔬菜基地的基础上，岭源村还积极扶持合作社的蔬菜加工产业，引进萝卜烘干机、全自动切萝卜机、剁椒机等加工机械设备，提升蔬菜种植和加工能力，延伸蔬菜产业链，拓宽利润空间，促进农民增收，蔬菜示范基地亩产值达到 5175 元。下一步，岭源村还要创建万亩山核桃基地、万亩竹园基地，让山林真正成为村民的"绿色银行"。

资料来源：俞俊：《岭源村绘一幅美丽的新农村画卷》，《今日桐庐》2013 年 8 月 7 日，第 05 版。

经验借鉴

近年来，岭源村两委因村制宜，念活"山字经"发展经济，带领村民走上了致富路。岭源村美丽乡村建设经验如下：①实施科学规划，改变村容村貌。岭源村两委制定出"一点二溪三桥四园"的建设规划，岭源村两委先人一步，投入资金做好该村的道路硬化、路灯亮化、村庄净化等基础设施工程，村容村貌焕然一新。②考虑到文化需求，建设文娱设施。岭源村考虑到小山村文化娱乐生活较为贫乏，村民对文化娱乐的需求十分迫切，同时岭源村又是竹马的发源地，在挖掘本地特色文化上下功夫，把文化大礼堂提升改造列为重点项目。在改建一新的大礼堂内分别设置图书馆、阅览室、竹马民俗文化展示厅、文娱活动室、大舞台以及套笔产业室等。③依靠既有农业，发展特色产业，把中心村建设与产业发展紧密结合。岭源村两委通过吸纳企业落户，培育特色产业；同时加强农民技能培训，鼓励其自主创业，强化和巩固收入渠道，达到让农民持续增收的目的。④依托自然资源，发展经济林。做好靠山吃山文章，积极鼓励村民大力发展山核桃、毛竹、板栗、茶园等经济林，建立高山蔬菜基地，种起了绿色无公害有机蔬菜，深受市场的青睐。将小流域农业生态工程与蔬菜特色园区建设相结合，进一步做强山地蔬菜产业。同时，把发展山地蔬菜作为农业综合开发科技示范推广的重点扶持项目。在做好科技示范山地蔬菜基地的基础上，岭源村还积极扶持合作社的蔬菜加工产业，让山林真正成为村民的"绿色银行"。

五、 环溪村： 小乡村的美丽逆袭

 案例梗概

1. 开展"生活污水处理""生态河道整治""生态人居提升"等惠民工程。
2. 将全村原本分散经营的约 600 亩土地统一流转过来种植莲花。
3. 请来专家团队对村庄进行规划设计。
4. 升级老宅改成名宿，发展农家乐和销售农副产品。
5. 在全村建设 55 个垃圾投放端，分成红蓝两个桶投放。

6. 完善公共服务设施，发展居家养老服务。

关键词：生态污水处理；生态河道整治；生态人居提升；专家团队规划；公共服务设施完善

 案例全文

初秋，百亩荷塘夹道相迎。闻水声潺潺，莲香幽幽，便是环溪到了。这是桐庐江南镇上的一个普通村庄：12.18平方公里，2000多人口，以周姓为主的人们在这片依山傍水的土地上生活，迄今已经走过了600多年时光。这里，是当下美丽浙江建设过程的一个传奇：在过去的10年时间里，它以"千万工程"为契机，不断深化美丽乡村建设，从河道黑臭、垃圾遍布的脏乱差之地，成为住建部首批评定的美丽宜居示范村；从农田荒芜、年轻人纷纷逃离的"空心村"，成为以莲文化为核心、一二三产业融合发展的"网红村"。

环溪，犹如村中遍植的朵朵莲花，从淤泥中清雅绽放，呈现一片人水和谐、活力迸发的全新图景，印证"绿水青山就是金山银山"的科学论断。截至2017年9月，全村共有民宿55家、床位700余张，2016年村民人均收入达2.39万元。

一池水，清波重现

小桥、流水、古树、清莲……环溪村古朴典雅，清爽洁净，一派婉约的江南风情。而就在10多年前，村民们还很难想象今天的生活场景。"污水靠蒸发，垃圾靠风刮，室内现代化，室外脏乱差，溪沟就是垃圾污水的家。"村主任周忠莲口中的这段顺口溜，描述的正是村庄过去的模样。

彼时的浙江，经济总量长期居于全国前列，人民生活水平有了很大提高，却也普遍面临城乡发展不够协调、农村人居环境落后等问题，环溪村也不例外。

那时的环溪人尚不知晓，一项名为"千村示范、万村整治"的工程，在浙江省拉开序幕。2003年，习近平同志在浙江提出，要从农村居民最关心的村庄环境脏乱差问题入手，从全省近4万个村庄中选择1万个左右行政村进行全面整治，把其中1000个左右中心村建设成为全面小康示范村。这是统筹城乡经济社会发展的战略举措，也是加快浙江生态省建设的重要抓手。随后，环溪村先后开展"生活污水处理""生态河道整治""生态人居提升"等惠民工程，并请来专家团队对村庄进行规划设计，开启了环溪的逆袭之路。

漫步村中，只见白墙黑瓦，小径通幽，每户农家周边皆设有一处窨井。村里每户人家的生活污水，首先要在窨井里经过初步过滤，再流入各自对应的污水处理终端，通过沉砂池沉淀、厌氧池分解、亲水植物吸附等多重净化后排放至溪中。截至2017年9月，全村共有9个污水处理终端，600多户村民每天排放的200多吨生活污水全部实现截污纳管、循环利用，达到国家一级排放标准。"门对天子一秀峰，窗含双溪两清流。"因水得名的环溪村，从寻回纯净的水环境开始，重构人与自然的和谐关系。

一支莲，活力绽放

2012年初夏，当村中池塘内的第一支莲花浮出水面时，一个大胆的想法开始在村党支部书记周忠平心中发芽。这些年来，与环境改善相生相伴的，是周忠平关于村庄未来的不断思索。在拆除猪栏、关停小作坊后，村民的生计如何保障？这一片绿水青山，怎样才能真正变成带动百姓增收致富的金山银山？这是周忠平的疑问，也是当时浙江广袤乡村的疑问。对此，周忠平提出，以村集体的名义，将全村原本分散经营的约600亩土地统一流转过来种植莲花。这一决定，得到了全体村民的认同和支持。

环溪人有自己的底气：村庄系北宋大哲学家、理学鼻祖周敦颐的第十四代后裔族居地，脍炙人口的《爱莲说》正是周敦颐的代表作之一；始建于明嘉靖年间的周氏宗祠"爱莲堂"，几经修缮，现已成为全村人的聚集场所与精神家园；就连许多村民的名字中，也时常出现一个"莲"字。可是，这些莲花由谁来种植呢？一个偶然的机会，几次想找村里承包山林种茶叶的重庆人李富进入了周忠平的视线。"我都没种过莲花，怎么能保证种好这几百亩地？""就凭你这股子闯劲，还有用心。""种好了，莲子卖不动怎么办？""我给你找渠道！"渐渐地，李富的顾虑被周忠平的诚意打消。这个娇柔的山城妹子，从此戴上草帽，扛起锄头，亲自下田放水、施肥，钻研莲花种植方式，让曾经平凡无奇的环溪村，变成了远近闻名的赏莲好去处。

2013年，桐庐将江南镇上的5个村联合起来，通过发掘每个村的不同特色和历史文化底蕴，成功创建国家AAA级旅游景区——江南古村落群，后来又升级成为AAAA级景区。"清莲环溪"，成为其中一个重要组成部分。一时间，游客纷至沓来。60来岁的村民周言定第一个带头，投资30多万元，把自家一幢住了六代人的老宅子改造成民宿。每逢周末和节假日，家里的 10 张床位总是供不应求。其他村民从中看到商机，纷纷效仿。就这样，村里的民宿一家家开了起来，游客在村中停留的时间越来越长，农家乐和各类农副产品的销售也跟着红火起来。

除种莲以外，李富也在不断创新。她在村中开出"二娘酒坊"，取新鲜的早米和稻米用来发酵，再将晒干的莲子浸泡其间，酿造出别具一格的莲子酒，每年限量供应三四千斤，后来又研制出五谷酒、杨梅红酒及各类果酒，带动数十位村民在家门口就业。紧挨着"二娘酒坊"的，是毛冬梅和丈夫前几年回村后开出的一家小店，主营从台湾引进的"九品香莲"。这种独特的莲花品种，色彩缤纷，娇艳欲滴，泡在清水中，又能成为一种清热解暑的饮品。"江南可采莲，莲叶何田田。"如今的环溪人愈加庆幸，从一支莲花开始，他们找到了"美丽资源"向"美丽经济"转化的新路径。

一种美，由表及里

夜幕中的环溪，安稳宁静，偶尔能闻见几声犬吠。晚上 7 时许，70 多岁的村民周宝雪提着自家的两只垃圾桶走向银杏苑，这里是环溪村 55 个垃圾投放点之一。"剩饭剩菜这些会烂的垃圾倒在蓝桶，不会烂的倒在黄桶。"老人一面倾倒，一面讲解垃圾分类的"窍门"。作为全县垃圾分类和资源化利用试点，这种简单明了的分类方法经过 4 年多的推广，逐渐成为每个环溪人内化于心的行为准则。

"垃圾分一分，环境美十分。"对于每个投放点标志牌上印着的这两行小字，在村里当了 10 年保洁员的周德莲最有体会。"以前农村人，常常是手里一有垃圾，随手就往地上扔，现在不扔进垃圾桶还会不习惯。"周德莲说，几年前，还有村民在她工作时故意乱扔垃圾，并强词夺理"我不扔，你扫什么"，现在，这样的情形再没出现过，因为大家已经达成共识——清洁美丽的家园，需要每个人来呵护。

走进位于村庄中心的老年协会，只见棋牌室、电视间、医务室等各种公共服务设施一应俱全。近两年，村里还引入智慧医疗远程系统，实时连线桐庐县人民医院和解放军医院的权威专家，为村民们的心血管疾病提供更精准的诊断。村老年协会秘书长周明迪说，以前的环溪村不仅留不住年轻人，老人也只有百来人。而现在，这里不仅有好山好水好空气，更有丰富多彩的精神文化生活以及细心周到的居家养老服务。近两年来，先后有两百多位进城居住的老人重回环溪村，还有人说服儿子媳妇一起回村创业，整个村庄也变得更有活力。从好山水到好家风，从环境美到心灵美，这个莲香四溢的江南小村，已然成为村民自豪、游客向往的美好家园。

资料来源：章宏法、王庆丽、缪佳敏：《桐庐环溪村的美丽逆袭——探寻一座村庄的蝶变之路》，《浙江日报》2017年9月8日，第00002版。

 经验借鉴

　　走进环溪村，百亩荷塘夹道相迎，闻水声潺潺，莲香幽幽，风景优美。在过去的10年时间里，它以"千万工程"为契机，不断深化美丽乡村建设，在村主任的带领下，环溪村进行了环境美化，资源开发，民生建设，使得环溪村变成了村民自豪、游客向往的美好家园。总结来看，美丽乡村经验如下：①推动卫生环境，提倡可持续发展。在惠民工程的实施下，环溪村由原本的河道黑臭、垃圾遍布的脏乱差之地变成了清爽洁净的美丽江南村庄。村民生活在美丽的村庄中，倍感幸福也倍感自豪。②合理配置资源，拓展产业链。原本分散经营的约600亩土地统一流转过来种植莲花，充分发展了村里的旅游产业，依靠旅游产业的发展，村民售卖莲花的副产品，开发民宿，增加了居民的收入。③升华特色传统文化，经济社会发展同进行。环溪是周敦颐的第十四代后裔族居地，有着始建于明嘉靖年间的周氏宗祠"爱莲堂"。环溪人抓住环溪村特色的"莲文化"，大量种植莲花。游客被美文和美景所吸引，纷纷来此旅游，带动了环溪村的发展。④完善基础设施建设，补齐民生发展短板。随着环溪村中老年协会公共设施的健全，智慧医疗远程系统的引入，两百多位老人重回环溪村居住。许多年轻人也趁着环溪村蓬勃发展之时，回村创业。

六、　文村：竹林深处有人家

 案例梗概

　　1. 全面整修古民居群内的水泥路，将其还原成青石板路。

2. 打造一个由水榭亭台、活动广场、游步道等组成的村级文化活动中心。

3. 给古村落建立档案，确定将美丽宜居村庄建设省级综合试点项目落户富阳洞桥镇。

关键词：古民居整治；村级文化活动中心；古村落档案建立

 案例全文

　　林间山间水间，一茶一座一友，这是很多人向往的生活。富阳西北深山中的文村吸引来了我国首位普利兹克建筑奖获得者王澍，就连法国的建筑设计师也来了好几拨⋯⋯这个村庄的魅力究竟在哪里？

村民的桥头"闲话"

　　日上三竿，文村村民沈献平和妻子章云香端着饭碗来到桥头，一边吃饭，一边与村民们拉家常。桥，是一座新造的桥，还没有名字，两侧有长椅，上有瓦梁，宜乘凉、避雨。从沈献平家到这里，仅几步路，自从新桥造好后，村里人都喜欢端着饭碗往这里跑。

　　年过六旬的沈献平在附近贤德镇开了一家理发店，一直舍不得自己这个行当。他们家的老房子，砖木混合结构，两层楼，带一个小院子，约100平方米，院里置有水缸和农具，显得很有生活气息。"房子是我父亲留下来的，已有七八十年了，舍不得拆。"沈献平说。这时，另一个端着饭碗的邻居插了一句嘴："这一带有很多这样的老房子，有些已经很久没人住了，没想到现在却成了宝贝。"

　　这些老房子已被当地政府保护起来，"村里回购，我们这幢大概值六七万元。"章云香经营着家里的3亩地，说话喜欢直来直去："不过，我们已经有新房子了！"说完，她将手中的筷子朝右边一指，顺着她筷子的方向，20多幢由黄泥、杭灰石垒就的不同风格民居跃然眼前，"新房子很宽大很好看，有老房子的人才有资格买，价格每平方米不到1500元。"说这话时，沈献平在一旁微笑着，看得出来，老两口对新生活充满了向往。

"老房子"打动了王澍

　　文村位于富阳西北山区的洞桥镇境内，村庄后面有一座形似笔搁的文笔峰，河山溪从文笔峰上潺潺而下，沿着村庄流淌了几百年，恐怕只有那座被木莲藤缠绕着的 400 多年的石拱桥才知道这个村庄的前世今生。老民居逼仄的巷道、泛黄的春联、烟熏过的青砖、斑驳的挂锁、具有时代感的标语以及鹅卵石铺就的路面，这些痕迹仿佛在诉说着这里曾经热闹的时光。

据文村村书记黄健军介绍，40 余幢古民居建造于明清和民国时期，形态各异，错落有致。正是这片老民居的朴素，打动了我国首位普利兹克建筑奖获得者、中国美术学院建筑学院院长王澍："这些老民居才是中国的，也是我们要传承下去的东西。"

走过石板路，竹林深处有我家

穿过沈献平家门前的小桥，就是不少村民的"新家"了，这临水而建的14 幢风格迥异的新民居，便出自王澍大师之手。每幢房子都自带一个小院子，所有建筑普遍用到的材料就是杭灰石、黄黏土和楠竹。村民们表示，这些材料都是当地最常见的东西，但在大师手下就变成了艺术品。

按照村里的规划，文村将全面整修古民居群内的水泥路，将其还原成青石板路。作为文村古民居的水利枢纽，400 余平方米的太平塘与村内四通八达的石渠相连，将一幢幢老房子联系在一起。

文村村委大楼东侧是一个文化广场，是由水榭亭台、活动广场、游步道等组成的村级文化活动中心，"游步道延伸至那座 400 多年历史的河山桥边，让新村与古民居群连成一片。"为了古民居的保护和开发，村里将村民移居到新农居点。文村的新农居将与古村落风格统一，展现两个时期的文村村景，黄健军说，"让新村与古居能够相互映衬，成为文村美丽乡村建设的亮丽风景。"

2015 年 6 月以来，省住建厅确定将美丽宜居村庄建设省级综合试点项目落户富阳洞桥镇，希望洞桥镇以原有弄堂通道为肌理，对古村落建筑进行翻建、改造、修缮，打造出具有新型城镇化特色的美丽宜居村庄，给全省乃至全国提供新型城镇化建设样板。

资料来源：张之冰：《竹林深处有人家：富阳洞桥镇文村美丽宜居村庄见闻》，《杭州日报》2015 年 6 月 27 日，第 01 版。

 经验借鉴

富阳洞桥镇文村"老房子"打动了王澍，创建"新民居"，将房子建成艺术品，同时给古村落建立档案，省住建厅确定将美丽宜居村庄建设省级综合试点项目落户富阳洞桥镇，让人望得见山、看得到水、记得住乡愁。美丽乡村建设经验如下：①挖掘文化底蕴，促进形成新工艺。新房子的特色建筑材料就是村里的黄黏土，工艺也是老祖宗留下的夯土技术。②倡导村落与自然和谐，形成历史与现实交融。将有保存价值的老房子拆除，等于人没了筋骨，书过滤了思想，这样的村庄不是美丽乡村；若只保留老房子，缺少新房子，就像还未破茧的蝴蝶，还未开屏的孔雀，这样的村庄也不能算是美丽乡村。而文村的新民居将与古村落风格统一，展现两个时期的文村村景，让新村与古居能够相互映衬，成为文村美丽乡村建设的亮丽风景。③专家参与设计规划，保护与发展齐头并进。临水而建的14幢风格迥异的新民居，便出自王澍大师之手，对于一些新民居，法国设计师也给予肯定与意见。

七、 窈口村： 怡然自得"慢生活"，
蕴藏美丽"热经济"

 案例梗概

1. 在窈口村集体的牵头下，一批具有地方特色的农家乐开办了。

2. 通过集体带动、市场培育，窈口村农家乐已初具规模。

3. 加大对农家乐（民宿）产业的扶持力度，完善民宿管理机构和制度。

4. 引入壶源溪漂流项目，为窈口村及周边村庄带来近5万名游客。

5. 推进省级慢生活休闲旅游示范村（村落景区）创建。

6. 改造提升村内公共厕所、停车场、游客中心等公共服务设施。

7. 计划通过招商引资，建设回龙湖休闲环湖道（垂钓平台）、烧烤场地布置、跨湖索道、水上项目等，形成新的经济发展点。

关键词：农家乐；漂流项目；慢生活休闲旅游；公共服务设施改造；新经济发展

案例全文

沿着壶源溪一路逆流而上，到了富阳的最南端，就是名声在外的湖源乡窈口村。夏天，在村里走走逛逛，你能感受到它的动静相宜、快慢有致：有静谧的山水美景，也有农家乐的烟火气息，有漂流的惊险刺激，也有垂钓的怡然自得。

窈口村自然环境优美，山青、水秀、谷幽、湖阔，是名副其实的"天然氧吧"和"避暑胜地"，让无数大都市人向往。近年来，随着农家乐的培育发展和漂流项目的引进开发，窈口村以农家乐（民宿）为主要业态的美丽产业已初见成效。

返乡创业，农家乐产业初见雏形

窈口，最早以农家乐而闻名。2010 年，在窈口村集体的牵头下，一批具有地方特色的农家乐开办。朱林芳就是最早一批吃螃蟹的人，她和丈夫经营了万客来农家乐。早些年，和村里其他年轻人一样，朱林芳和丈夫一直走南闯北，在上海、诸暨等地做餐饮生意。2009 年，朱林芳回到窈口村。"当时村书记召集一批人打算开办农家乐，我们自己也有这个想法，一方面考虑到小孩要读书，另一方面，家里没人照顾，放心不下。"2010 年，朱林芳投入 20 多万元，将自家房屋进行改造，于当年 4 月营业，第一年收入 2 万多元。"刚开始只是断断续续地有客人，后来经过各方宣传，到 2013 年，客源就比较稳定了。"

10 年来，有人加入，也有人放弃，但朱林芳坚持了下来，现在每年有 20 万元以上的净收入。朱林芳还把房屋内外都进行了装修，扩大了餐厅，增加了卡拉 OK。朱林芳表示，"辛苦是辛苦了点，但在家赚钱，安心啊。"

好山好水好风光，吸引了越来越多的城里人。2010 年以来通过集体带动、市场培育，窈口村农家乐现已初具规模，截至 2017 年 9 月，有农家乐经营户 22 家，客房 212 间，床位 324 张，日游客接待能力达 1000 多人。窈口村书记曹海峰表示，随着农家乐的竞争越来越激烈，村里进一步加大了对农家乐（民宿）产业的扶持力度，完善民宿管理机构和制度，做精做强，帮助村民创收，还会组织农家乐培训。

农家乐+漂流，带动周边美丽经济

游客慕名来了，农家乐热闹了，但如何吸引更多游客、留住游客，一直是窈口思考的问题。"很多游客反映，窈口村环境的确不错，但只有一些山水，可看可玩的景点不够多，时间久了，难免让人失去新鲜感。"曹海峰说。2015 年，壶源溪漂流项目的引入，每年为窈口村及周边村庄带来近 5 万名游客，以"农家乐+漂流"为主要业态的美丽产业初见雏形。

"尤其七八月份，大家几乎都是冲着玩水来的，在溪边乘凉、在回龙湖垂钓、玩水上自行车、游泳，周末游客都爆满，人流量将近 3000 人次。"壶源溪项目开发方、旅邦旅游有限公司负责人方品忠说，除了本地游客，从上海、苏州来玩的游客也不少。"现在连带着周边的农家乐也挺火爆，很多都要提前半个月订。"玩在窈口，住在窈口，吃当然也在窈口。农家乐发展了，漂流带来更多人气，密切的城乡互动也带动了农产品销售。很多"吃货"来过窈口后，还总结出了"窈口三宝"：手工面、豆腐皮、灰汤粽。

提起窈口土特产店，很多人第一时间就想到小英土特产店。第一批农家乐营业后，郭珍嗅到了商机，开出了窈口第一家土特产店，以手工面、灰汤粽、豆腐皮等为主。"刚开始，手工面一次收上来也就卖 200 多斤，现在是有多少销多少，上万斤也没问题。而灰汤粽在端午节，都供应不过来。"郭珍说。通过口口相传，一批批游客慕名而来，越来越多的人光顾小英土特产店，店内产品也从三四种增加到几十种。"这些农产品跟我们的农家乐一样，全部原汁原味原生态。顾客觉得好吃，一个电话就可以快递过去，很方便。而且富阳有几家店，都是特供的，一点也不愁销路。"郭珍说。

口碑好了，腰包自然也鼓了。郭珍说，现在一年的净利润超过 10 万元，"比以前在外面打工好多了"。随着土特产店生意的红火，村里一批土特产手工艺人的收入也跟着增加。"以前手工面做了只能自家吃，现在有几个人专门给我店里供应，一年也有五六万元的收入。"郭珍说。

打造 AAA 级景区，实现村美民富

鹅卵石铺就的村中小道、古色古香的竹庭、天然的游泳场、自然淳朴的民风，让外地游客体验了美丽乡村的无穷魅力。在现有美丽乡村建设基础上，窈口村将对照标准，推进省级慢生活休闲旅游示范村（村落景区）创建，联合上臧村，以创建国家 AAA 级旅游景区为目标，力争在年接待游客数量及旅

游收入等方面有新的突破。"我们将通过完善景区创建规划，推进美丽产业水平，改造提升村内公共厕所、停车场、游客中心等公共服务设施，继续加强村内环境整治等措施，将窈口村、上臧村区块创建成国家 AAA 级旅游景区。"曹海峰介绍。

村集体富了，办事才有底气。2017 年 5 月，窈口村回购了漂流项目股权。采取"增资扩股+利益分红"方式，完成对壶源溪漂流项目的部分股权回购，每年可增加村集体收入。同时，针对回龙湖垂钓、露营烧烤人数众多，但未形成相关产业的现状，计划通过招商引资，建设回龙湖休闲环湖道（垂钓平台）、烧烤场地布置、跨湖索道、水上项目等，强化日常管理，形成新的景观带和新的集体收入增长点。对打造成富阳"三美"建设美丽经济的示范与样板村，窈口村充满信心。曹海峰表示，通过加强对传统农家乐、精品民宿、主题烧烤、创意集市、康养度假、农事体验等旅游休闲业态的引入培育，将进一步做优做美环境，拓宽集体收入渠道，带动村民致富增收。

资料来源：孙晓、王小奇：《湖源乡窈口村：怡然自得"慢生活"，蕴藏美丽"热经济"》，《富阳日报》2017 年 9 月 6 日，第 03 版。

 经验借鉴

窈口村自然环境优美，是名副其实的"天然氧吧"和"避暑胜地"，让无数大都市人向往。近年来，随着农家乐的培育发展和漂流项目的引进开发，窈口村以农家乐（民宿）为主要业态的美丽乡村建设已初见成效，经验如下：①鼓励村民返乡创业，发展农家乐产业。窈口，最早以农家乐而闻名。2010 年，在窈口村集体的牵头下，一批具有地方特色的农家乐开办。好山好水好风光，吸引了越来越多的城里人。随着农家乐的竞争越来越激烈，村里进一步加大了对农家乐（民宿）产业的扶持力度，完善民宿管理机构和制度，做精做强，帮助村民创收。②开发"农家乐+特色项目"发展方式，带动周边美丽经济。农家乐热闹了，但如何吸引更多游客、留住游客，就是问题了。2015 年，壶源溪漂流项目的引入，每年为窈口村及周边村庄带来近 5 万名游客，以"农家乐+漂流"为主要业态的美丽产业初见雏形。农家乐发展了，漂流带来更多人气，密切的城乡互动也带动了农产品销售。③打造乡村景区，实现村美民富。在现有美丽乡村建设基础上，窈口村将对照标准，推进省级慢生活休闲旅游示范村（村落景区）创建，联合上臧村，以创建国家 AAA 级旅游景区为目标。同时，针对回龙湖垂钓、露营烧烤人数众多，但未形成相关产业的现状，计划通过招商引资，建设回龙湖休闲环湖道（垂钓平台）、烧烤场地布置、跨湖索道、水上项目等，强化日常管理，形成新的景观带和新的集体收入增长点。

八、 月山村： 采菊东篱下， 悠然见月山

 案例梗概

1. 拆除 78 幢违章建筑，还月山村本来面貌。
2. 打造一条沿溪景观带，还原一个月山晚翠，创造一个净美乡村。
3. 旅游业带动返乡创业，产品销售越发红火。
4. 新增 10 家特色鲜明、品质高端的民宿或农家乐，新增床位 110 张、餐位 560 个。
5. 农业农企、产业大户纷纷大力发展茭白、西瓜、月光米、黑茶等生态精品农业。

关键词：违章建筑拆除；沿溪景观打造；返乡创业；农家乐；生态精品农业

 案例全文

月山村的村民从外出打工，到回乡安居谋发展，变化源自美丽乡村建设催生的美丽经济大发展。月山的这一幕，如一滴水珠，折射出丽水大地上诸多乡村的美丽嬗变。

月山速度：20 年"积弊"一朝扫

月山村中有一主街，名曰环月，青石板铺装路面，仿古建筑矗立一旁，仿古门窗、清漆雕花散发浓郁古韵。随街蜿蜒的举溪，有古廊桥横跨其上，溪岸亭阁错落，一幅"小桥、流水、人家"画卷随着步伐徐徐展开。"以前可不是这样的！"村委会主任吴如山拿出的一张老照片，见证了举溪沿岸化蛹成

蝶的历程。

照片上，一幢幢钢筋水泥楼房林立举溪两岸，破坏了古村的原始风貌和美感。这些建于 20 世纪八九十年代的违章建筑，由于历时 20 多年已是既成事实，要想拆除困难重重，成了美丽乡村建设的最大障碍。村民吴荣生家那幢占地 80 多平方米的 4 层框架结构楼房便是其中之一。这既是他的住房，也是他的谋生之所。"房子要是拆了，商店没得开，生计怎么办？直接损失在 20 万元以上。"对于拆违，吴荣生等违建户原先坚决抵制，而最终结果是：20 多年拆不下来的 78 幢违章建筑，竟然在 20 天拆除了，并且以和谐"零上访"的方式，创造了拆违工作的"月山速度"纪录。"月山是月山人自己的月山，要不要美丽，要不要发展，首先是月山人自己的事。"举水乡党委书记黄丽芬说，基于这样的理念，乡干部深入群众，以效果图、专题宣传片等形式，直观而又深入地分析和引导美丽乡村的美好前景。

美好前景直击群众心坎，激发起群众建设美丽乡村的主人翁意识，99% 以上群众立即赞成。吴荣生说："村子搞好了，来旅游的人就多了，以后搞个店面或农家乐也挺好。相反，月山发展不起来，店面再多又有什么用。"在月山，"月山速度"并不是过去式，随着美丽乡村建设步伐的加快，它也不断被注入新的诠释。2015 年 7 月，月山仅用 2 天半时间，拆除了 9 座占地面积 270 平方米的灰房，完成了 1700 多平方米土地的清表工作；9 月，仅用 2 天时间，完成 2600 多平方米的村口景观及停车场地块清表；11～12 月，370 多个占用背街小巷的点位被拆除清理。

美丽发展：旅游年进账上千万元

拆违除旧后，"月山速度"更多体现在"建"上。按照"立足一个整体风格，做精一条精品街，打造一条沿溪景观带，还原一个月山晚翠，创造一个净美乡村"的建设思路统筹推进，一个个项目顺利实施，月山彻底改变了村貌。

美丽的月山村逐渐吸引来越来越多的游人。"虽说月山春晚让月山有了些名气，但前几年只有来看春晚的人，平日里的月山静悄悄。"吴如山说，现在不一样了，只要一到周末，月山就热闹起来，远的、近的，游客一拨接一拨，"村口经常被车堵住，所以我们赶紧上马停车场项目。"游人纷至催生着月山美丽经济的大发展。瞅准了这股发展浪潮，一直在月山种植茶叶、板栗、香菇等经济作物的村民吴小兵，在 2015 年华丽转身，从农民摇身一变成为月山服务业"大佬"。

先是在乡政府的支持下，吴小兵盘下了一栋坐落于环月街上举溪岸边的仿古建筑，"东庄茶苑"开张营业，以免费品茶模式带动自己 260 亩茶叶的销售；随后又投入 100 多万元，将家里的五层楼房装修成有 22 张床位、可同时容纳 200 人用餐的民宿"云屏山庄"；此后，他又投入 50 多万元在离村不远处办起了茶叶加工厂。一位普通的村民，演绎了一二三产融合发展的致富佳话。而要维持这个产业链，吴小兵需要雇用采茶工、厨师以及茶楼服务员，一年付出去的工钱就超过 20 万元。"以前，我的目标是一年有 5 万元收入就不错了，现在我一个月的收入就超过 5 万元了。"吴小兵坦言，虽然大家都说因为他勤快才有今天，但他认为没有美丽催生的经济大发展，再勤快也不可能赚这么多钱。

正如吴小兵一样初尝美丽红利的月山村民，以极大的热情开办民宿、农家乐，仅 2015 年，就新增 10 家特色鲜明、品质高端的民宿或农家乐，新增床位数 110 张、餐位数 560 个。而这一年，月山人也在美丽经济中收获钵满盘满，9.08 万人次游客涌入月山，实现旅游总收入 1412.3 万元。

安居乐业：人口回流重现繁华

奔走在美丽经济发展大道上的月山，吸引的不只是游客。2015 年 7 月，在嘉兴创业多年的吴学平，带着妻子唐晓琴回到月山开了一家"溪岸图"民宿。唐晓琴是土生土长的嘉兴城里人，到农村办民宿，她给出两点理由："2015 年到月山过春节时，发现整个村变美了，就想留下来。再说如今的月山，多的是发展机会。"的确，开民宿 4 个月，"溪岸图"就进账 8 万多元。

即使不开办民宿、农家乐，月山村民照样能从旅游业中赚到钱。村民吴金喜在家门口卖起自制绿粿片，来往游客你带几包、我带几包，一年就卖出 2 万多元；村委会主任吴如山家里自制的番薯面，零售价每千克 30 元，一年也能卖出上千千克……美丽"钱景"让更多的月山游子回乡创业。在泰顺打工多年的吴志兵也回到了月山，在家里办起了木凳子作坊，"做凳子是老本行，以前村里人都出去了，凳子卖不出去。现在不仅村里人又多起来了，游客更多，凳子又重新找到销路了。"

在县城读了一二年级后，吴雅琦跟随着回乡发展的父母，插班进了举水乡中心小学三年级。月山的建设项目多起来了，职业是泥水工的吴雅琦父亲，成了乡里乡亲的"香饽饽"。像吴雅琦这样举家回迁的村民越来越多。

有着 1800 余户籍人口的月山，曾是个繁华的乡村，但随着人口外流，

2014 年以前常住人口降至 300 人左右。美丽大发展之下，月山人口不断回流，如今常住人口已超过 600 人。据庆元县城市建设管理局统计：2014~2015 年，庆元东部 11 个乡镇审批建房 80 户，其中举水乡 63 户，而举水乡的这 63 户，全在月山。一幅炊烟袅袅的安居乐业景象，重新展现在这块土地上。曾慕名来到月山旅游的加拿大人 Ryan（瑞恩）说："我喜欢到这种农民安居乐业的乡村旅游，这才是中国农村的味道。"伴随着乡村旅游的发展，月山的农业农企、产业大户纷纷大力发展茭白、西瓜、月光米、黑茶等生态精品农业，享受旅游经济带动的同时，也为旅游经济注入更多产品。黄丽芬说，美丽月山的建设，就是月山奔向"绿富美"的阳关大道。

资料来源：吴建军：《采菊东篱下　悠然见月山——庆元县月山村美丽经济发展印记》，《丽水日报》2016 年 1 月 20 日，第 001 版。

 经验借鉴

月山的变化源自美丽乡村建设催生的美丽经济大发展，月山的大发展，如一滴水珠，折射出丽水大地上诸多乡村的美丽嬗变，其乡村建设经验如下：①拆除违章建筑，还原乡村真貌。想要长远的发展，必先做好奠基工作，违章建筑未经过政府的科学规划，不仅不美观、占用公共面积，同时也存在着安全隐患，不利于第三产业的发展。②以村民为中心，激发主人翁的意识。拆迁之事常常成为政府与群众的矛盾焦点，然而月山村村干部深入群众，用直观易懂的图片加深村民对美丽乡村前景规划的理解，有效地激发群众建设美丽乡村的主人翁意识，不仅没有深化矛盾，反而创造了 20 天拆除违章建筑的"月山速度"纪录，而"月山速度"带来的经验还会造福更多村庄，不断丰富这四个字的内涵。③打造仿古建筑，发展第三产业。乡村生态环境较好，在第一产业不足以支撑其发展的情况下，发展第三产业能够促进经济发展，在维护绿植美化环境方面较第二产业更具有一定的优越性。月山村抓住历史建筑特色，打造仿古建筑，紧跟发展需求，不断完善公共基础设施建设，扩大容客量。④延长产业链，促进收入多样化。发展生态精品农业，丰富月山旅游经济内容，创新发展方式，接轨现代经济体系，拓宽就业渠道，吸引人流回村，繁荣美丽乡村。

九、 径山村： 美丽乡村带来美丽经济

 案例梗概

1. 制定《径山村 2005–2020 年建设规划》，明确村里的定位及打造目标。
2. 结合 5 个自然组的实际情况来实施方案，突出各自的优势和特色。
3. 劝导村民配合拆除溪沟上的不雅建筑。
4. 聘请集设计和施工于一身的专业人才进行全程跟踪指导和监管。
5. 在环境得到改善和美化后，对径山村的未来发展做出规划。

关键词：明确定位；建设规划；不雅建筑拆除；专业人士指导

 案例全文

2018 年，杭州市余杭区首批"美丽乡村"精品村创建考核结果出炉，径山村以总分 105.8 的成绩位居榜首。分析背后的原因，既有镇村相关单位的辛勤付出，也有村民们的齐心努力。

有思路　重规划　分步实施保延续

2005 年，《径山村 2005–2020 年建设规划》出炉，厚达百页的规划明确了村里的定位及打造目标，也标示了径山村未来 15 年的发展之路。"美丽乡村建设是任务，但更是我们一直在等待的、实现全村发展的重要机遇"，径山村党支部书记马仁祥说，"不能就建设而建设，规划要走在行动前，结果才能让老百姓买账。"从最早的重点提升村建设、农房改造示范村，到创建无违建村庄，等等，径山村得出的经验是：不重复施工。对于美丽乡村建设，马仁祥说，径山村"先想明白美丽乡村'为什么做'，再弄清楚'做什么'，最后再想'怎么做'"。

径山村以乡村环境提升促农村经济发展，最终实现百姓生活品质与收入的双提升，以打造出名副其实的"禅茶第一村"为目标，结合 5 个自然组的

实际情况来实施方案。靠近"禅茶第一村"的里洪突出老街特色,生态环境基础较好的馒头山定位成园林建设的亮点区,经济发展较好的高塘坞自然村着力打造新农村样板区,位于径山寺山门的桐桥自然组大力发展民食民俗,老宅保存较为完善的菜园自然组则主打"乡愁"文化。

在此思路下,径山村完成里洪老街的河沟恢复、线路上改下、道路铺装;完成了里洪中心村的 47 户立面整治和 3700 余米围墙改造绿化提升;拆除不雅观建筑 64 处,完成了文化长廊建设和菜园知青广场建设;完成了径山古道(直岭到船桥段 1500 米)的贯通连接;等等,为径山村美丽乡村建设奠定了从整体到细节都整洁的环境基础。

贴民心 听建议 环境美到角落里

作为全区创建无违建的试点村,径山村在"美丽乡村"精品村创建中,努力争创全区示范和全国样板。有了高目标,就有了高要求,村干部俞荣华说:"相比从 0 开始到良好,想要实现良好到优秀只有更难。"特别是在打造里洪老街精品线路的工作上,要在无违章建筑的标准上完成不雅观建筑整治就是"啃硬骨头"。

里洪老街有一条溪沟流经,但是老百姓的辅房渐渐挡住了这条沟渠,也令原本就不宽的内部道路更加狭窄,"这些溪上不雅建筑必须拆除。"俞荣华说,拆之前所有村干部"心里都打鼓",直到第一户农户许根才主动开拆才有了信心。率先开拆的许根才是老党员,他把多年来村庄的变化都记在心里,他相信拆除不雅建筑是为了村子的发展,作为党员自己有义务带头。

不到一个月时间,溪沟上盖的不雅建筑全部拆除。如今,里洪老街溪水潺潺,青石板路直通禅茶新村,串联起了历史与未来的美好图景。要在千村万庄之间脱颖而出,不仅要拆出新空间,还要融入本村特色,突出"一村一品",才能做到在人群中一眼就被发现。当村里决定实施围墙拆除或通透式改造时,一开始几乎没人同意。围墙在农村是保护自家隐私的重要部分,所以要老百姓理解支持拆除工作并不容易,光靠村干部是不够的。"门外汉说不清,那就请行家现场解释。"径山村聘请了一名集设计和施工于一身的专业人才进行全程跟踪指导和监管,得到了村民们的理解和支持,而且也避免了因为村干部不专业和没时间管导致的质量问题和返工问题。

随着改造效果日益显现,越来越多的老百姓主动加入了围墙整治改造工作。"村长,我家有块老石板,做墙的时候是不是可以用一下?""我家有块老木板，设计的时候要弄进去，蛮好的呀！""我觉得这里种樟树是不是更好？以后大家还能乘凉！"你一言，我一语，党群、干群同心协力，里洪老街的围墙从雷同的水泥墙变成了采用本地竹子、决石等乡土元素的老底子泥巴墙，改建后庭院的空间有了提升，整体的建筑风格也更具禅茶特色。在径山村，村民成为美丽乡村建设的主体，成为参与者、监督员、设计师。"我们不仅是'一村一品'，更是'一家一品'。"村民们说。

看今朝 展未来 美丽经济有信心

万事俱备，径山村的美丽经济已然进入成长阶段。村里打算邀请专业团队和企业进驻，对禅茶新村等民食民宿集成区进行专业化的运营管理，"让专业的人做专业的事，这个想法村民们人人同意，都在积极参与。"当然，径山村的"美丽乡村"建设尚未结束，后续的创建方案也在进行中。马仁祥说："我们的目标是景区化村庄，让径山村的老百姓在这里住得舒心，生活顺心，发展有信心。为了实现这个目标，我们要做的还有很多。"

资料来源：潘怡雯、商赞：《美丽乡村带来美丽环境造就美丽经济》，《余杭晨报》2018 年 9 月 5 日，第 01 版。

 经验借鉴

径山村能够在"美丽乡村"精品村创建考核中以总分 105.8 的成绩位居榜首，成功啃下村庄面貌整治这块硬骨头的同时稳步规划，实现了美丽环境和美丽经济的双丰收，其主要经验如下：①明确计划和目标，找准定位。遵循"计划走在行动前"的原则，出台《径山村 2005-2020 年建设规划》，明确了村里的定位及打造目标；为拥有不同特色的自然村制订适宜本区的发展计划，使村子的建设稳步向前的同时减少复工率，提高了效率，为径山村美丽乡村建设奠定了从整体到细节都整洁的环境基础。②党员主动参与村庄管理，积极协调群众关系。在溪沟不雅建筑的拆除问题上，通过老党员的带头作用使村民们意识到环境改善对每个人的益处；在围墙拆除或通透式改造工作上，通过聘请专家的现场讲解争取到了村民的理解和支持，让村民自觉自愿地拆除违章建筑，为美丽乡村的建设添砖加瓦。③不断进取，追求发展新高度。在取得"美丽乡村"精品村建设榜首的成就后，对进一步的发展做出科学的规划。如打算邀请专业团队和企业进驻，对禅茶新村等民食民宿集成区进行专业化的运营管理，着手制定后续的打造景区化村庄的创建方案，不断提高村民的生活质量。④以稳求进，注重质量。在最早的乡村建设到后来的乡村稳速发展，都遵循着"走好每一步"的实干原则，不急慢进程，不急于求成，稳中求胜。

十、长濂村：党旗红，青山秀，长濂长美绿中富

案例梗概

1. 创建国家 AAA 级旅游景区，以旅游业经营扶持古文化街区项目。
2. 大面积种植阔叶林，改善生态环境；村民监督，以工代赈。
3. 村党支部撰写严格的植被保护村规民约，争先绿化带动经济。
4. 活用空置土地建厂房，兴建村级工业园，成立长濂经济开发公司与旅游开发公司。
5. 投资开设政治路网、设计新房、优化公共区域等环境美化工程。
6. 设立历史文物保护制度，修整明清文化古建筑、古文物，传承古技艺。
7. 首创"党员警醒室"，推行无职党员设岗定职制度。

关键词：古文化街区项目；村规民约撰写；旅游开发公司；环境美化工程；历史文物保护

案例全文

站在遂昌的东大门，东边是遂昌金矿，西边就是长濂村。金矿是景区，长濂是家园。金矿在华东是唯一，山村在丽水却数以万计。几年前，关于这一矿一村，人们最耳熟能详的一句话是：遂昌金矿，绿洲中的黄金世界。很显然，金矿是"红花"，长濂是"绿叶"。

现在，在美丽城乡建设中，家园同样成了引人入胜的景点，长濂成为一颗光彩夺目的"明珠"。根据长濂村的最新规划，建好家园，力争成为首个美丽乡村建设中走出的 AAAAA 级景区是其新梦想。对此，时任丽水市委书记王永康指示，长濂之美，在生态，在产业；在村居，在人文；在乡风，在党建。

从长濂之美，可认真总结美丽乡村的丽水标准。

生态是自然环境美，党建是基层建设美；产业带来群众增收致富美，村居让村容村貌美；人文让全村韵味悠长，乡风让今天和谐多彩。有"古"有"今"，有"面"有"里"，绿中致富，长濂长美。

十年"绿水青山就是金山银山"路 长濂成了"美丽梦工场"

2006年7月27日，对于长濂村来说是一个特殊的日子。也正是从这一天开始，长濂村实现了质的飞跃。这一天，时任浙江省委书记习近平来到长濂，看见这个正致力于发展乡村旅游的小山村，四周郁郁葱葱，产业生机勃勃，习近平倍感欣慰，他勉励长濂村："在保持原有特色前提下，要依托生态和文化，进一步做好村级规划，争取建成省内乃至全国著名的'文化名村'。"

当时刚上任村党支部书记的郑宗长，对这一嘱托牢记在心，并坚守这一"诺言"，带着长濂村两委铆足了干劲走"绿富美"的生态发展之路，这一干就是十几年。行进在"绿水青山就是金山银山"路上的长濂村，也迎来了发展黄金期。截至2014年底，长濂村村集体固定资产超1.5亿元，集体经济收入1000万元以上，年均旅游综合收入突破600万元，村民人均收入超过14000元。长濂村还成了全国创先争优先进基层党组织，全国文明村镇、全省小康建设示范村、全省文化示范村、丽水市最美乡村。踏上"绿水青山就是金山银山"的发展新路，长濂村就像被注入了停不下的"创新惯性"。这个小山村自然而然地成为了遂昌全县第一个进行村庄整治的村，第一个建设美丽乡村的村，第一个开出农家乐的村。

2014年底，长濂村成功创建国家AAA级旅游景区，全年共接待游客30多万人次，实现旅游营业收入1600多万元。2018年，长濂村顺利通过AAAA级景区景观质量评审。

种下一片绿 终成百亩林 美丽生态夯实美丽乡村基础

九曲濂溪、群山苍翠。无论何时，走进长濂村，第一眼看见的，都是满眼的绿。"这片绿，可是我们当年顶着得罪村民的压力，生生保护出来的。"郑宗长看着远山感慨，"如今，这片绿成了全村人的'宝贝'，是长濂美丽乡村建设的最坚实基础。"多年前，长濂村绝大多数村民都穷得叮当响，又没有营生出路，就把树砍了卖钱，或者当柴火烧猪食养猪。一年到头，猪养不了几头，卖不到几个钱，树却越来越少了。眼见环境越来越差，村民却没有富起来，村干部急了，日思夜想要给村里谋条出路。

一天，在村里的濂溪边，郑宗长和村里一位老干部边走边商议村里该怎么发展。看着清清的溪水和被群山环抱的村庄，郑宗长突然一拍脑袋"咱们村自然资源这么好，以前又是'状元村'，文化底蕴深厚，可以发展旅游啊！""那可得先把环境整好。"两人一拍即合，迅速召集"两委"班子开会讨论，还分头搜集依靠旅游发展成功的村庄案例。意识到旅游是未来发展的朝阳产业后，长濂村开始大面积种植阔叶林，改善生态环境。面对顽固的伐木者，村党支部将严格的禁伐制度写进村规民约。这极有可能是遂昌乃至丽水境内出现的第一个"美丽村规"。像大部分新鲜事物一样，这事一开始并未得到村民理解。"靠种树就能赚钱？开玩笑吧。"不少村民还认为禁伐就是吓唬吓唬人，不屑一顾。

村民郑文尧当时就听不进去。近点的山坡有人看着，就去远点的地方砍；白天不能去，就晚上偷偷去砍。但郑宗长等村干部们格外坚持，道理同样很简单：一棵树，砍掉只需一小时，种植长大至少要三五年。"这笔账，每个人都得算明白。"严查的同时，长濂村开始大规模在远近山坡上补种阔叶林。如今，当年种下的100多亩树苗已经长大成林。在强劲的"护绿新风"带动下，村民们的习惯与观念随之改变。

有趣的是，如今，郑文尧竟然成了村集体苗圃基地的种树好手，每月领3000多元工资，任务就是种好树，管理好苗圃。十多年坚持下来，长濂村百亩苗圃苗壮成长，逐步发展为一项产业。村委主任张黎明信心十足地表示："如今，一个地方建起来，三五天之内，我们肯定能绿化好。"

决不能守着青山一动不动　长濂走出美丽经济新路

时间追溯至2000年，彼时的长濂村已经摘掉了"猪粪村"的帽子，村居环境得到极大改善，村班子的干事氛围也更加浓厚，村民致富的愿望极为强烈。"我们不能走先污染后治理的老路，但也不能守着青山绿水一动不动。"村"两委"班子决定，要利用好这片山水让村民富起来。当时全国上下大搞工业发展，民营企业500强的元立集团就在村子附近，依托元立发展工业其实是最便捷的发展方式。

"一时富不如长久富。"有几家企业有意购买长濂村的土地建厂房，村班子当即拍板"只租不卖"，由村集体和村民共同入股成立长濂经济开发公司，顺利完成4万多平方米的厂房建设。现在，这些厂房出租给企业，每年租金近300万元，而原先在田间地头劳动的农民，如今大部分进入企业上班，成为名副其实的"产业工人"，人均收入从数百元飙升至上万元。2011年，郑宗长又带领村两委建起了遂昌第一个村级工业园，并建成了集生产用房、职工宿舍于一体的遂昌县工业园区长濂服务区，为村集体提供稳定收入来源。2002年，长濂村成立旅游开发公司，是全县最早开展旅游业的村庄。

为了实现全民共富，旅游开发公司由村集体和村民共同入股，村集体是大股东。公司成立之初，部分村民无钱入股，也有持观望心态的。村"两委"允许他们以山林或者古家具类实物折价入股。山林入股保护了生态，古家具入股相当于免费征集保护了民俗品。郑宗华是第一批入股的村民之一，当年入股的本金已经翻了三倍以上。如今他还在公司里管基建，每月工资5000多元。尝到甜头的村民，对村"两委"班子越来越有信心。此后，村里又以村集体名义筹资开发建设了鞍山书院、月洞家风、明清古建筑一条街等景点。其中，仅鞍山书院农家乐一项，每年营业额就在500万元以上，并以每年20%的速度增长。

如今，在长濂村，村民有四种增收方式：可以入股村里的经济公司和旅游公司拿分红；可以种植茶叶等经济作物增收；可以在村子附近的工业园区上班；可以开农家乐赚钱。

从"猪粪村"到最美村　长濂因美致富更护美

"满地跑的生猪，随处可见的猪粪，满天飞的苍蝇"，长濂村以前是"脏、乱、差"的代名词。"走在路上都要捂着鼻子，很小心地跳着走，不然就会踩到猪粪，别村的人提到我们村就摇头。"村委会委员郑小芽回忆到。但如今，在长濂村，不但随地可见的猪粪不见了，取而代之的是随处可见的绿化。

"如果没有富，那美只是空架子。如果没有美，那富也只能一阵子。"郑宗长说。正是基于这个理念，从20世纪末开始，长濂村便开始致力"造美"。1997年，在全县几乎还没人搞村庄路面硬化的时候，长濂村从少得可怜的村集体经济中挤出一些资金，把村里的主干道都进行了硬化。随后，村"两委"又开始在美化村庄上下功夫。设计新房，整治路网，安装体育健身器材，带领村民美化家园，经过多年努力，长濂村村道更加整洁干净，村居环境发生了根本性的变化。

"一个村，花300万元重金做村庄整体规划，这事，估计除了长濂，也不多见。但这钱花得值！我们根据自然环境和村历史文化特征，专门聘请省古建筑设计院的专家规划村庄。所以你看，我们沿街房屋的风格都是统一的，不允许个人私自篡改。"郑宗长说。为了将规矩落实到位，每位村民建房前需先给村委会交 2 万元保证金，房屋建好后必须按照村庄统一规划做好外立面方可退还押金。正因如此，长濂村新建的房屋中，没有一栋是与徽派建筑格格不入的"刺头"建筑。

传承书香遗韵　成就浙西南第一古村

一个村庄的发展可以有千百种形式，但其骨子里挥之不去的历史文化，却始终影响着它前进的方向。长濂耕读氛围浓厚，一度被称为"状元村"，更具有 400 多年历史的明清古建筑群。多年来，长濂村致力于在保护中打造独具特色的"文化名村"。《长濂村保护利用规划》和《历史文化村落保护利用重点村提升工程设计》等一系列保护历史文物的制度在践诺中应运而生，不但不破坏古建筑，还能在里头做文章。长濂村按照统一规格进行农房外立面改造；重修长濂明清文化一条街，吸引了各地爱好根雕、奇石、书法、瓷器、剪纸等民间艺人入户，形成了有区域特色的民俗文化产品的集散、展示和研究中心，带动长濂文化的崛起。2002 年起，长濂村启动历史文化村保护项目，按修旧如旧的原则修复古民居。同时，村里还将 20 幢县城拆迁的古民居回收利用，转移到长濂村进行异地保护。"拆的时候要很小心，甚至每一根柱子都得标号，拆回来再按照标号重新组合盖回去，光这 20 栋老房子的转移，花了近两年时间呢，但能把这些古民居保存下来，值得！"郑宗长说。

如今，古文化、古建筑已经成为长濂村的最大特色。5 座省级保护建筑和 30 多座明清古建筑基本完成修复。此外，为了让"状元文化"精神代代相传，长濂村每年举办状元文化节，让游客在活动中感受状元文化独特的魅力。同时借着浙江省书法村的优势，每年暑期举办村民书法培训班、村民书法比赛等活动，让全村村民共同参与到文化传承的队伍中来。

从"打架村"到"和谐村"　乐享生活幸福长

"村集体经济壮大了，就要让村里更多人享受到改革红利。"村委委员郑小芽介绍，村里对老人多一份关爱，除了逢年过节上门慰问，每个月都发放生活补贴：70 岁以上老人 100 元，80 岁以上老人 200 元，90 岁以上老人 300 元，100 岁以上老人 1000 元。由于村里经济越来越好。村"两委"还商议要把补贴提高一倍。

"以前我们村是出了名的'打架村'，男人就喜欢打架、赌博，女人也不学好，现在可不一样了，大伙儿生活好了，都追求精神享受了，跳跳舞，多开心。"村里的文化员方慧凤说，"村里每晚固定来跳舞的村民就有三四十人。"此外，村里每年举办"村晚"的习俗已延续了十多年，每一年，村民都会自编自导自演各种节目，上台露露脸，给村民和来村里过大年的游客逗逗乐。生活顺心了，村民关系融洽了，矛盾自然就少了。多年来，长濂村的上访率一直为零。

小山村里出了全国先进党组织　党旗引领长濂绿富美

在长濂之美中，美丽党建是最坚强的领导力量。伴随着美丽建设的推进，村干部们在一道成长。1995年，村班子换届，在外做生意的郑宗长在村民邀请下回来竞选村委会主任。800多位选民，郑宗长最后以580多票当选。

但郑宗长这个"官"并不好当，"那会儿村里一塌糊涂，村集体欠账，村民打架赌博风气重，有些村干部也自顾自不团结。"张黎明回忆说。为了"把村子领上正道"，新一届村干部首先给自己立下两条规矩：第一，当村干部不能只想着自己做事；第二，村里所有账目全部公开。第一条规矩坚持下来的头三年，郑宗长"毁誉参半"：普通百姓信服，但自己的亲朋好友开始埋怨："一点好处不给自己人。"为此，在1998年换届时，郑宗长遭遇了"最严重"的"选举危机"：有亲属在内直言，决不再选郑宗长。

当知道自己最后得票超过600票时，郑宗长感慨万分："其实头三年，我们没能力为村里做更多事。这说明，真正想干事的人，才是老百姓最想要的村干部。"第二件事坚持下来的结果则是，时至今日，担任村干部20多年，郑宗长底气十足地表示，欢迎每位村民随时查账，但凡有一笔不清的，自己十倍赔偿。自身硬起来之后，长濂村"两委"开始着力解决另外一个大难题——政令不畅。

在养猪一事上，村干部的"敢碰硬"开始显现出来。尽管当时"猪要圈养"已经通过村民大会决议，但总有人置之不理。为了遏制这股风气，彻底摘掉"猪粪村"的帽子，郑宗长与其他村干部商量，给每位村干部发了一根棍子，并明确要求，二人一对，村里打猪。谁怕得罪人，谁就不要再当村干部了。点滴积累之下，如今，长濂村大小决议规定，令行禁止；长濂村几位村干部，人人敢于担责。现在，长濂村党支部甚至定出了一条"最严规矩"：开会迟到一分钟，罚款100元，只能坐在迟到席开会。

　　针对党员推进项目不力等群众反映强烈的"顽疾"，长濂村首创了"党员警醒室"，为每一位党员定期"体检"，对有"毛病"的党员进行约谈。此外，村里还推行了无职党员设岗定职制度，设立了保洁监督、联系项目、文物保护等5类责任岗位，由村里的党员和入党积极分子全部认领。

　　在党建的有力引领下，这些年来，长濂村发展旅游、物业经济，丰富群众生活。郑宗长说："带领群众致富，这是基层党建的根本任务。只有不断为群众带来幸福，我们的党建才会越来越坚固。"耳濡目染之下，积极入党成为了长濂村村民的"最高精神追求"。

　　资料来源：王巷扉、曾翠、肖靓：《党旗红，青山秀，长濂长美绿中富》，《丽水日报》2015年10月22日，第A01版。

 经验借鉴

　　浙江遂昌长濂村地处松阳、遂昌、武义、金华、龙游五县交界处，历史文化悠久，素有"状元村"美誉。近年来，长濂村依托浓厚的历史文化底蕴、秀丽的山水自然风光，发掘本地明代文化的特色，发展生态产业，开发文化旅游，促进新农村建设，取得了显著的成绩，被评为遂昌首批小康村、丽水新农村建设示范村、丽水市级文明村、丽水市文化名村、省级文化示范村、省级小康示范村和全国文明村镇创建工作先进村。长濂村的美丽乡村建设历程有许多经验值得借鉴：①发展集体经济，带领村民共同富裕。为了实现全民共富，长濂村设立经济开发公司、旅游开发公司与工业园带动全体村民发展事业经济，提高村民生活水平。村企收入分红、种植农作物求增收、工业园区稳定劳动、农家乐赚取旅游钱成为村民四大稳定收入方式。②以党建推进经济建设，增加生活保障与福利。长濂村积极建设党建力量，推行无职党员设岗定职制度，设立旅游业责任岗位，通过党建寻找美丽乡村领导力量。村委补贴、民众变富与邻里关系协调，增进了人民的生活幸福和谐。③打响乡村旅游品牌，实现发展成功转型。续存长濂耕读文化，传承明清民间技艺，长濂村在进行古文化、古建筑重修整顿的过程中成立了自己的旅游品牌，为乡村旅游打响了名号。④发挥生态优势，启动绿色引擎。兴修阔叶林，整治养猪圈，长濂村通过多方面整治工程升级生态环境与自然资源，通过绿色增益提升"绿水青山"的品质。如今，长濂村凭借"物业经济"和"旅游经济"双轮驱动走上了乡村振兴的康庄大道，彻底实现了经济可持续发展，化美丽生态为美丽经济。

十一、 中村： 个性化民宿"树蛙部落"

 案例梗概

1. 建设个性化民宿，取名为树蛙部落，发展乡村旅游。
2. 关停养殖场、水煮笋厂。
3. 建设卫生服务站、便民服务中心，修缮祠堂、老宅、古桥。
4. 参照河姆渡文明，在山涧建造民宿部落。
5. 借助微信推文，吸引省内外游客，带动农家乐入住率。
6. 统一收购村中闲置房屋、山林、田地，统一招商引资。
7. 联合"树蛙部落"合作创立农产品品牌。
8. 收购村民自制的笋干、茶叶，利用电商、民宿内部销售。
9. 订立环保协约，承诺不砍树、不使用化肥农药、分类垃圾。

关键词： 个性化民宿；统一招商引资；农产品品牌创立；环保协约订立

案例全文

14套造型特别的木屋悬空矗立，不规则的像鸟巢，球形的像宇宙行星，尖顶的像《指环王》里霍比特人的房子，每一幢都与森林、溪流、老宅融为一体，构成了山间的独特风景，这是余姚鹿亭乡中村村里的民宿项目——树蛙部落。初夏时节，尽管山中下着雨，却丝毫不影响游客的热情。许多上海、杭州、宁波人带着孩子，驱车远道而来，沿着盘山公路进山，就是为了体验甚至参观木屋。他们拍的照片、写的文字，经网络传播，让"树蛙部落"一夜之间成了"网红"，也为坐落在四明山上的中村带来源源不断的人气，推动资本进村、民宿落地、村民返乡。"树蛙部落"，看似只是一个民宿项目，探索的却是山村的未来。从这个项目出发，同样能观察山乡旅游产业升级、返乡创业潮流和乡村振兴希望。

山村变革在困境中开始

"树蛙部落"，静静地安置在中村的一个山坳中。四周青山如水墨铺开，晓鹿溪穿村而过，几十幢建于明清和民国时期的房子沿溪而筑，100余户村民依山而居。守着如此美丽的风景，但长期以来，村庄发展陷入困局，村民心中也有个解不开的"疙瘩"：日子并不富裕。作为宁波市重要的饮用水源保护地和生态涵养区，鹿亭乡必须严守生态底线，工业、养殖业无法发展，前些年当地还关停了54家养殖场、10多家水煮笋厂。想发展现代生态农业也并不容易，因为地处高山、耕地稀少，种植业始终成不了规模，效益也不高。由于缺乏就业机会和收入来源，许多村民纷纷外出，以致全乡虽有1.7万户籍人口，常住的却只有7000多人，不少村庄出现"空心化"。

"几年前，包括中村在内，全乡12个行政村'空心化'都很严重，大多数村庄只看得见老人的身影。"鹿亭乡乡干部郑杰说，"照这样的趋势，再过三四十年，这里的村庄将一一消失。"要留住村民，就要创造更多就业机会；要吸引年轻人返乡，就得激活山村的发展动力。近年来，随着美丽乡村建设不断推进，乡里公共基础设施逐步完善，建成了卫生服务站、村级便民服务中心、生态公厕等，修缮了祠堂、老宅、古桥，村民开办起了农家乐，乡村旅游有了长足的发展。

可惜好景不长，旅游产业同质化的问题逐渐在这里显现。"一家一户、低价竞争"的模式，带动村民增收致富的作用有限，且由于餐饮品质不高、村民服务意识欠缺，不少游客反映"住宿体验不佳"。很多宁波本地游客，看了住宿环境直摇头，待上半天就走了。以中村为例，全村16家农家乐、200余张床位，年均入住率不到50%。老路行不通，中村何去何从？"乡村游，必须变。"郑杰说。随着消费升级、竞争加速，住农家乐、吃农家饭、采摘游等简单的模式已无法满足人们对优美生态环境、美好住宿体验的需求，"乡村必须进一步挖掘生态环境和传统文化资源，持续培育和强化村民运营能力，引入更有价值、更有个性的产品，使乡村旅游可持续发展。"

2015年10月，乡伴文旅集团创始人朱胜萱来到余姚，这个在全国建造了13家"原舍"民宿的商人，擅长用市场眼光审视乡村价值，寻找人与自然相处的最佳模式。走过当地8个村落后，朱胜萱盯上了中村，"中村的山水，适合打造有趣的房子和理想的生活。"他当即决定，以每年18万元的租金租下

15亩地，打造原生态的民宿项目——树蛙部落。小山村的变革，就这样开始了。

乡村旅游　有个性才有活力

中村的山水，有一种灵秀的美，山腰常缠绕雾气，竹林间落叶有声，连空气仿佛也是甜的。为建造"树蛙部落"，朱胜萱和总设计师付丛伟花了两年多时间，从看得见的竹林整修、景观营造，到看不见的截污纳管、水电线路，无不细致入微，"在这里，我们要把有趣、自由、贴近自然的生活方式孵化出来，让游客安心在乡村住下来"。

后来，付丛伟和团队干脆搬到村里，住进村民家中，观察村庄的每个角落，体验原生态的环境和淳朴的民风。村里家家有院子，户户有菜园，沿袭着在溪中淘米、洗衣的习俗，闲暇时三五成群，坐在老樟树下聊天。很快，付丛伟找到了民宿的设计方向：参照七千年前的河姆渡文明，在石滩山涧旁造一个原始部落。"那时的人们临水而居，用木桩构成架空的建筑基座，房屋多为三角形。"付丛伟说，模仿干阑式建筑，将对土壤和植被的影响降到最低，20年的租约到期后，还给村民原原本本的自然风貌。

在设计团队画出6种房屋样式图后，付丛伟拿着图纸，到处询问村民的意见。为了使建筑更贴合自然山水，他还定下了两个规矩：石材、木头、砖瓦、竹子等尽量就地取材；建造过程不使用复杂高科技工艺和大型机械设备，尽量凭借双手搭建树屋。这样的建造方式，给了村民启发：人的巧思和创新，能让大山之间的资源拥有更多价值。

在设计师们的邀请下，时年84岁的竹匠俞国志和63岁的石匠郑志来用自己的手艺，打造了横跨晓鹿溪的竹桥和民宿入口处的鹅卵石墙。竹桥看似平凡，却充满了韵味；鹅卵石墙看似普通，却体现着就地取材的智慧。经过日复一日的打磨，亲子阁楼、鸟巢跃层、星空穹顶、房车、帐篷等各种形态的空间一一形成。2018年4月，"树蛙部落"终于露面了。仅凭着微信的几篇推文，这个项目便吸引了来自省内外的大量游客，14套木屋连工作日都无一空房，还带动村里农家乐的入住率提升了不少。兴奋之余，鹿亭乡和中村的人们都意识到：这正是他们期待的有个性的产品，也是乡村旅游未来发展的方向。

村民的自信被激活

暮色四合，住客纷至沓来。山林间、村道上，时时传来孩子的笑声和大人的赞叹。"欢迎来到'树蛙部落'。"陈佳颖站在民宿大厅门口，热情地招呼客人。相比大城市的喧嚣，这个 1997 年出生的姑娘，更向往大自然，民宿还未完全落成，她便回到村里，应聘成了员工。如今，大厅外种植的花花草草，都花费了这位年轻姑娘的大量心思。近来，她还准备收集、整理中村的历史，与前来探访的自驾游客聊聊这个古村的过去、现在、未来。

据驻村店长郑永雄介绍，目前"树蛙部落"有 20 多个员工，有一半是村里人。年过六旬的赵莲苏，在民宿开业后应聘担任保洁员，每天上班只需走 5 分钟，既能照顾家务，还不耽误农活，让她十分满意。不过，在郑杰看来，中村最大的变化，在于人们已经行动起来，探索适合自己的乡村振兴道路。此外，返乡的村民越来越多。2017 年 10 月，在宁波做生意的郑宇峰回到村里，把家中老宅扩建，开起了民宿。他还通过竞选加入村"两委"，成了最年轻的村干部。不少在外地打工的村民，听闻村里的变化，纷纷向他打听开民宿、农家乐的事情。

闲置的资源激活了。村里废弃的老茶厂经过改造，成了人们品尝美食、娱乐休闲的场所。有的村民修葺、改造老屋，探索居住条件改善、传统文化传承与旅游经济发展的共生模式，更多的业态产生了。村"两委"还成立合作社，统一收购村中闲置房屋、山林、田地，统一招商引资，同时与"树蛙部落"合作创立村里的农产品品牌，收购村民自制的笋干、茶叶，利用电商、民宿内部展销等方式，拓宽村民增收渠道。

而对于生态，无论是村"两委"还是村民，态度都毫不含糊：无论是新办农家乐、民宿，还是发展生态农业、林下经济，都必须以尊重自然、敬畏自然为基础，严守生态底线。所有人都牢记几个约定：山上的树是不能砍的，农药和化肥是不能用的，溪水是不能污染的，垃圾是要精准分类的。"'树蛙部落'进驻中村，看中的正是原生态、无污染的生态环境，这是村庄变迁的基础，也是我们必须守护的资源。"郑宇峰说，现在，村民真实体会到人与自然和谐相处的理念，也尝到了绿水青山向金山银山转化的甜头，更加明白了生态文明建设的意义。

资料来源：陆海旻：《个性化民宿"树蛙部落"对乡村旅游的启示——一个山村的绿色突围》，《浙江日报》2018 年 5 月 29 日，第 11 版。

经验借鉴

　　余姚鹿亭乡中村，一个位于水源保护区的村庄，通过建立与自然山水融为一体的个性化民宿项目，实现了保护与发展的平衡。其美丽乡村的建设经验如下：①因地制宜，发展民宿产业。设计师和团队搬到村里，住进村民家中，观察村庄的每个角落，体验原生态的环境和淳朴的民风。设计师找到了民宿的设计方向：参照七千年前的河姆渡文明，在石滩山涧旁造一个原始部落。②就地取材，尊重自然，设计建筑。为了使建筑更贴合自然山水，设计师定下了两个规矩：石材、木头、砖瓦、竹子等尽量就地取材；建造过程不使用复杂高科技工艺和大型机械设备，尽量凭借双手搭建树屋。③找准定位，推广个性化旅游。经过日复一日的打磨，亲子阁楼、鸟巢跃层、星空穹顶、房车、帐篷等各种形态的空间一一形成。鹿亭乡和中村的人们都意识到：这正是他们期待的有个性的产品，也是乡村旅游未来发展的方向。④统一管理，统一销售。统一收购村中闲置房屋、山林、田地，统一招商引资，同时与"树蛙部落"合作创立村里的农产品品牌，收购村民自制的笋干、茶叶，利用电商、民宿内部展销等方式，拓宽村民增收渠道。⑤订立协约，倡导环保行为。所有人都牢记几个约定：山上的树是不能砍的，农药和化肥是不能用的，溪水是不能污染的，垃圾是要精准分类的。⑥盘活闲置资源，平衡传统与现代。村里废弃的老茶厂经过改造，成了人们品尝美食、娱乐休闲的场所。有的村民修葺、改造老屋，探索居住条件改善、传统文化传承与旅游经济发展的共生模式。

十二、 余村： 从卖石头到卖风景

案例梗概

1. 确定"生态立县"的新战略与"生态居住""生态旅游""生态工业"的新路径。

2. 通过关闭污染企业、设定炸药限量、税收调整等方式，限制矿产业等污染产业发展。

3. 开发农家乐、民宿与漂流项目，开发乡村特色货品的销售渠道，积极发展旅游业。

4. 建全生态景区，不再保留生态工业。

5. 建立矿山公园，展现余村人保护生态的初心。

6. 联合颐高公司，创办美丽乡村大学和乡创空间，为农家乐业主、返乡青年等提供培训。

关键词：农家乐；民宿；漂流项目；生态景区；矿山公园；乡村大学；乡创空间

 案例全文

世界一角，浙北余村，"两山"发展理念在这里发端、持续，这里是注释可持续发展的一个宏大而又精致的样本。观察它的变迁，得以一窥未来的面貌。

山村的最美转身

浙江多山，安吉尤甚，余村更是三面环山。20 世纪 90 年代，囿于地形，村里无法引进大型工业企业，也很难发展规模化农业，余村人便将目光投向了山。靠山吃山，这个只有 1000 多人口的小村，很快就开了三个石矿，办起一家水泥厂。十七八岁就在水泥厂里打工的村民余忠尧回忆说："村里的壮劳力几乎都和石头打交道。"大量优质的石灰石，通过山间小路运向远方，为城市建设添砖，余村借此成为当时安吉县闻名的首富村。

大山之外，市场化、工业化、城镇化快速发展的浙江，从资源小省一跃成为经济大省。但快速发展背后，隐忧同样存在——对资源、能源的过度索取。经年累月的石矿开采，让曾经的"江南清丽地"蒙上灰尘。余村村支书潘文革曾表示："漫天的灰尘遮蔽了蓝天，果树不结果，连生命力顽强的毛竹都不长叶了。"

绿色发展　全球同频共振

2002 年 8 月，在南非约翰内斯堡召开的联合国可持续发展世界首脑会议传递出来的声音振聋发聩：经济增长和社会进步必须同环境保护、生态平衡相协调。2003 年 1 月，浙江成为全国第 5 个生态省建设试点省。同年 7 月，创建生态省，打造"绿色浙江"作为"八八战略"的重要一条正式提出。安吉正式确定"生态立县"的新战略，关闭污染企业，并通过炸药限量、税收调整等方式，限制矿山发展。2005 年 8 月 15 日，习近平来到余村调研，在村委会二楼的会议室里，村干部向他介绍，余村关停了水泥厂和矿山，要走生态发展新路。

习近平高兴地说："一定不要再走老路，还在迷恋着过去的发展模式。刚才你们讲了，下决心停掉一些矿山，这个都是高明之举。绿水青山就是金山银山，我们过去讲既要绿水青山，又要金山银山，实际上'绿水青山就是金山银山'。"由此，"两山"重要理念让余村人心中有了明确方向：摒弃要钱不要命的发展、先破坏后恢复的发展、只顾眼前不顾长远的发展，追求人与自然的和谐、经济与社会的和谐。此后，村"两委"班子在会议室里进行了数次讨论，最终定下了发展"生态居住""生态旅游""生态工业"的路径。曾经默默无闻的山村，迎来最美转身。

绿色的康庄大道

"如果不就地解决农村发展和村民收入问题，青壮年劳动力流失，山村的未来会是凋敝的。"潘文革说，关停矿山、水泥厂后，余村的道路已经明确，关键是怎么走。当穿村而过的余村溪渐渐恢复清亮，村民胡加兴做了一个决定：在村里治水的基础上，自掏腰包请人清理溪道、加固堤岸，设计坡度落差，准备做漂流项目。曾在矿山开拖拉机的潘春林，当年便借了几十万元，办起了全村第一家农家乐。

"卖风景真的行？"伴随着质疑，不少人离开了家乡，向外谋出路。但没多久，余村就以亮眼的成绩作出了回答。胡加兴的荷花山漂流开通后，50 条橡皮艇下水，当年前来体验的游客就突破 1 万人次。潘春林的农家乐里，游客人来人往、络绎不绝，笋干、茶叶等"土货"成了"抢手货"，年营业额超过 100 万元。2013 年，当"三改一拆""五水共治""四边三化"工作向纵深推进时，余村村委会二楼会议室里又有了新决定：要建设生态景区，不再保留生态工业。

做了大半辈子竹制品加工的村民赵水根，毅然关停了每年净利润 30 万元的家庭作坊，拆除房前搭建的工棚，投入 200 多万元，重新设计、建造、装修房子，开起了民宿。余村从事生态旅游的村民人数连年递增。2016 年以来余村旅游的人数超过 30 万人次，休闲旅游收入 2000 余万元，山水资源正显现美丽的经济价值。而为了守护美丽经济，余村人像守护生命一样守护绿水青山。村民们不在山上使用农药，家家户户截污纳管，从山上到村口，10 余名工作人员负责余村溪保洁，容不得一点污水和垃圾。

不止余村，整个安吉也正向着绿色发展的目标努力。在乡村，"千万工程"、美丽乡村建设全面推进，因地制宜开展县域村庄环境综合整治。在城镇关停污染企业的同时，安吉要求不符合规定的企业一律不准落户。摒弃了矿山、造纸等落后产能，休闲旅游、健康养生、生态竹木业风生水起。这里的故事告诉人们，创新增长方式，可以找到一条发展和保护、经济和环境相得益彰的道路。如今，不少安吉人的名片背面都会印上"绿水青山就是金山银山"，他们越来越明白这一科学论断指向的是什么样的未来。

村民的美好初心

沿着村道一路向上，绕过碧绿澄澈的冷水洞水库，便到了余村最早关停的那座矿山。青灰色山体依旧裸露，留着当年采石作业的痕迹。不同的是，地面已经铺上了石灰石，旁边还立了文字碑。余村人说，不同于其他两座已经复绿的矿山，他们要保持这里的原貌，建立一个矿山公园，"作为一段历史的见证"。十几年恍如一瞬间，这是余村人保护生态的初心，也是山乡巨变的起点，更是浙江绿色惠民的决心。从 2010 年的"生态浙江"，到 2012 年的"美丽浙江"，再到 2013 年在全国率先发布《浙江省主体功能区规划》，首次赋予山水自然禀赋不同的 11 个市以全新的绿色发展定位，到 2014 年创造"美好生活"，再到 2016 年明确"十三五"期间推进生态文明建设、补齐短板的主要目标和专项行动，所有行动都源于一个共识，"良好生态环境是最公平的公共产品，是最普惠的民生福祉"。

大山之间，活力澎湃。现在，先行先试的余村，想做精做优，长久地走下去。潘文革说，"青山绿水，生生不息"是他们的期待。从 2016 年开始，村委会对开办农家乐进行了更加严格的限制，鼓励村民探索更多样、更生态的产业形态。村里还联合颐高公司，创办了美丽乡村大学和乡创空间，为农家乐业主、返乡青年等提供培训，课程包括讲述余村故事、电商销售、旅游产品设计、农家乐升级等。潘文革期待着，生态景观、民俗体验、娱乐探险、文化传播等元素能有机融合，让余村走出一条依靠绿水青山可持续发展的路径。躬践于行，余村村口刻着"绿水青山就是金山银山"的石碑，映照人们的自信。

资料来源：邓懿：《从卖石头到卖风景》，《浙江日报》2017 年 6 月 11 日，第 F0032 版：浙江省第十四次党代会特刊。

经验借鉴

安吉余村自然环境优美，曾凭借矿产业成为安吉县闻名的首富村。在近年来的"生态立县"工程中，余村开发其旅游经济，美丽乡村建设已初见成效。安吉余村"生态立县"，响应"两山"理念，美丽乡村建设经验如下：①全面推进生态建设，努力保护自然环境。村委纵深推进"三改一拆""五水共治""四边三化"工程，村民自主禁止使用农药，截污纳管，从山上到村口，励志余村溪保洁疏浚。②全力发展生态旅游，摒弃传统污染工业。安吉余村关停污染企业，摒弃了矿山、造纸等落后产能，兴建生态旅游经济，休闲旅游、健康养生、生态竹木业风生水起。③因地制宜开发项目，有机融合人文娱乐。继民宿、农家乐、漂流项目的开办，乡村联合颐高公司，创办了美丽乡村大学和乡创空间，为农家乐业主、返乡青年等提供培训，围绕人文与商业结合升级进行创业形态的拓展。村委正在进行生态景观、民俗体验、娱乐探险、文化传播等元素的有机融合，期望余村走出一条依靠绿水青山可持续发展的路径。对成为生态美丽乡村的先进示范与优秀榜样，安吉余村充满信心且不忘初心。

十三、 荷塘村： 穷乡村蜕变成 AAA 级景区村

 案例梗概

1. 退养生猪，从风景着手帮村民增收。
2. 邀请中国美术学院专家团队，论证确定荷塘村的发展规划。
3. 整治环境，拆违建、治污水、对重点线路农户庭院进行景观改造。
4. 投入近 3000 万元，建成便民服务中心、物业经济综合楼等 30 多个项目。
5. 打造集田园文化、现代农业、游憩体验、四季花海为一体的田园综合体景区。
6. 举办桃花节、荷花节等节庆活动，举办小龙虾啤酒音乐节和山村音乐会等文娱活动。

关键词：专家团队论证；景观改造；田园综合体景区；节庆活动；文娱活动

案例全文

荷塘村由馒头山、田铺两个自然村组成，人口518人、农户190户。40多年来，从吃不饱饭，到户户建新楼房、扮靓村庄种风景，又办起农家乐、民宿招待游客，柯城区万田乡荷塘村可谓发生了翻天覆地的变化。走在荷塘村干净宽阔的柏油村道上，眼前是几幢洋气的民居民宿、一个个精心设计的景观，还有那一朵朵悄然绽放的荷花，犹如来到了画里荷花盛开的故乡。荷塘村支书郑龙祥说，以前村民吃不饱饭，村与村之间、村内的村道，还全是土路。现在，家家富裕，村道变成了"白改黑"的柏油路，昔日的泥瓦房"变身"一幢幢楼房。特别是在2014年10月与浙江省委组织部"结对攀亲"后，村里面貌更是一年一个样。"村里以花为媒，种风景、卖风景，村民人均收入从以前的六七十元，到2017年突破3万元。"

"改革开放不仅让村民日子过好了，更让村子变美了。"郑龙祥表示，荷塘村的颜值并不是一直这么高。过去，村里家家户户养猪，年出栏生猪1万多头。污水乱排，猪粪四溢，臭气熏天，外面来的人没待几分钟就想走。变化始于2014年，"五水共治"在浙江如火如荼地推行，柯城区抓住这一契机，实施生猪禁养规定，将庙源溪所在的"两溪"流域全部划为禁养区。"2014年3月底，全村实现退养生猪。"生猪退养了，村民增收出路在何方？在省、市有关部门和区、乡党委政府的支持下，荷塘村以党建为引领，发挥基层党组织带头作用，走上了"农旅融合，产业兴村"之路。

"荷塘村本来就有荷花，后来拔了荷花种水稻，如今再回归种荷花，是因为我们看到了风景的效益。"百亩荷花种下了，如何围绕荷塘造景？规划先行。在结对单位省委组织部的帮助下，荷塘村邀请中国美术学院等院校的设计专家和团队，历经6次沟通论证，最终确定了荷塘村美丽乡村精品村规划和乡村旅游规划。"在环境整治中，村里党员干部带头拆违建、治污水、'白改黑'。"郑龙祥介绍，自2013年以来，全村共拆除违建1.7万平方米。生活污水纳入管网，"白改黑"1000多米、硬化村道1000多米。结合"一村万树"行动，充分利用边角地、废弃地、荒山地、拆违地、庭院地"五块地"见缝插绿、见空补绿。同时，对重点线路农户庭院进行景观改造。

"村里变美了，靠什么？靠的是共产党的领导，靠的是政策扶持。"郑龙祥说，迄今，在上级部门帮扶下，荷塘村共投入近3000万元，建成便民服务中心、物业经济综合楼、文化广场、生态停车场等 30 多个项目，实现了向宜居宜游、环境优美的魅力乡村蜕变。2017 年，荷塘村被评为国家 AAA 级旅游景区、浙江省 AAA 级景区村。如今，荷塘村致力于打造集田园文化、现代农业、游憩体验、四季花海为一体的"花田荷塘"田园综合体景区。

"村民已经尝到卖风景的甜头。"郑龙祥说，荷塘村有 200 多亩桃林，一到春天，桃花姹紫嫣红、争相开放，吸引了一批批的游客。从 2015 年开始，村里每年举办桃花节。2017 年桃花节吸引游客 4 万人次，2018 年达到 11 万人次。村民郑妞萍一天卖面条就赚 3000 元。"我带头开了民宿，有 33 张床位，一餐能接待 50 余人，那 4 天里生意火爆，收入 2 万元。"春天看桃花，夏天赏荷花。荷塘村每年举办桃花节、荷花节等节庆活动，还因地制宜，成功举办小龙虾啤酒音乐节、山村音乐会等文娱活动。2017 年，新增民宿和农家乐 15 家、床位 100 余张，有效带动了村民增收致富。

"环境变美了，我也正在装修楼房，要把 3 楼的 3 个标间用来开民宿。" 35 岁的舒林飞是村里的专职网格员，看到村里发生巨大变化，游客纷至沓来，现有的民宿床位不能满足需求，就立刻行动加入赚生态钱的行列。"村里成立了乡村旅游开发公司，正与杭州江南漫村合作，对全村进行景区运作。"郑龙祥说，试水"公司+集体"的股份制景区开发模式，由专业团队统一运营，按比例获得收益分成，不仅集体收入增加，荷塘村的名气也将越来越响，村民的钱袋子会越来越鼓。

资料来源：胡宗仁、王强华、周星宇、周洲、彭欣荣：《穷乡村蜕变成 3A 景区村》，《衢州日报》2018 年 6 月 26 日，第 06 版：新农村。

 经验借鉴

荷塘村从吃不饱饭、污水乱排、猪粪四溢，到户户建新楼、扮靓村庄种风景，其美丽乡村的建设经验如下：①党建引领，发挥基层党组织带头作用。在省、市有关部门和区、乡党委政府的支持下，荷塘村以党建为引领，发挥基层党组织带头作用，走上了"农旅融合，产业兴村"之路。②专家论证，规划先行。在结对单位省委组织部的帮助下，荷塘村邀请中国美术学院等院校的设计专家和团队，历经 6 次沟通论证，最终确定了荷塘村美丽乡村精品村规划和乡村旅游规划。③整治村貌，改造庭院。结合"一村万树"行动，充分利用边角地、废弃地、荒山地、拆违地、庭院地"五块地"见缝插绿、见空补绿。同时，对重点线路农户庭院进行景观改造。④农旅融合，产业兴村。春天看桃花，夏天赏荷花。荷塘村每年举办桃花节、荷花节等节庆活动，还因地制宜，成功举办小龙虾啤酒音乐节、山村音乐会等文娱活动。2017 年，新增民宿和农家乐 15 家、床位 100 余张，有效带动了村民增收致富。

十四、 颜宅： 一个落后村的三个"振兴密码"

案例梗概

1. 清洁河道，打造景色优美的生态河道。
2. 栽种杨柳，建设可观赏、可游泳的滨水美丽河道。
3. 播种油茶，建设非遗展示馆，展示传统山茶油榨油技艺。
4. 建立油茶文化主题民宿，举办油茶节。
5. 精心打造省级森林特色小镇，打造文明、和谐、富裕乡村。
6. 修复古村落，与科研院校合作，将少数民族文化和油茶文化相融合。

关键词：生态河道打造；非遗展示馆；主题民宿；特色小镇；古村落修复

案例全文

"打油诗"里看发展

"十里杨柳竞折腰，油香四溢惹人尝，八面湖顶观景忙，九湾仙峡迎客来，十里红枫迎风飘，云中畲寨游人笑"，青田章村乡长周晓峰作了一首"打油诗"，六句诗正好对应了章村乡六个独特的旅游资源优势，描绘了章村乡旅游发展的精彩蓝图。立足各个村庄的特色，章村乡将优势资源拢指成拳，全力打造一个美丽大花园。周晓峰表示，"我们所有工作的目的就是要构建全域旅游'景中村'。让章村环境更美丽，群众生活更美好"。

"十里杨柳竞折腰"

作为丽水河权改革的试点之一，章村乡在河道治理、保洁方面，成绩斐然。一幅幅水清河畅、岸绿景美、鱼游蛙栖的画面在村里随处可见。如何让"死水"变成"活水"，实现真正意义上的"藏富于河"，一直是章村乡探索的问题。"赵塘村拥有充分的水力资源和'水清、河畅、岸绿、景美'的生态河道，章村乡的水文化在赵塘。"通过实地调研考察，章村乡将"水文化"发展的立足点放在了赵塘村，致力于将从赵塘村到黄肚村的22里河道，打造成景色优美的生态化、景观河道。

如今一走进赵塘村，就能看到整洁的村道、清澈见底的溪水、悠然自得的鱼群和欢快畅游的鸭子相映成趣，"下一步，就是要让河道两边杨柳成荫，让这里成为可观可游的滨水美丽河道。"周晓峰说。

"油香四溢惹人尝"

章村乡什么最多？当然是油茶。章村乡的油茶种植面积达5万亩，约占青田县的1/4，是浙江省乡域范围内种植油茶面积最多的乡，素有"浙南油库"之称。除此，章村乡传统山茶油榨油技艺历史悠久，文化积淀深厚。章村乡建有非遗展示馆，展示传统山茶油榨油技艺。乡里保留着全国油茶现场会旧址、油料所等历史遗存。

深度挖掘油茶文化，章村早有了主意。2015年10月，颜宅村建立了青田首家油茶文化主题民宿——浙南油库茶香人家，并通过举办油茶采摘压榨节、颜宅小年夜等活动展示传统油茶压榨技艺，推广油茶文化，让更多的人感受到"浙南油库"的魅力。目前，青田县章村油茶小镇项目已完成前期申报，计划投入资金1000万元，以"省级森林特色小镇"创建为契机，精心打造森林小镇，大力推动全域旅游发展，打造文明、和谐、富裕新章村。

"八面湖顶观景忙"

八面湖，位于浙江省青田县章村乡黄肚村，海拔1389米，是县内第一高峰，风景怡人。依托八面湖，章村乡在这里打造森林公园，引入高端民宿，并将原有的万亩红色杜鹃、万亩竹海的美丽资源重新整合，从而形成一道特色景观。

"九湾仙峡迎客来"

九湾仙峡景区，位于青田县大溪支流祯埠港章村源，与祯埠乡王村和章村乡赵庄接壤，峡谷全长 8 公里，总面积约 5.3 平方公里，是华东地区峡谷风光之代表。景区拥有数以百计的天然池潭、千奇百怪的自然岩石、险峻非常的岩壁峡谷。章村乡计划通过九湾仙峡景区的打造，并辅以接待中心、停车场、油茶文化广场和河道生态治理等内容，形成章村森林生态特色的展示平台——赵塘森林生态旅游区。

"十里红枫迎风飘"

红枫古道位于丽水碧湖与青田章村乡交界处，每年的 11～12 月，幽长的古道在火红枫叶的相衬下别有一番韵味，百年枫树染红了整片山林，更增加了章村乡的浪漫气息。下一步，章村乡将恢复黄寮村—坑根村—黄庄村的横排路，打造出赏红枫的绝佳好去处。

"云中畲寨游人笑"

章村乡畲族文化历史悠久，资源丰富，有颜宅、黄山头、黄寮等少数民族村，各村各具特色，具有良好发展前景。下一步，章村乡将在黄山头村，通过对畲族古村保护修缮、油茶现场会旧址保护，与科研院校成立油茶研究所，将畲族文化与油茶文化相融合，形成畲族油茶文化展示地。

30 多年前，颜宅村的村党支部书记王星华走马上任，此后路灯亮了，马路修好了，自来水接通了，颜宅村有了些新变化。但是，"污水靠蒸发，粪便靠雨刷"，20 多年过去了，仿佛一切还是老样子。"对于颜宅村来说，除了'硬件'要跟上，村民的思路要打开、观念要转变，这才是做好'美丽文章'的头等大事。"周晓峰说。2009 年，美丽乡村建设正在丽水市如火如荼地展开，乘着这股时代东风，王星华带着村干部和村民，轰轰烈烈地开展了旧村改造工程，硬是将危旧房林立，家禽、垃圾遍地的村子变成了洋房林立、道路平坦干净的新农村。村民表示，现在村庄干干净净，夏天连苍蝇、蚊子都没有了。更难能可贵的是，在洁美村庄里耳濡目染，颜宅人也改变了随手扔垃圾、倒污水的习惯，成了美丽新农村的"代言人"。2016 年，颜宅村还成为了章村乡试行垃圾分类量化处理的"先遣军"。

美丽村庄激活"美丽经济"。村里旧村改造建新房后，每家每户都会有几间空房，于是，王星华带领颜宅村村民，开始发展民宿经济，并于 2015 年 10 月推出了青田县首家集体民宿，让深藏大山的颜宅村"一炮而红"。截至 2018 年 5 月，颜宅村共计接待游客 2 万多人次，实现旅游收入 70 多万元。颜宅村持续推进美丽乡村建设，突出绿化彩化、干净整洁、立面改造等美化重点，最终实现"沿线景观化、村庄景点化"的发展目标。"颜宅巨变，看似只是一个村的事，其实是沾了时代的光。"王星华说。

干部群众团结一心谋发展

2010 年 10 月，颜宅村启动了新农村整村改造工程，由于资金不足，工程起步艰难，王星华带领村"两委"干部一边稳步推进着项目，一边带头走进群众家中，为群众分忧解难。在项目推进过程中，王星华"三让"自家的宅基地，为项目的快速推进奠定了基础。新房建好后，颜宅民宿采用村集体合作的经营模式，即由村里统一布置，统一调配，统一管理，最终统一分红。

由于每个村民的资源状况、意愿不同，要统一思想谈何容易。"全靠党员干部先锋带头的作用。"周晓峰说，当时为了避免恶性竞争，安排游客按照号牌照轮，王星华等党员干部主动将自家的民宿放在最后轮，"直到现在，王星华家的客人总是住得最少的。"集体民宿产业，像一把蒲扇拨开了大山发展的层层迷雾，让颜宅村的村民领悟到：只要团结一心，就没有什么办不成的事。

颜宅村的民宿要发展，还需要进一步提升软硬件设施。从 2015 年开始，颜宅村积极修建游步道工程、观景平台、游客接待中心等配套设施，在这些项目的资金筹措上，不论是常住村民，还是远在他乡创业、工作的颜宅村民，为了村庄未来发展，全村上下拧成一股绳，为项目捐款 30 多万元。红色党建引领"美丽经济"，有全村党员干部的先锋带头，颜宅村村民开始从"不参与"到"参与"，从"不支持"到"支持"，逐渐成为了新农村建设的主力军。颜宅村能有如此之快的发展速度，关键在于干部群众团结一心谋发展的决心。

超前的眼光、科学的规划

2018 年初，焕然一新的颜宅村，并没有忙着推出小打小闹的"农家乐"，而是邀请专家团队为村子的新民宿发展作详细的规划，并通过对集中在陈山头自然村的危旧房进行拆除改造，以村集体的名义对外立面进行统一设计、建造，以期建造一个更加统一、更有特色的民宿载体。"做民宿，我们也是门外汉。未来想通过那些成熟的、品牌化的高端民宿引领，让村民亲眼看看现代化、有格调的民宿应该怎么设计、怎么管理、怎么经营，带动村民自主创业致富。"这本账，叶真华所在的村党支部算得很清楚。"要把眼光看远，不能再局限眼前了。"

颜宅村位于章村乡西北侧，有油茶基地 4500 亩，是章村乡"浙南油库"的核心地带，下一步，颜宅村还将依托油茶的资源，深挖油茶文化，创新体验方式。根据规划，颜宅将通过油茶民宿村、油茶科普林、油茶文化展示、压榨体验中心等内容的打造，形成集科普住宿、休闲游玩、文化体验为一体的油茶文化展示地，打造中国油茶文化体验区。同时，颜宅村还要跟附近坐拥"十里杨柳"的赵塘村、革命圣地红色吴村村、万亩竹海所在地黄肚村、黄头山畲族风情村等村落，串点成线拉长"美丽经济"的时间线，提高"民宿经济"的附加值。

山，还是那座山；水，还是那片水。只是，解放思想之后，这里走上了不一样的发展路。现在，颜宅村有了一批铁杆"粉丝"，一到周末，一些丽水、温州、上海的游客都到这里游玩，成为会务培训、同学聚会、团体活动的主要聚集地。过去默默无名的小山村，开始有了自己的知名度、美誉度。"科学规划引领美丽经济。建设美丽新农村，更需要超前的眼光、科学的规划来谋篇布局。"周晓峰说，颜宅村的未来，还美着呢！

资料来源：刘淑芳、叶礼标、石灵燕：《颜宅：一个落后村的三个振兴密码 从偏远落后村到省级宜居示范村》，《丽水日报》2018 年 5 月 10 日，第 A05 版：深度成长的脚步。

 经验借鉴

章村乡立足各个村庄的特色，通过一系列的项目规划，从偏远落后村蜕变成省级宜居示范村，其美丽乡村建设经验如下：①集聚优势资源，打造花园乡村。章村乡将优势资源拢指成拳，全力打造一个美丽大花园。②以水为本，积极发展水文化。一幅幅水清河畅、岸绿景美、鱼游蛙栖的画面在村里随处可见。让"死水"变成"活水"，实现真正意义上的"藏富于河"，打造成景色优美的生态化、景观河道。③保护传统文化，传承非遗技艺。章村乡传统山茶油榨油技艺历史悠久，文化积淀深厚。章村乡建有非遗展示馆，展示传统山茶油榨油技艺。乡里保留着全国油茶现场会旧址、油料所等历史遗存。④创建特色小镇，打造全域旅游。青田县章村油茶小镇项目已完成前期申报，计划投入资金1000万元，以"省级森林特色小镇"创建为契机，精心打造森林小镇，大力推动全域旅游发展。⑤修复保护古村落，重视基础设施建设。颜宅村将持续推进美丽乡村建设，突出绿化彩化、干净整洁、立面改造等美化重点，最终实现"沿线景观化、村庄景点化"的发展目标。⑥红色党建引领，村民参与乡村建设。红色党建引领"美丽经济"，有全村党员干部的先锋带头，颜宅村村民开始从"不参与"到"参与"，从"不支持"到"支持"，逐渐成为了新农村建设的主力军。⑦超前规划，科学谋篇布局。颜宅村邀请专家团队为村庄的新民宿发展作详细的规划，并对集中在陈山头自然村的危旧房进行拆除改造。根据规划，颜宅将通过油茶民宿村、油茶科普林、油茶文化展示、压榨体验中心等内容的打造，形成集科普住宿、休闲游玩、文化体验为一体的油茶文化展示地，打造中国油茶文化体验区。

十五、 湘溪村： 以"美丽乡村" 撬动"美丽经济"

 案例梗概

1. 投资进行溪流清淤、砌石整治、林区道路等乡村生态整治工程。
2. 实施森林公园、村史馆等民生实事工程。
3. 启动建设石门岭新农居点，建设多功能乡村旅游综合体促进乡村经济发展。
4. 建立人文自然景观，举办农事节庆活动，以高品质旅游服务推动旅游行业发展。
5. 搭建特色美食文化，引入高端民宿品牌。
6. 与蓝狐集团杭州房车俱乐部签订合作，房车基地村企联合助力湘溪村旅游事业发展。
7. 医养结合大健康产业创建AAA级旅游景区，全面拥抱青山绿水下的美丽经济。
8. 坚持"环境建村、生态立村、旅游富村"的战略定位。

关键词：乡村生态整治；乡村旅游综合体；农事节庆；高端民宿品牌引入；AAA级旅游景区打造

案例全文

近年来，浙江省富阳湘溪村凭借好山、好水、好空气，以原汁、原味、原生态为卖点，积极践行"绿水青山就是金山银山"发展理念，用"美丽乡村"撬动"美丽经济"，在实现村庄华美转身的同时，带动村民增收致富。

美丽乡村+农事节庆，不断绽放旅游魅力

湘溪村生态环境优美，有食用竹笋、杨梅等基地，还种植了猕猴桃、葡萄等水果，拥有千年银杏树群等古树名木，村庄一年四季皆景。2007年行政村规模调整，王金明当选为合并后的湘溪村村支书，他通过宣传发动群众，将全村力量统一到新农村建设上来，大力开展美丽乡村建设。湘溪村先后投资5000多万元完成湘溪溪流清淤、砌石整治工程3公里，扩建和硬化村道20余公里，除险加固水库6座，建成林区道路10余公里，并实施石门岭森林公园、新村委大楼、村史馆等几十项民生实事工程。启动建设石门岭新农居点，投资1000余万元建成集吃、住、疗养、乡村旅游会议接待功能于一体的乡村旅游综合体，为乡村旅游的可持续发展奠定了良好的基础。

如今，湘溪村已拥有完善的乡村旅游基础设施，建有占地100余公顷的生态观光园，并有千年古银杏、石门岭森林公园、大桥潭休闲文化公园、云豹自然保护区等各具特色的自然人文景观，还配有旅游集散广场、观光旅游车等设施。此外，湘溪村立足自身优势，连续多年举办山乡节、杨梅节等农事节庆活动，把"千年银杏洒落一地金黄、古道秋风小桥流水美景"转化为湘溪旅游的特色标签。湘溪村还与上海康达国际旅行社有限公司合作，推出湘溪休闲度假游，目标瞄准杭州、上海等地的游客。2016年，湘溪村接待各地游客20000余人，实现旅游收入210万元，真正带旺了当地的美丽经济。同年，湘溪上榜2016年杭州·浙西"十佳"旅游乡村（镇）。

精品民宿+特色美食，留住游客的心

2015年，浙江著名民宿连锁店"又一邨·青庭"湘溪店正式开门迎客。"又一邨·青庭"为浙江民宿连锁"又一邨"旗下的高端民宿品牌。住在"又一邨"，清晨起床后推开木窗便是"出门无所见，满目白果园"的浪漫美景。看银杏叶飞转飘零，如蝴蝶般飞入游人们手中，坠入溪里，与锦鲤嬉戏，尽是满目的惊喜和温馨。正因为有此良好生态环境，"又一邨·青庭"湘溪店生意兴隆，客户多来自上海、江苏等地。

除了"又一邨·青庭"，湘溪另一家民宿"杭州湘水湾度假村"也别具特色。度假村坐落在石门岭旅游集散地附近，毗邻湘溪村水库，游客不仅能欣赏湖景，而且可以临湖垂钓。度假村餐饮以农家土菜为特色，同时内含KTV、休闲茶座等设施。为了吸引游客留下来，湘溪村还开发出了苦槠豆腐、油豆腐、珠粉丝等特色农家土菜。在这里，餐桌上的蔬菜都是村里人自己种的，野味则是山上打来的，就连厨师也都是当地的"土厨"，保证了菜肴的原汁原味。而这一切，正是住腻了钢筋水泥的都市人所青睐的。

房车营地+AAA级景区，全面拥抱美丽经济

2017年4月30日，新登镇湘溪村房车基地正式对外营业，标志着富阳区首个房车基地一期工程完工。这一房车基地位于湘溪村王石门岭，毗邻苏东坡古道，南依郁郁青山，西邻湘溪，东靠葡萄园，车窗外野桃含笑、溪柳摇曳。每辆房车面积约有20平方米，房车分为卧室区域、厨房区域等，电视机、电冰箱、空调、床位、沙发、卫生间和浴室等居家必备的生活设施一应俱全，集"衣、食、住、行"于一体。住在这里，饮用和洗漱的水全部是经过消毒处理的自来水；地下还特意建造了化粪池和污水集中处理池来处理污水。进入房车基地的路口，两侧安装了视频监控设备，基地还将实现免费Wi-Fi全覆盖。

村党委书记王金明联系了蓝狐集团杭州房车俱乐部，以每年15万元的租金将房车基地出租，让更加专业的人去推动乡村旅游发展。在发展美丽经济上，湘溪村的脚步从未停歇。利用村里闲置的老年公寓，王金明与浙江元墅洽谈合作事宜，计划发展医养结合的大健康产业，既为村里带来更好的医疗资源，也为美丽经济发展添砖加瓦。接下来，湘溪村将以创建国家AAA级旅游景区为目标，全面拥抱美丽经济，力争实现年接待游客数量、旅游收入、村民收入等大幅提升。

王金明说，只有把美丽资源转化为美丽经济，才能让老百姓有更多的获得感，才能让村民从绿水青山的"美丽"中获得更多的幸福感。湘溪将一如既往地坚持"环境建村、生态立村、旅游富村"的战略定位，积极发展美丽经济，用活、用好湘溪的美丽资源，把乡村旅游红红火火地发展起来，让老百姓的钱袋子再鼓一点，幸福感再强一点，日子再好一点。

资料来源：周兆木，王杰：《环境建村　生态立村　旅游富村　富阳湘溪村以"美丽乡村"撬动"美丽经济"》，《中国环境报》2017年12月8日，第06版。

经验借鉴

以"环境建村、生态立村、旅游富村"为经济战略定位，以"千年银杏洒落一地金黄、古道秋风小桥流水美景"为特色旅游标签，浙江省杭州市富阳区湘溪村在村委、企业、村民的共同扶持中走向致富之路。总结湘溪村美丽建设经验，有以下三个方面：①依靠优美环境，开展生态村建设。通过封山育林、疏浚清淤、砌石护岸，建立让村民安心的生态环境，坚持"环境建村"。建立多重生态观光园，将大千大美自然景观倾情奉献，将"生态立村"的观念植根村民心底。②结合历史与自然，发展文旅产业。借助优异生态环境，将"美丽乡村"转化为当地生态旅游的特色标签，推出采摘游、文化游等项目带领游客体验湘溪文化。投资建设人文景观，坚持当地文化的传承与推广，借水乡优美历史增添乡村人文底蕴。③引入新资本新概念，拉长生态旅游的产业链。引进外来资本发展民宿产业，建立房车营地，带动旅游产业链延伸发展。利用空闲老年公寓发展医养结合的健康产业，以青山绿水养人。富阳湘溪村走出了"生态立村"到"旅游富村"的致富之路。

十六、后岸村："石头村"的成功转型

案例梗概

1. 干部带头投资建设首批农家乐设施。
2. 利用旅行社的资源来接待一批又一批顾客。
3. 启动第二批农家乐建设，迎接更多游客的涌入。
4. 成立村农家乐协会和寒山旅游开发公司，走规模化发展之路。
5. 实行统一宣传营销、统一分配客源、统一服务标准、统一内部管理。
6. 举办水蜜桃采摘节、杨梅采摘节、葵花节等活动。

7. 建成保留村庄千年历史的石文化街，发展漂流和自行车休闲游项目。

关键词：农家乐建设；旅游开发公司；统一运营；节庆活动；休闲项目

 案例全文

一进入后岸村，村口一座悠悠转动的古朴水车映入眼帘，水车旁，一排排别致的农居延伸至山脚，种植着美人蕉的人工湿地污水处理系统、篮球场、荷塘散落在村居外围。后岸村是浙江省台州市天台县西部 30 余公里的一个偏僻小山村，全村仅有 348 户、1200 余人。近年来，这个小山村因发展农家乐而名声大噪。谁曾想，就在十余年前，这个美丽山村还因采石而魔怔缠身。痛定思痛的后岸人，坚决摒弃千年的"石板饭"，端起了美丽乡村的"生态饭"。

千年采石村无奈转型

走在后岸村的石文化街上，石板路、石板墙、石锁、石磨、石雕、石牌坊……在这里，石头仿佛有了生命，融入村民生活的每一个角落。村支书陈文云说，"因周边山上石材好、资源丰富、易于加工成石板，村里采石历史已有千年，是远近闻名的石头村。"

20 世纪 90 年代，村里的石矿开采进入鼎盛期。"1990 年的时候，村集体收取的石矿管理费就有 24 万元。当时一个矿工 5 天的收入就抵得上一个公务员的月薪了。"陈文云说。依托几百亩的石矿资源，后岸村当时几乎是家家做石板生意、当采矿工、吃"石板饭"。然而好景不长，随着采矿规模的不断扩大，矿洞越挖越深，对村民健康的影响也越来越大。2000 年开始，村里陆续有村民因尘肺病去世，年纪最轻的仅 38 岁。

职业病带给村民们恐慌的同时，石板生意也开始走下坡路。思量再三，后岸人在村民大会上以 93% 的通过率，忍痛封闭了石矿。全村人上千年赖以生存和致富的来源断绝了，死亡的恐怖不时笼罩在后岸人的心头。2007 年，看着家乡的困苦，想着村集体"零收入、零支出"的困局，在外经商的陈文云毅然回到村里。2008 年，他当选村支书，誓要带领村民们改变现状。村"两委"干部动员村民们外出务工，学本领、长见识。通过帮扶，两年下来，全村有 1/3 的村民走出大山，进城务工。

思路一换天地宽

2009年春节，村"两委"召集在外打工的村民开茶话会。本想听听大家意见，怎么让更多人走出去。没想，听到的却多是村民们离家在外打工的种种艰难与辛酸。听着村民们的倾诉，想想"空心村"的后路，村"两委"干部们都在思考，能不能让村民们不用背井离乡，就在村里过上美好的生活？就在此时，县里出台了发展农村休闲旅游的政策。看着周围不少村庄陆续开起了农家乐，村"两委"干部突然眼前一亮，这不是守着"金饭碗"讨饭嘛！

原来，后岸村前有一道大山，被誉为"十里铁甲龙"连绵屹立于村前。它是国家级风景名胜区——寒明岩景区的核心部分，当年唐代诗僧寒山曾在此隐居70年，而天台县的母亲河——始丰溪，则以一弯清流蜿蜒过村。村子周边散布着的桃花林、杨梅林、梨园，更是春华秋实，美不胜收。"绿水青山就是金山银山"，后岸人敏锐地把握住了机会，决定大力发展农村休闲旅游，向生态要效益。

思路有了，该怎么干？2011年，村干部带着几十名村民到相隔不远的邻市某村"偷师学艺"。看到那里的农民无须出门就能通过农家乐赚钱，大家都动了心，但听到平均每户要投入25万元改造后，不少人打起了退堂鼓。村干部们首先站出来，决定带头搞试点，村里同时出台了扶持政策。就这样，首批13户村民开始进行农家乐建设。2011年9月，13户农家乐188张床位全部到位，准备趁国庆黄金周开业。然而，这个偏远的小山村此时连一个客源都没有，找客源，成了村干部的头等大事。

"我们村干部几个人跑到上海，到处求见各大旅行社，但钱花了一万多元，一连5天却四处碰壁。"陈文云说。功夫不负有心人。第6天，村干部们的真诚终于打动了一家旅行社。在到后岸村考察了旅游线路、接待设施和环境后，这家旅行社决定"十一"黄金周就开出首发团。10月4日，后岸村迎来了第一批客人。4辆大巴车上的200余位上海客人很快被安排在各个农家乐里住下。"价格实惠，环境舒适，空气清新，风景优美。"这是首批客人体验后的评价。

看到效果好，旅行社决定每周固定发两个团，每团安排3辆旅游大巴车。一个月后村里一结账，每户农家乐收入均不低于一万元。村民的热情被点燃了，村里很快启动第二批农家乐建设，增加了300余张床位。随着游客的增多，后岸的名头越来越响，村里又发展了第三批农家乐，村民们热情高涨，又增加了600余张床位。

"生态饭"圆了共富梦

多年在外经商的陈文云知道，农户各自为战，难以长远发展，只有走集团化、规模化发展之路，才能做强做大，共同致富。为此，村集体成立了村农家乐协会和寒山旅游开发公司，陈文云义务担任公司负责人。公司合作制实行"四统一"模式，即统一宣传营销、统一分配客源、统一服务标准、统一内部管理，有效增强了市场对接能力。如今，后岸农家乐已发展到 50 余户、1100 多张床位、年入住游客 8 万人（次）以上，经营户年收入达 12 万元左右。

农家乐户富了，村民们也富起来了。"以前村民种的老南瓜卖不出去，最后拿来喂猪。现在，一个南瓜都可卖到 15~20 元呢。"陈文云说。随着产业链条的拉长，农家乐和绿色农业、加工业互补互促，每年举办水蜜桃采摘节、杨梅采摘节、葵花节等活动，吸引更多游客前来。

村庄建设也日益完善。内设 9 个球场的室内排球馆、篮球场、门球场、生态园、垂钓园以及保留村庄千年历史的石文化街纷纷建成。村民富了，村集体经济也壮大了。"2012 年，我们村集体收入达到 65 万元，打破了以前的零收入局面。"陈文云说，依托村里的旅游资源，村里今年开发了始丰溪漂流、自行车休闲游等经营权租赁。当年开采石板留下的上百个深达 50~100 米的石井，也将建设成为景点。

富起来的后岸人更加注重对生态的保护。清洁家园、村庄整治、农房改造、农民饮用水改造，现在的村庄面貌焕然一新。2012 年 8 月，在原有污水处理系统基础上，能接纳 3000 人的生活污水排放量、日处理污水 240 吨的微动力生活污水处理净化装置建成。始丰溪旁竖起了县、镇、村三级"河长"的名字、职责和监督电话的牌子。这个当年石粉满天飞的绝望小村，如今已建设成为美丽乡村，吸引省内外众多镇村前来考察。

资料来源：晏利扬，赵晓：《同是靠山吃山 今日远胜当年——浙江省天台县后岸村美丽乡村建设纪事》，《中国环境报》2014 年 7 月 4 日，第 06 版。

 经验借鉴

已有千年采石历史的后岸村在遇到村民大量流失和职业病加重的情况后，痛定思痛，决定抛弃传统的"石板饭"，端起美丽乡村的"生态饭"，其美丽乡村建设经验可分为以下几条：①因地制宜，把握商机。后岸村拥有国家级风景名胜区，周边散布着的桃花林、杨梅林、梨园，后岸村人决定把握机会，发展休闲旅游。②借鉴学习，寻求经济转型。村干部带着几十名村民到相隔不远的邻市某村"偷师学艺"。看到那里的农民无须出门就能通过农家乐赚钱，大家都动了心。③制定扶持政策，领导带头投资产业。村干部们首先站出来，决定带头搞试点，村里同时出台了扶持政策，首批13户村民开始进行农家乐建设。④小步快走，摸着石头过河。村干部跑到上海，到处求见各大旅行社，他们的真诚终于打动了一家旅行社。这家旅行社决定"十一"黄金周就开出首发团。首批游客给出"价格实惠、环境舒适、空气清新、风景优美"的评价，村民的热情被点燃了，村里很快启动第二批农家乐建设。⑤组建企业集团，统一管理。农户各自为战，难以长远发展，只有走集团化、规模化发展之路，才能做强做大，共同致富。为此，村集体成立了村农家乐协会和寒山旅游开发公司。⑥拉长产业链条，拓宽收入渠道。随着产业链条的拉长，农家乐和绿色农业、加工业互补互促。⑦产业反哺村庄建设，打造美丽乡村。富起来的后岸人更加注重对生态的保护。清洁家园、村庄整治、农房改造、农民饮用水改造，现在的村庄面貌焕然一新。

十七、下淤村：美丽经济，美了村富了集体

案例梗概

1. 以"五水共治"为突破口，对河道、村庄进行整治。
2. 将村子打造成 AAA 级景区村，形成集亲水游玩、农事体验、写生创作为一体的乡村旅游乐园。
3. 依托马金溪，打造滨水休闲带。
4. 建起爱情主题公园、月亮山、汉唐香府、停车场。
5. 梳理整合葡萄采摘节、油菜花节、葵花节等节庆活动。
6. 成立下淤水岸旅游开发有限公司。

关键词：河道整治；景区打造；滨水休闲带；节庆活动；成立公司

案例全文

下淤村位于开化县城北部，全村 280 户、965 人，有山林 1470 亩，耕地 600 多亩，是个名副其实的小山村。下淤村 2001 年村集体收入负数，欠债 15 万元；到 2017 年村集体年收入达 150 万元。是什么让一个穷山村"变身"为衢州市经济富强村？

以前，村民"靠山吃山"，滥伐山林、滥挖河沙的络绎不绝。村支书叶志廷回忆，那时马金溪里，挖沙船马达隆隆作响，河道被挖得坑坑洼洼，村后的白虎山、月亮山，也被村民砍成了"癞痢头"。挖沙砍树等破坏生态环境的发展方式，造成山体滑坡等自然灾害频发。村民不仅没有致富，反而越来越穷，村集体收入也一度为负数。后来，下淤村通过几年的项目建设，村里的收入多起来，到 2010 年达到收支平衡。"集体收入发生大变化，是从 2014 年开始的，主要是因为搞起了乡村旅游。"叶志廷说，2013 年村集体年收入 20 万元，2015 年就达到了 120 万元。

为何变化这么快？关键是通过"五水共治"，村庄变美了，游客纷至沓来。2014 年初，下淤村以"五水共治"为突破口，依托"水清、岸绿、景美"的生态优势，对河道、村庄进行整治，成功将村子打造成 AAA 级景区村，形成集亲水游玩、农事体验、写生创作为一体的乡村旅游乐园。"绿水青山就是金山银山"在这里得到了最好的诠释。下淤村依托马金溪，打造滨水休闲带，在开发亲水项目的同时，发展民宿标准间 260 间、床位 486 张。村里投入资金，先后建起爱情主题公园、月亮山、汉唐香府、停车场……此外，还梳理整合了葡萄采摘节、油菜花节、葵花节等节庆活动，通过统筹安排，将活动贯穿全年每个月，有效吸引了周边及长三角的自驾游和团队游客。

"做大美丽经济，我们在 2015 年还成立了下淤水岸旅游开发有限公司。"叶志廷说，旅游产业的配套设施全由村里建设，这一块的物业通过租赁给民宿、农家乐的业主经营就有 70 万元收入；还有溪滩烧烤、水上乐园的资源性收入 50 万元；一个游客接待中心的营业收入 20 多万元等。2017 年，该村接待游客 15 余万人次，旅游营业性收入达 1000 万元，村集体旅游经济收入一共达 150 万元。截至 2018 年 2 月，村里共有乡村旅游经营户 65 户，从业人员达 150 多人。

2015年6月，村民叶小平租用村游客接待中心的250平方米场地，开了家"听溪楼"农家乐，现在生意不错。"我是通过招标租下的，一年交给集体的租金是12.8万元。"叶小平说，农家乐一个大厅可摆20桌，二楼有6个包厢，第一年因为做生意没有经验是亏本的，到2017年毛收入有80余万元，不仅还清了欠款，还有盈余。"随着村里乡村游的名气打响，客源稳定了，生意越来越好。""今年，是我们景区建设的提升年，要做好美丽乡村精品示范村项目提升建设，做好历史文化村落保护利用重点村的项目，还有彩色森林、观光休闲农业等项目建设，总投入达1500万元。"叶志廷说，通过建设，目的是提升景区品位，将村里民宿朝着中高端方向发展，多开发一些旅游产品，吸引更多游客，不断壮大集体经济，带动更多村民增收。

资料来源：胡宗仁、吴莉莉：《下淤村：美丽经济，美了村富了集体》，《衢州日报》2018年2月13日，第006版。

 经验借鉴

下淤村能够在环境破坏严重和村集体收入为负数的背景下反超，诠释"绿水青山就是金山银山"的发展理念，实现乡村振兴，摇身变成美丽富裕的生态村庄，其主要经验如下：①转型经济发展方式，开启绿色发展道路。下淤村首先停止"靠山吃山"的多种破坏生态环境的发展方式，淘汰污染环境的落后产业。②依靠优越自然条件，发展低碳旅游经济。以"五水共治"为突破口，对河道、村庄进行整治，依托已改善的生态环境，成功将村子打造成AAA级景区村，形成集亲水游玩、农事体验、写生创作为一体的乡村旅游乐园，吸引大批游客，实现旅游经济的创收，践行并证实"绿水青山就是金山银山"的发展理念。③借助企业配置资源，实行统一管理服务。成立下淤水岸旅游开发有限公司进行配套设施建设，通过租赁给民宿而后招标转移到村民手中的方法，加快了旅游产业建设的同时也调动了村民的积极性。④保持进取心，积极开拓创新。在实现创收后仍然计划增加彩色森林、观光休闲农业等旅游项目，吸引更多游客。

十八、 双坞村： 环保自治开创新局面

 案例梗概

1. 推出"五色党员岗位责任田"制度，绿色党员和谐岗负责"五水共治"、河道管理等工作。
2. 组织党员们开展垃圾分类、庭院整治、河道管理等党员志愿者活动。
3. 积极探索创新工作方法，成立新的志愿者服务团队。
4. 成立"农评会"，设立"五美家园"星级评定。

关键词：党员岗位责任；资源活动；星级评定；垃圾分类；庭院整治；河道管理

 案例全文

建立和推进农村环保自治制度是一种环保管理新机制，是解决农村环境问题的有效手段之一，也是对政府环境监管的必要补充。农村环保自治是对具有地方特色环保新方法的探索，"五色党员岗位责任田""农评会"就是百江镇双坞村在环保自治上的不断创新，开创了农村环保的新局面。

生态资源展优势

双坞村位于杭州市桐庐县西部，距县城 50 公里，靠近 05 省道，处于千岛湖黄金旅游线，且有丰富的山水资源，林地多、耕地少，耕地面积 388 亩，山林面积 15000 亩。双坞村处于大坞和紫燕山两条坞中，溪涧纵横、绿荫环抱、空气清新。这里水质清澈、环境优美，春可踏青赏花，夏可避暑观星，秋可登山寻景，冬可烤火玩雪，生态资源十分丰富。不仅是天然氧吧，还拥有 6000 亩竹林和 1000 余亩樱桃，给双坞村民带来可观的经济收益的同时，也给人们提供了良好的视觉感受。近年来，双坞村先后被授予省级卫生村、市级文明村、平安村、社会主义新农村建设标兵村、廉政文化进农村示范村、

精品村美丽乡村、AA 级村落景区等荣誉称号。

环保自治有办法

为全面监督河道整治与长效保洁工作，双坞村推出"五色党员岗位责任田"制度，党员自愿认领岗位，其中绿色党员和谐岗，负责"五水共治"、河道管理等工作。同时，充分利用每月的党员活动日，组织党员们开展垃圾分类、庭院整治、河道管理等党员志愿者活动。"我们村没有保洁员，但我们人人都是保洁员。"该村党总支书记潘志敏自豪地说，这份自豪的背后是双坞村民的文明自治，是对生态资源的坚守。作为桐庐县创建"无保洁员村"的试点村，双坞村积极探索创新工作方法，将全村划分为 2 个网格，分片成组管理，依托村环保协会、网格服务团队中的清洁组成立了新的志愿者服务团队，以此替换传统的保洁员队伍。队员每天除了保洁公共区域的卫生外，还要负责监督村内农户垃圾分类、庭院整治情况。

监督管理促成效

双坞村利用村环保协会和清洁组成立了"农评会"，专门设立了"五美家园"星级评定。每月对农户工作进行检查计分，并在网格公示栏内对区块内所有农户的得分情况进行公示，对于优秀的农户给予适当的奖励；并且在年底对一年中做得最好的农户进行奖励，可在村内同等条件下享受宅基地审批优先、参军入伍优先、樱桃产业扶持等政策，并发放一定数额的物质奖励，以此督促引导农户自觉参与到环保自治行动中。

如今的双坞村，通过全体农户的共同努力，让原本就拥有的天然的生态资源更加生态，让双坞变得更美，也成功成为 AA 级村落景区。在未来，双坞会继续坚持良好的环保自治的方法，同时探索更好的工作方法，让双坞的美丽放大，吸引更多的人前来参观游玩，带动双坞的经济效益。

资料来源：王城梁：《双坞村环保自治开创新局面》，《今日桐庐》2016年 7 月 10 日，第 01 版。

 经验借鉴

近年来，双坞村先后被授予省级卫生村、市级文明村、平安村、社会主义新农村建设标兵村、廉政文化进农村示范村、精品村美丽乡村、AA级村落景区等荣誉称号。在环保方面，双坞村进行了创新探索，开创了农村环保的新局面，双坞村的措施发挥了巨大的作用，其美丽乡村建设经验如下：①创新环保制度，建立长效机制。推出"五色党员岗位责任田"制度，使党员在岗位各司其职，以全面监督河道整治与长效保洁工作；同时，双坞村成立新的志愿者服务团队，以此替换传统的保洁员队伍，提高环保效率，促进双坞村民文明自治。②监督激励并行，督促环保自治。成立"农评会"，并设立"五美家园"星级评定，公示农户得分情况并给予优秀农户适当奖励，年终所评最优者享受优先政策等，以此督促引导农户自觉参与到环保自治行动中。正是对环保自治的创新举措，才让双坞村变得更美，让原本就拥有的天然的生态资源更加生态，也让双坞成功成为AA级村落景区。

十九、 雅城村："四星级" 新农村

案例梗概

1. 充分发挥环境资源优势，通过宣传增加村民对环境保护重要性的认识。
2. 入股"仙山谷激浪漂流"旅游项目和改造双后线道路。
3. 通过有关部门的支持，企业自主、村民小组与村民共同筹集资金谋发展。
4. 完善污水处理、垃圾处理、交通、公共设施等方面的工作。
5. 全面开展庭院洁化、美化、绿化活动。

关键词：环境资源优势；项目入股；道路改造；污水处理；垃圾处理；庭院美化

案例全文

鸬鸟镇雅城村位于杭州北郊，04省道擦肩而过，鸬鸟大溪穿村东流。雅城村由原横头、白沙两村合并而成，下辖14个村民小组，有农户545户，人口1857人。2009年农村经济收入达到3.15亿元，农民人均收入12985元。

全村土地总面积 7.2 平方千米，森林覆盖率达 85.3%，环境优美。近年来雅城村在镇政府及有关部门的正确领导和关心支持下，村班子十分重视环境保护和生态建设，充分发挥环境资源优势，通过宣传发动创建生态村、重点整治村、卫生村、文明村，增加了村民对环境保护重要性的认识。通过几年来的努力，村内山清水秀、生态环境优美，先后获得了区五好党支部、区级生态村、区级卫生村、区级安全村、"清洁余杭"示范村、区社会主义新农村建设"四星级"村等多项荣誉。

雅城村作为杭州市余杭区的西部山村，虽然环境基础较好，但也缺乏有力的基础设施建设，随着经济社会的快速发展，村领导班子在集体经济和基础实施上下了很大的功夫。2010 年雅城村通过入股"仙山谷激浪漂流"旅游项目和改造双后线道路，大大提高了村集体经济收入，改善了交通环境。同时，村委还通过有关部门的支持，企业自主、村民小组与村民共同筹集资金，投入到新农村建设中去。通过努力，雅城村先后建成了污水处理系统，颁布了垃圾处理规范；通村公路及村内路网布局合理，主次分明，通村主干公路达到四级标准以上，村内主干道硬化率达到 100%。同时全村给水排水系统完善，入户率达到 100% 以上，并建成村民休闲场地 1500 平方米；安装路灯 185 只；新建生态公墓 1 个；建立新公共厕所 2 座；建造老年活动室 2 个，改善了村民生产生活环境。在社会保障参保率方面，养老保险或合作医疗参加人口比重达 99%。五保户、低保户、优抚对象等困难人员免费参加医保，对农户五保户实行集中供养，供养率达 100%，计划生育率和义务教育入学率均达100%，各方面工作得到了广大村民的好评。

在雅城村内，文体活动中心、卫生院、休闲场所、幼儿园、农贸市场等一应俱全。文体活动中心有图书室、电子阅览室、乒乓球室、篮球场，设施齐全，室内面积有 1000 余平方米，图书室藏书 3000 余册。同时鸬鸟社区卫生服务中心就在雅城村，面积 3000 平方米以上，医疗设施完备。2010 年，村里投入资金绿化村庄主干道及公共绿化 2000 余平方米，全村绿化率达36%。同时，全面开展庭院洁化、美化、绿化活动，村庄面貌进一步改善。在清洁余杭活动中，村领导班子人员带领村民埋头实干，成为余杭区的卫生示范村。

通过全体村民的努力，现在的雅城村环境优美，村班子在上级领导的关心支持下仍将继续努力，进一步抓好全村的生态建设并进行更科学合理的规划布局，拓展思路。同时该村将求真务实，开拓创新，朝着环境优美、村民富裕的方向，将雅城村建设成为名副其实的社会主义新农村。

资料来源：沈海松、杜余顺《鸬鸟镇雅城村》，《城乡导报》2010 年 6 月 1 日，第 14 版。

 经验借鉴

鸬鸟镇雅城村山清水秀、生态环境优美，并先后获得了区五好党支部、区级生态村、区级卫生村、区级安全村、"清洁余杭"示范村、区社会主义新农村建设"四星级"村等多项荣誉。回看雅城村的美丽乡村建设之路，其美丽乡村建设经验如下：①加强基础设施建设，提高集体经济水平。通过入股"仙山谷激浪漂流"旅游项目和改造双后线道路，大大提高了村集体经济收入，改善了交通环境；筹集资金投入到生态改善、道路布局、村内休闲设施等新农村建设中去。②实行严格卫生措施，改善村庄卫生环境。通过努力，雅城村先后建成了污水处理系统，颁布了垃圾处理规范。③新建科教文卫项目，朝着"生活美"发展。修建文体活动中心、卫生院、休闲场所、幼儿园、农贸市场等，丰富村民日常生活；村内主干道、公共绿化与庭院洁化、美化、绿化并行，加强生态环境建设，让雅城村环境优美。④加强环保思想宣传，促进村民观念转变。近年来雅城村在镇政府及有关部门的正确领导和关心支持下，村班子十分重视环境保护和生态建设，充分发挥环境资源优势，通过宣传发动创建生态村、重点整治村、卫生村、文明村，增加了村民对环境保护重要性的认识。

二十、 横溪村： 深耕希望田野， 美丽乡村入画来

案例梗概

1. 启动"上改下"工程，改变农村"脏乱差"现象。
2. 以原拆原建方式整修文化礼堂。
3. 推进环湖公路二期改建工程，完善边坡治理和彩色树种植。
4. 投资 1000 万元进行河道治理与沿河环境提升。

关键词：文化礼堂整修；彩色树种植；环湖公路改建；河道治理

 案例全文

正在建造的上街公园初具雏形；借助村庄建设启动农污治理工程，启动"上改下"工程，改变农村"脏乱差"现象；通过立面改造美化村庄环境，主要村道"白改黑"……横溪村遵循发展"全域旅游"的理念，发掘自身独特的历史文化资源，将生态文化亮点转变为经济亮点，谋划的美丽乡村图景徐徐展现。

横溪村以原拆原建方式整修的文化礼堂，不仅是村委会办公所在地，也是老年人的主要文娱活动场所、村民操办喜事的场地。文化礼堂建设投入 380 余万元，工程完工后，面貌焕然一新。原来的三层建筑是 40 多年前建造的老房子，整修后的建筑粉墙黛瓦、古朴自然，重新焕发江南水乡特有的韵味。环湖公路改建完成，在改善环境的同时，也将带来经济效益。村里继续推进环湖公路二期改建工程，完善边坡治理和彩色树种植，届时将成为更亮丽的风景线。

2018 年，横溪村打造升级版的美丽乡村，上街公园提升工程是重要的组成部分。该工程加入了历史文化元素，融合了王家大屋的建筑元素以及朱金漆木雕的文化展示，是横溪村文化展示的新窗口。与公园相连的还有一个绿色生态停车场。"停车场有 80 多个停车位，不仅能满足村民的停车需求，旅游旺季也能缓解停车难等问题。"村支书董平峰说。

横溪村依山傍水而建，在美丽乡村建设中，水是基础，河是关键。穿村而过的横溪河长近 2000 米，2018 年，区、镇、村三级投资 1000 万元进行河道治理与沿河环境提升，打造水清、河美、岸绿的河道水环境。除了在水质改善上下功夫，横溪村还对桥梁进行改造，使其显示廊桥效果；更换沿河护栏，统一风格，在视觉上形成整体景观效果，与周边环境相融合；提升改造沿河绿化带，补种地被植物，达到干净整洁的效果。

"横溪村地处半山区，河道沿线分布着许多河埠头，不少村民也习惯了在河埠头洗衣服。"董平峰说，村里将统一规范，改建现有破旧、损坏的河埠头，在保留传统、不改变村民生活习惯的同时，改善整体环境面貌，消除安全隐患。"希望通过示范村的创建，精心设计、统一规划，让村庄整体环境有更大提升，让公园、河道、公路成为风景。"

横溪村区别于其他村庄的还有丰富的历史建筑和文化积淀。有着 400 多年历史的王家大屋古建筑群，占地 1.9 万平方米；国家级非物质文化遗产朱金漆木雕是上街自然村最重要的非遗项目；还有市级非遗项目"水火流星"……这些历史文化资源对于横溪村精神文化引领所起到的作用也是巨大的。"我们不仅要着眼于村庄外部环境的改善，更要借助这些历史文化资源，营造浓厚的文化氛围，让村庄软实力实现再提升。"董平峰说。

资料来源：胡鸽：《横溪村：深耕希望田野，美丽乡村入画来》，《鄞州日报》2018 年 5 月 2 日，第 02 版。

 经验借鉴

横溪村早已是远近闻名的美丽乡村，近些年该村在打造升级版的美丽乡村，力图在创建美丽乡村示范村的过程中取得更大的成绩，其美丽乡村建设经验如下：①重视传统产业升级，积极融合其他经济形式。在杨梅旺季举办杨梅节，发展杨梅文化。②积极解决村子的现代化交通问题。浇筑沥青路、拓宽路面、建设绿色生态停车场。③实现景区规划，发挥村庄特色。通过示范村的人性化与和谐化的创建，将公园、河道、公路都建设为独特的风景。④全面弘扬文化，保护文化遗产。文化礼堂建设投入 380 余万元，工程完工后，面貌焕然一新。原来的三层建筑是 40 多年前建造的老房子，整修后的建筑粉墙黛瓦、古朴自然，重新焕发江南水乡特有的韵味。⑤发挥优势地理条件，就地改造升级设施。横溪村依山傍水而建，注重打造河道水环境，对桥梁进行改造，改造沿河绿化带。⑥注重保留村庄原始风貌，塑造村庄"古色古香"的特色。对村庄建筑采取"原拆原建"的方式，对居民采取保留其原始生活习惯的形式，村庄建设始终不忘保留原始风味。

二十一、 大立元村："人水和谐" 奔富路

 案例梗概

1. 发展起"一村一品""一户一特"的农家乐经营模式。

2. 配套开发了蔬菜、果林、娃娃鱼、莘畈土鸡土鸭、板栗、笋干等种养殖业。

3. 实现"布局优化、道路硬化、村庄绿化、路灯亮化、卫生洁化、河道净化"。

4. 提供健康、文明、积极的精神食粮。

关键词：农家乐；种养殖业；道路硬化；村庄绿化；路灯亮化；卫生洁化；河道净化

 案例全文

一方水土养一方人

近年来，金华市婺城区莘畈乡大立元村创新致富思路，以莘畈水库为依托，在政府扶持、政策引导下，发展起了"一村一品""一户一特"的农家乐经营模式。现在，外出打工的青壮年都纷纷回村创业，许多妇女也当上了老板娘。

靠山吃山，靠水吃水。莘畈乡大立元村共有 156 户、480 人，耕地面积 214 亩，其中水田 184 亩，旱地 30 亩，山林 3848 亩，种植茶叶 100 亩，毛竹 300 亩，依傍着莘畈水库，大立元村风景秀丽，优美的自然环境源源不断地吸引着来自各地的游客，回归自然，享受慢生活。随着资源优势被进一步发掘，大立元村还配套开发了蔬菜、果林、娃娃鱼、莘畈土鸡土鸭、板栗、笋干等种养殖业。金华市鼎鑫大鲵驯养繁殖场就看中了莘畈水库的好水质，将养殖基地选在了大立元村。

一方水土养一方人，大立元村人明白经济发展不能靠环境的破坏，村民们隔三岔五就自发地来到水库周围捡捡垃圾、修修树，因为对他们来说，莘畈水库是让村民们过上好日子的"财神爷"，更是救命的"观音菩萨"。莘畈水库位于钱塘江域衢江支流莘畈溪上游，总库容为 3712 万立方米，是一座以灌溉为主，结合防洪、供水、发电、养殖等的综合性中型水库，对下游 76 个自然村、浙赣铁路和杭金衢高速公路等防汛安全、6 万亩农田灌溉、近 5 万人口生活和生产用水起着十分重要的作用。

如今，通过全面的村庄整治，大立元村实现了"布局优化、道路硬化、村庄绿化、路灯亮化、卫生洁化、河道净化"，改善了居住环境，提高了生活质量。大立元村村内设置室内活动场所 300 平方米，包括图书室、报刊阅览室、活动中心，活动中心配有彩电、VCD、棋牌桌等娱乐设施，活动中心每天对村民免费开放，村民经常在活动中心阅览图书报刊、下棋、看电视等。村支书吴志清说："随着生活水平的提高，村民们对精神文化的需求越来越高，下一步，村两委将努力为村民提供健康、文明、积极的精神食粮，全面建设和谐社会主义新农村。"

资料来源：楼婷：《大立元村"人水和谐"奔富路》，《今日婺城》2011年9月15日，第01版。

 经验借鉴

　　大立元村靠山吃山，靠水吃水，依傍着莘畈水库，防洪蓄水，配套开发了种养殖业，同时也发展旅游业，增加村民经济收入，提高群众幸福指数。通过全面的村庄整治，环境条件大大改善，同时注重文化发展，村民物质生活与精神文化需求共同发展。主要有以下几点经验值得借鉴：①依托优质山水资源，发展旅游养殖业。大立元村风景秀丽，优美的自然环境源源不断地吸引着来自各地的游客，回归自然，享受慢生活。金华市鼎鑫大鲵驯养繁殖场就看中了莘畈水库的好水质，将养殖基地选在了大立元村。②全面整治村庄，提升村容村貌。通过全面的村庄整治，大立元村实现了"布局优化、道路硬化、村庄绿化、路灯亮化、卫生洁化、河道净化"，改善了居住环境，提高了生活质量。③重视精神生活，新建文化设施。大立元村村内设置室内活动场所，活动中心面向大众，村干部重视村民文化水平发展。④积极响应上级号召，因地施策独具特色。在政府扶持、政策引导下，发展起了"一村一品""一户一特"的农家乐经营模式。

二十二、 考坑村： 旧村改造"越改越旧"

 案例梗概

1. 吸引10多名华侨到村里投资200余万元参与村庄改造。

2. 以建设"山水中的古村落、生活中的古村落"为目标，对村庄进行"修旧如旧"改造。

3. 确立发展生态休闲旅游目标，保护和修缮古建筑。

4. 组织村"两委"到永嘉、宁波等地参观学习，借鉴外地类似村庄改造的成功经验。

5. 积极做好思想工作，消除疑虑和抵触情绪。

6. 在县里既有政策补助的基础上，对屋内改造实行补助。

关键词："修旧如旧"改造；古建筑修缮保护；经验借鉴；改造补助

 案例全文

　　溪石墙、木房梁、青瓦片，走进青田县石溪乡考坑村，放眼望去，村里不见新房，全是古色古香的老旧石屋。"我们也是青田县旧村改造的一个试点村，改造原则就是'修旧如旧'。"村委主任吴国平笑着说，村里吸引了 10 多名华侨到村里投资 200 余万元参与村庄改造。考坑村坐落在石溪乡东北部，风景秀丽，环境优美，更为难得的是，村里大部分建筑为溪石加木质结构，其中拥有 200 年以上历史的古建筑就有 20 多座。2009 年初，在县有关部门的指导下，村里决定以建设"山水中的古村落、生活中的古村落"为目标，对村庄进行"修旧如旧"改造，并确立发展生态休闲旅游目标，保护和修缮古建筑，改善居住环境，促进经济发展。

　　自 2009 年 2 月以来，石溪乡多次组织考坑村"两委"到永嘉、宁波等地参观学习，借鉴外地类似村庄改造的成功经验。对个别"修旧"积极性不高的群众，积极做好思想工作，消除疑虑和抵触情绪。同时，帮助村里与金融部门加强联系，通过农房抵押、林权抵押等方式，争取信贷支持，并对特困家庭危旧房实施免费改造，解决农民资金难题。考坑村在"修旧"过程中，尽量采用原始材料和工艺以及原始结构进行修建，确保古石屋改造后保持原有风貌。乡里还帮助邀请县内专家，到村里实地勘查，分析研究古石屋建筑工艺，形成了一套具体的改造方案。同时，村里落实专人到山口、仁庄等地挑选石材，到阜山、万山等地收购旧瓦片，邀请善于修建石屋的师傅进行修缮。

　　古石屋修缮依照"保持原貌，经济实用"的原则进行，体现"修旧如旧、外旧内新"的风格，且符合当地村民的居住和耕种习惯，最大限度节约改造资金。对一些已建的现代风格建筑，在专家的指导下，采取削层降低、用岩石改建外墙体等方式，进行"改旧"处理，保持石屋村的整体建筑风格。同时，在县里既有政策补助的基础上，对屋内改造实行补助，如安装抽水马桶每户就有 1000 元的补助；对屋内进行清理验收合格的，每户再给予 500 元的补助。考坑村还以优美乡镇、生态村创建为载体，建造乡村生态文化走廊、生态公园等生态文化设施，并在村口峡谷、石屋聚集区、石笋洞等景点设立生态文化碑，提升村庄生态文化品位。同时，村里还结合生态旅游开发，将村口峡谷开发，以及观光稻田养鱼养殖、观光农作物种植等项目摆上议事日程。

资料来源： 阮春生、陈旭锋：《青田考坑村旧村改造"越改越旧"》，《丽水日报》2009 年 6 月 5 日，第 A01 版。

 经验借鉴

走进青田县石溪乡考坑村，放眼望去，村里不见新房，全是古色古香的老旧石屋。考坑村坐落在石溪乡东北部，风景秀丽，环境优美。2009 年初，在县有关部门的指导下，村里决定以建设"山水中的古村落、生活中的古村落"为目标，对村庄进行"修旧如旧"改造，并确立发展生态休闲旅游目标，保护和修缮古建筑，改善居住环境，促进经济发展。简单来说，主要经验如下：①保护古建筑，发展古村落旅游。村里决定以建设"山水中的古村落、生活中的古村落"为目标，对村庄进行"修旧如旧"改造，并确立发展生态休闲旅游目标。②借鉴外地经验，开展全村整改。组织村"两委"到永嘉、宁波等地参观学习，借鉴外地类似村庄改造的成功经验。对个别"修旧"积极性不高的群众，积极做好思想工作，消除疑虑和抵触情绪。③修缮古建筑，倡导低碳生活。古石屋修缮依照"保持原貌，经济实用"的原则进行，体现"修旧如旧、外旧内新"的风格，且符合当地村民的居住和耕种习惯，最大限度节约改造资金。④建设生态文化设施，进行生态旅游开发。考坑村建造乡村生态文化走廊、生态公园，在村口峡谷、石屋聚集区、石笋洞等景点设立生态文化碑，提升村庄生态文化品位。并且结合生态旅游开发，将观光养殖业、农作物作为开发项目。

二十三、下樟村：描绘美丽村庄新画卷
打造生态旅游金名片

 案例梗概

1. 充分挖掘名人文化、田园文化、红色文化，提升旅游层次。
2. 首家旅舍"下樟客栈"开业，填补了下樟村民宿的空白。
3. 实行河（渠、涧）长负责制，明确目标责任和完成时限。
4. 修建小型综合水库一座，修建防洪堤 800 余米。
5. 农村生活污水处理设施提升项目完成。
6. 进一步改造空间环境，着力创建"民族风情型"的农家乐综合体。

关键词：文化挖掘；民宿；河（渠、涧）长负责制；污水处理；农家乐综合体

案例全文

　　近年来，西街街道下樟村积极抓好生态旅游建设，使得农家乐旅游驶上了"快车道"。2015 年国庆长假期间，下樟村挂起红红的灯笼，各家农家乐精心准备，深受各地游客青睐，共接待游客 8000 余人。下樟村历史悠久，史称"云坞古村"，后因村中小溪下出口有一棵千年古樟，故而得名"下樟村"。下樟村是一个有着一千多年历史的古村落，95% 的古民居为明清时代的建筑，错落有致，鳞次栉比，雕梁画栋，斗拱、雀替、飞檐、格窗灵动繁复，却不见大户的奢靡铺张，充分体现了明清时期古民居建筑的历史风貌。同时，村内巷弄通道多为鹅卵石铺设，一条自北往南的古河道清澈见底，20 多棵 300 多年以上的名木古树枝繁叶茂，与原始生态环境浑然一体。

　　2015 年 9 月，由著名导演钱雁秋执导，演员张子健主演的大型神话剧《石敢当——雄崎天东》在下樟村取景拍摄。游客们在游玩中，一一寻访拍摄现场，频频拍照留念。

"独特的原生态风光和保存完整的古代建筑群，吸引了越来越多的剧组前来拍摄。"村干部郑付明说，与影视文化产业结缘不仅提升了下樟村的知名度，带来了许多追星族，更带火了生态游。原来村里只是停留在简单层次的农家乐，现在通过充分挖掘名人文化、田园文化、红色文化，提升旅游层次，不仅村庄越来越美，游客越来越多，村民的腰包也越来越鼓。同时，下樟村首家旅舍"下樟客栈"也于2015年9月正式开业，填补了该村民宿的空白。

为了把村庄新画卷描绘得更加美丽，2015年在广泛征求意见的基础上，下樟村确定了年度"五水共治"14件实事，同时实行河（渠、涧）长负责制，明确目标责任和完成时限。修建小型综合水库、防洪堤、市区至下樟村通景公路绿化工程、农村生活污水处理设施提升项目等一项项实事有序推进完成。

按照"两美龙泉"的创建目标，下樟村进一步改造空间环境，着力创建"民族风情型"的农家乐综合体，努力建成集"古村寻韵、探野寻幽、经典怀旧、科普教育、休闲游览、原味美食"于一体的农民幸福生活家园和市民休闲旅游乐园，同时结合白云岩景区全力打造AAAA级景区，打造一张真正属于下樟村的生态旅游金名片。

资料来源： 兰玲：《下樟村描绘美丽村庄新画卷　打造生态旅游金名片》，《今日龙泉》2015年12月30日，第01版。

 经验借鉴

龙泉的下樟村景色优美，古色古香。通过生态旅游建设，下樟村提升了知名度，美化了环境，发展了村落特色，吸引了大批旅客前来游玩。下樟村的成功发展之路有以下几点经验值得借鉴：①牵手影视明星，提升知名度。由于演员张子健主演的大型神话剧《石敢当——雄峙天东》在下樟村取景拍摄，许多观众被剧内的景色吸引，前来观赏。影视作品的宣传和美化可以大大增加下樟村的知名度。②展示特色文化，树立村落形象。下樟村拥有古色古香的明清时代的建筑，极具风景特色和文化价值，下樟村凭借这些独特的建筑，树立起一种具有独特的原生态风光和保存完整的古代建筑群的村落形象。③加强生态和民生建设，整治环境更惠民。水是生命之源，随着"五水共治"项目的落实，下樟村的环境得到了有效的整治，抗灾能力也大大增强。

这不仅让游客欣赏到更美丽的风景，村民的生活品质也大大提高。④空间改造和文化挖掘并举，提升旅游层次。按照"两美龙泉"的创建目标，下樟村进一步改造空间环境，着力创建"民族风情型"的农家乐综合体，努力建成集"古村寻韵、探野寻幽、经典怀旧、科普教育、休闲游览、原味美食"于一体的农民幸福生活家园和市民休闲旅游乐园，让游客充分感受当地的文化特色。

本篇启发思考题

1. 村民起初如何看待山地丘陵且沿溪环河地貌？
2. 村民对山地丘陵且沿溪环河地貌的看法是如何转变的？
3. 概括转变前的乡村发展方式。
4. 概括转变后的乡村发展方式。
5. 乡村发展方式转变的客观驱动条件是什么？
6. 乡村发展方式转变的主观驱动条件是什么？
7. 说明山地丘陵且沿溪环河在美丽乡村建设中的作用和角色。
8. 总结分析本篇各村庄美丽乡村建设的共同点。
9. 总结分析本篇各村庄美丽乡村建设的不同点以及为何不同。
10. 说明除山地丘陵且沿溪环河之外的美丽乡村建设的物质基础。
11. 说明除山地丘陵且沿溪环河之外的美丽乡村建设的精神基础。
12. 村庄如何保持和提升这些物质和精神基础？
13. 总结概括本篇美丽乡村建设的效果。
14. 请用一句话概括本篇美丽乡村建设给你的启示，并加以说明。

第二篇
山地丘陵且沿江环湖地带

一、苍坡村：古村落攒聚"特色竞争力"

案例梗概

1. 永嘉县政府累计投入近 2000 万元，深入推进苍坡村美丽乡村建设。
2. 村民充分利用自家老宅院开发特色民宿，进一步提高了农民收入。
3. 建成 8 个文化展馆，大力弘扬永嘉古村传统文化。
4. 建成连接苍坡村、丽水街、芙蓉村等古村的交通绿道，打造精品线路。

关键词：特色民宿；文化展馆；交通绿道

案例全文

当清晨的那抹朝阳照在"别院"白墙黛瓦上时，后勤大姐忙着为客人准备早餐；孩童们背着书包，三三两两踩着石板路去上学；村妇们开始洗洗刷刷……具有 800 多年历史的永嘉县岩头镇古村苍坡，每天都演绎着无数都市人向往的慢生活。苍坡村以其独特的耕读文化，展现出历史古村的魅力，攒聚"特色竞争力"。

完整呈现南宋村庄风貌

苍坡村位于温州市永嘉县岩头镇北面，背依苍山，面朝楠溪江，始建于五代后周时期，为唐朝后裔李姓聚居地。现存的苍坡村是在 1178 年南宋时期修建的，至今已有 800 多年历史，全村现有 2826 人。苍坡村村落布局体现"文房四宝"的人文内涵，以村为纸、以池为砚、以街为笔、以石为墨，营造了楠溪江"耕可致富、读可荣身"的耕读文化人文地景。

从苍坡溪门而入，古村便逐渐展现在人们眼前。虽经历千余年沧桑风雨，但苍坡村旧颜未改。村内现留有宋代建筑的寨门苍坡溪门、寨墙、道路、住宅、望兄亭、李氏宗祠等古民居及两棵 800 余年的古柏，其社会结构形态传承了自南宋迁居建村以来的宗族特征，是宗族社会形态的活化石，具有很高的历史价值。苍坡村如今的面貌，得益于近年来美丽乡村建设。从水月堂到望兄亭，一片规划整齐的绿化带随行。"这里整治前是一些现代建筑，后来全部拆除，村民移居到新村。"岩头镇副镇长金成有介绍说，苍坡村抓住美丽乡村建设的大好时机，凭借古建筑优势，整体推进古建筑和村庄生态环境的综合保护。

民宿经济迅速崛起

乡野自然的生活，是都市人向往已久的。2016 年以来，永嘉县以唤起乡愁为特色的民宿经济迅速崛起，来一场回归田园的慢生活，成为许多人出游的目的。永嘉县借机大力扶持发展民宿，对农户改造老房发展民宿的，给予一定补贴。按照规定，如能达到国际青年旅舍标准以上的民宿，经审核后每个房间可一次性领取 5000～10000 元补助，以提升旅游接待能力。永嘉岩头镇建起融合农耕与现代，富有浪漫艺术气息，外貌古朴、内在舒适的特色民宿，如楠园、云逸、书香门第以及苍坡村的"别院"等。

"别院"是苍坡村最早的民宿之一，平日里基本由店长周少华和本村的一个后勤大姐打理。在携程网等平台上，这家民宿的评分为 4.6～4.8 分，而住客多从网上预订而来。后勤大姐家就在民宿后面，村里变美了，游客多了，她就辞了原先在外面工厂的工作，成为民宿专职人员，主要负责早餐和房间的卫生打扫。近几年来，按照"政府主导、村民自愿"原则，永嘉县政府累计投入近 2000 万元，深入推进苍坡村美丽乡村建设。在"别院"的带动下，一些村民也充分利用自家老宅院开发特色民宿，进一步提高了农民收入，壮大了村集体经济。

耕读文化深入人心

苍坡的老人们，或聚于苍坡溪门下，或聚于村口池塘边，每一位老人脸上都写满岁月的故事。而古村最能讲故事的人，却是"90 后"小伙子李滋勇。对苍坡村的历史和传说故事，李滋勇信手拈来，讲得绘声绘色。远处的笔架山、近处的东西两方池作"砚"，池两旁搁置端头打斜的条石为"墨"，村四周展开的3000亩田畴为"纸"……"文房四宝"、耕读文化，李滋勇讲起来神采飞扬。

从小在村子里长大，李滋勇痴迷于研究永嘉历史和耕读文化。平日里，他在苍坡溪门下摆一个小摊卖旅游纪念品，也经常当起游客的讲解员。在苍坡村，李滋勇只是众多关心古村发展、研究古村文化、传承古村历史的年轻人中的一位。中国农村改革馆、昆曲博物馆、蕙风轩美术馆、林曦明画馆……苍坡村在美丽乡村建设过程中深挖文化内涵，建成8个文化展馆，大力弘扬永嘉古村文化、耕读文化、民俗文化、宗祠文化、昆曲文化等传统文化，打造山水与文化交融、传统与现代共存、生产与生活互动的美丽乡村。"接下来楠溪江文化创意园将在苍坡打造以文化艺术为特色的生活体验区。"金成有说，"我们已经建成连接苍坡村、丽水街、芙蓉村等古村的交通绿道，打造美丽古村建设的精品线路。"

资料来源：陈丽丹：《永嘉苍坡村：古村落攒聚"特色竞争力"》，《农村信息报》2017年3月18日，第A8版。

 经验借鉴

至今已有800多年历史的永嘉苍坡村凭借其独特的耕读文化吸引了大批都市人。近些年来，苍坡村抓住美丽乡村建设的大好时机，凭借古建筑优势，整体推进古建筑和村庄生态环境的综合保护。苍坡村打造的这种闹中取静、传统与现代共存的生活模式，对众多具有历史价值的古村落有借鉴意义：①完整呈现南宋建筑特色，保护古村落和生态环境。苍坡村在美丽乡村建设的推动下，用绿化带取代了原有的现代建筑。②打造以乡愁为特色的民宿，壮大村集体经济。村民改造自家老宅院，将农耕与现代相结合，为都市人提供一个体验田园生活的场所，从而发展旅游经济。③大力弘扬传统文化，传承古村落的历史。这种文化历史悠久的村落，经岁月沉淀流传着独特的传说故事和民族文化，苍坡村在美丽乡村建设过程中深挖文化内涵，建造文化展馆和文化创意园，形成独特的竞争力。

二、 美丽乡村带， 如花般连缀楠溪江

 案例梗概

1. 引进社会资本开发古村旅游，建设百亩新村，进行"新村换旧村"整村置换。
2. 逐步完善楠溪源头田园综合体中的项目。
3. 将 143 亩的连片土地流转到村集体，打造出了成片的向日葵花海。
4. 打造了风车节、马鞭草花海等项目。
5. 与企业合作开发"永嘉书院"旅游景点项目，获取 10% 门票分成。
6. 借"大拆大整、大建大美"的东风，用 46 天的时间，完成整村拆建。
7. 不断植入旅游业态经济，壮大旅游业。

关键词：整村置换；田园综合体；连片土地流转；整村拆建；旅游业态经济

 案例全文

2016 年之前尚属于经济薄弱村的豫章村，因为"花海"旅游经济的带动，不少村民鼓足了腰包。永嘉县是"全国休闲农业和乡村旅游示范县"，也是"全省社会主义新农村建设优秀县市区"之一。永嘉旅游资源丰富，文化底蕴深厚，村庄富有特色，为打好"全国休闲农业和乡村旅游示范县"这一金字招牌，近年来，永嘉县做好"两山"转化文章，利用"旅游+经济"模式，通过"一村一方案"发展，助推乡村振兴，实现旅游富民。

2018 年上半年，永嘉县共接待游客 519.23 万人次，同比增长 31.42%；实现旅游总收入 59.98 亿元，同比增长 36.63%；旅游业连续 10 年保持年均 20% 以上的增长速度，拉动山区创业就业 30 余万人，实现农户人均年增收 5000 元以上。

楠溪江上游　屿北古村绽放新颜

位于沙头镇豫章村楠溪江上游的岩坦，风光如画，楠溪江一带碧水穿镇

而过。消失了 30 多年的舴艋舟，经过重装打造，数十艘重现岩坦楠溪江上，引发了许多人的乡愁，也让岩坦再次成为全国的焦点。数年前，岩坦镇上有着"一门三进士，父子两尚书"之称的千年古村屿北一度成为全国热点。该村有着"中国景观村落""中国历史文化名村""中国传统村落""全国最美古村落"等称号，古村民居保存完整，古迹众多，但因为居民生活和老屋保护之间的矛盾日益突出，导致该村建设停滞不前。2014 年 6 月，永嘉县与上海世贸控股集团签订屿北古村整体开发协议，引进社会资本开发古村旅游，建设百亩新村，进行"新村换旧村"整村置换。2017 年 10 月，屿北的安置房项目正式开工建设。

这个沉寂了许久的古村，因为舴艋舟的到来，也因为古村内部数个民间博物馆的开放，越来越热闹了。以前，屿北村是当地的一个贫困村，村民只能靠种植出售农作物维持生计，如今，随着古村旅游业的发展，实现了村集体经济收入超百万元。如今游客来到岩坦，除了游玩千年古村，还可以游玩花漫源头、水彩前溪、嘉纳庄园、舴艋舟观光等楠溪源头田园综合体中正在逐步完善的项目。

楠溪江中游　传统景区焕发新生机

漫步在沙头镇豫章村楠溪江沿岸的 2000 多米长的滩林中，在树荫的遮蔽下，凉风习习。据豫章村村干部介绍，有影视公司的投资商看中了这片滩林，正在洽谈打造影视基地事宜。豫章村，背靠青山，楠溪江从村前流过，紧挨着旅游景区永嘉书院和香樟花园。楠溪江公路主道从村前经过，因为中间隔着 100 多亩的平整田地，村中日常很静谧。豫章村突然成为网红村是 2017 年的事。据驻村干部周怀巨介绍，2017 年，村"两委"将 143 亩的连片土地流转到村集体，打造出了成片的向日葵花海。在 2017 年向日葵花海绽放的一个月里，豫章村仅停车费一项收入就增加了 8 万多元，游客量达到 30 多万人次。此后，豫章村连续打造了风车节、马鞭草花海等项目，村民的土特产变得供不应求，村里的农家乐和民宿的游客量也逐年递增。

挨着豫章村的珠岸村，自 2000 年开始开发旅游，于 2005 年 3 月创建了"中国无塑料袋第一村"。2014 年，村里的永嘉书院开业之后，珠岸村迎来了大发展。据豫章村书记陈光强介绍，近年来，豫章村与企业合作开发"永嘉书院"旅游景点项目，获取 10% 门票分成，为集体经济发展赚取"第一桶金"。永嘉书院项目落地后，针对项目经营中出现的配套设施不足的问题，村党支部通过土地资源整合，以资源入股的形式与永嘉县旅投集团合作，在景点门口兴建拥有 1000 多个车位的生态停车场和 21 间 "复古商铺"，实现村集体经济多元化发展，2017 年村集体收入突破 200 万元。2016～2018 年，短短两年时间，全村新建民宿和农家乐 18 家，年均接待游客 10 万人次，为村民带来直接收益达 600 多万元。

随着楠溪江旅游业的不断整合壮大，近两年，位于大若岩镇陶公洞景区的水云村也不断植入旅游业态经济。位于水云村的陶弘景文化旅游度假区原为楠溪江大若岩镇陶公洞景区，2017 年底，陶公洞景区完成改制，景区由原来所在地 4 个村子联合管理经营转为由永嘉旅投统一管理，陶公洞景区也提升为陶弘景文化旅游度假区。据水云村村主任李永平介绍，七八年前，陶公洞的游客量逐年递增，目前村集体的年收入已经突破了 400 多万元。水云村原有民宿群楠溪若舍，2018 年又开出了楠溪花开等多家民宿。眼下，村 "两委" 正在和一家公司签订合同，共同开发醉溪森林公园，预计投资 5000 万元，打造休闲养生度假基地。

楠溪江下游　瓯窑小镇开创文旅新章

坦头村位于楠溪江东岸，有千年的瓯窑文化历史，为唐代瓯窑遗址所在地。村域占地面积 2.1 平方千米，常住人口 385 人。2016 年，坦头村党支部借 "大拆大整、大建大美" 的东风，用 46 天的时间，完成整村拆建，实现从农村到特色小镇的美丽蝶变，村集体收入从不到 10 万元，跃升至 2017 年的 156 万元。瓯窑小镇里已经有不少明星文创企业，比如主打传统与创新结合的瓯窑产品的瓯忆·新瓯窑工作室，该工作室新研发的马蹄闻香旅行套组产品入选了 2018 年温州市特色旅游商品（伴手礼）获奖名单。每逢周末，该工作室的体验中心里更是有不少市民带着子女前来体验瓯窑制作。

"我们是首批入驻瓯窑小镇的文创企业之一，小镇特别符合我们的产品气质，主打瓯文化。经过近两年的发展，我们也确实提前实现了企业当初的主打口号 '让瓯窑走进千家万户'。" 该企业的负责人之一姜立秋介绍。位于小镇里的 "泉客"，因为有着主人收藏的历代瓯窑酒器展览，迎来了越来越多慕名前来的游客。"泉客" 的主人朱启腊是永嘉白酒烧制技艺的非遗传承人，他严格按照永嘉古法酿制的烧酒，成为了瓯窑小镇的热销产品。这几年，浙江省特色小镇如雨后春笋般出现，永嘉县委、县政府决定以坦头村为核心，连同周边的 12 个村，打造一个 "瓯文化" 传承创新基地。这一基地将是一个文脉传承、文产集聚、文旅融合的特色小镇。目前，该特色小镇已经被列为全国第三批"中国乡村旅游创客示范基地"。

资料来源：翁卿仑：《美丽乡村带，如花般连缀楠溪江》，《温州日报》2018 年 8 月 14 日，第 10 版。

 经验借鉴

近年来，永嘉县做好"两山"转化文章，利用"旅游+经济"模式，通过"一村一方案"发展，助推乡村振兴，实现旅游富民。其美丽乡村建设经验如下：①转变发展观念，重新发现商机。以前，屿北村是当地的一个贫困村，村民只能靠种植出售农作物维持生计，如今，随着古村旅游业的发展，实现了村集体经济收入超百万元。如今游客来到岩坦，除了游玩千年古村，还可以游玩花漫源头、水彩前溪、嘉纳庄园、舴艋舟观光等楠溪源头田园综合体中正在逐步完善的项目。②开发现有资源，寻求创业项目。豫章村"两委"将 143 亩的连片土地流转到村集体，打造出了成片的向日葵花海。豫章村连续打造了风车节、马鞭草花海等项目，村民的土特产变得供不应求，村里的农家乐和民宿的游客量也逐年递增。③积极寻求合作，弥补发展短板。珠岸村党支部通过土地资源整合，以资源入股的形式与永嘉县旅投集团合作，在景点门口兴建拥有 1000 多个车位的生态停车场和 21 间"复古商铺"，实现村集体经济多元化发展。④适应市场需求，升级旅游设施。位于水云村的陶弘景文化旅游度假区原为楠溪江大若岩镇陶公洞景区，2017 年底，陶公洞景区完成改制，景区由原来所在地 4 个村子联合管理经营转为由永嘉旅投统一管理，陶公洞景区也提升为陶弘景文化旅游度假区。⑤响应国家政策，筹建特色小镇。坦头村党支部借"大拆大整、大建大美"的东风，用 46 天的时间，完成整村拆建，实现从农村到特色小镇的美丽蝶变，村集体收入从不到 10 万元，跃升至 2017 年的 156 万元。瓯窑小镇里已经有不少明星文创企业。

三、 美丽神秘白泉村： 村民传颂热心人

 案例梗概

1. 新房区的水、电、光纤等都由村里统一铺设接入，新房分房到户，基本上解决了所有村民的住房问题。
2. 将白泉村改造成集休闲养生与生态农业观光于一体的特色山村。
3. 建造村文化中心、敬老院、村综合楼、道路量化硬化、6 级排污设施等。
4. 原来老屋片区土地，一部分将进行复垦，发展观光农业；另一部分保留老建筑原貌。
5. 白泉村与横店影视旅游产业进行对接工作。

关键词：休闲与养生；生态农业；村文化中心；观光农业；影视旅游产业

 案例全文

东阳江镇庆泉行政村白泉村坐落在横锦水库边上。从东阳城区到这里，直线距离 27 公里，有两种路线选择，但都不方便。一是沿水库绕一个大圈，行程为 53 公里，而且多为盘山公路。二是到水库后乘船进去，水路用时仅 10 多分钟，但每天只有 3 个班次，错过了就得等第二天。远观白泉村，一片整齐的白墙青砖黛瓦、飞檐翘角马头墙映入眼帘，这就是白泉村的美丽轮廓。

老山村新面貌

白泉村是个小村子，曾经只有 20 多户人家。20 世纪 50 年代，东阳市修建横锦水库，因此部分村民移民到白泉村，村子规模才有所扩大。目前，白泉村共有 62 户、150 人。村里的土地并不多，但种植农作物仍然是村民的主业。他们在村背后的山地里种蔬菜、玉米、茶叶等，因为靠近磐安，还有村民种了草药，但都不成规模。多年前，有的村民经常去水库捕鱼增加收入，而这项收入也越来越少。村民每年纯收入只有 2000 多元，大多数年轻人都选

择外出打工，难得回来一趟。"村里一度只剩下 20 多位老人留守，坐船时，我们互相叹气，担心这个村子慢慢没落、消失。"有村民表示。

如今的白泉村，呈现在眼前的是大片的新房。村庄干净整洁，房屋是统一的徽派建筑，古韵悠然，宽敞明亮。随意走进村民家中，铺设的大理石地砖光洁美观，客厅、卫生间、餐厅都宽敞明亮，跟城里的小洋房毫无二致，只有厨房里煤气灶边上另造的农家土灶提醒着客人，这里是一个偏远的山村。这是白泉村美丽乡村建设一期工程，从 2010 年 5 月开山平场地，当年 10 月开工建设，第一期新居共有 202 间房，总建筑面积 1.7 万多平方米。2012 年 7 月，一期工程建成，新房区的水、电、光纤等都由村里统一铺设接入，新房分房到户，基本上解决了所有村民的住房问题。新居共有 202 间房，单间面积 72 平方米（两层）。村民只要出 5 万元就能分到一间，其余建造资金都由浙江广宏建设有限公司承担。

大山孩子回家乡

何飞龙是浙江广宏建设有限公司董事长。东阳当地有媒体如此描述：他，曾是一个从大山里走出来的孩子；他，曾是杭州大学外语系的佼佼学子；他，曾是省一级重点中学优秀的英语教师；他，也是 21 世纪新一代儒商……村党支部副书记何干峰说，何飞龙是白泉村走出去的第一个大学生，毕业后曾在东阳中学任教，后来下海搞建筑。他在村委会里不担任任何职务，却一直很有威信。每次回村里，他经常走家串户，发现村民家里有困难，总是慷慨解囊。每年春节，何飞龙都要回到村里登门慰问村里的孤寡老人和特困户，还给村里 60 岁以上的老人发红包。同时，何飞龙还带动了不少村民走出去打拼。现在村里除了他，还有其他小有成就的老板，或多或少受过他的帮助。在他的影响下，在外经商的村民都有良好的风气，热心为村里做事。

为了白泉村的一期工程，何飞龙与东阳江镇党委、政府建立了"白泉美丽乡村建设"项目，根据白泉村依山傍水的独特地理优势，计划将白泉这个土地贫瘠、经济落后的小山村改造成集休闲养生与生态农业观光于一体的特色山村。何飞龙的善举，引来其他村民的积极参与。在外经商的张立光、何正明、何旭良、何文明、何云良……这些村里先致富起来的人都纷纷慷慨解囊，为村里的道路硬化、路边绿化等工程出资出力。在内蒙古做工程的村民王松涛出资 10 万元在村口水库旁建了一座凉亭，供村民休闲小憩。

脱胎换骨三年间

从一期工程启动到现在，白泉村已脱胎换骨般获得"新生"。根据改造方案，新房选用两层住房的，村民每层出资 5 万元，三层住房每层 7.5 万元。73 岁的王文田原本住在三四十年前造的老房子里，房后就是山。每到下雨天，山上经常掉落土石，砸在房子附近，让老人提心吊胆。如今王文田和两个儿子一共向村里集资分了 8 间房，赶在当年春节前装修完毕，一家人在新房里过了一个热闹的春节。"之前，孩子们说，老房子很危险，造新房子又要批地基、接水电，费时费力，所以把我接到东阳城里住。"王文田说，他住不习惯；现在好了，基本上都要住在村里，房子好，前庭后院的，和邻居聊天、晒太阳也很方便，过得很高兴。

67 岁的何桥明一开始并不愿意出钱造新房。他觉得白泉村经济困难，盖不起这么多的新房子，担心工程中途停歇，不愿意将自己的辛苦钱放进来。直到房子盖好了，看着前期参与集资的村民们选到了漂亮的新房，他动了心，连忙拿出积蓄集资分了一套 3 层 3 间的新房。在村综合楼里，展示着白泉村的建设规划方案：一期工程除了农民公寓建设，还建造了村文化中心、敬老院、村综合楼、道路量化硬化、6 级排污设施等；二期小康住宅工程的 3 万多平方米也已付诸实施。

山水美景引人来

按照规划，村民们陆续从老屋搬进新公寓之后，原来老屋片区土地，一部分将进行复垦，种上观赏性农作物发展观光农业；另一部分保留老建筑原貌，展现老村的历史积淀，为今后村庄的休闲旅游发展奠定基础。何干峰说，白泉村建设一直靠外界帮忙是不行的，村民必须找到适合自己的致富路。他说，不少村民的积蓄本来就不多，买了新房家里便所剩无几。有个贫困户分到 3 间两层的新房，需要 15 万元，但他七拼八凑只能拿出六七万元。为了让他住上新房，何飞龙先拿出钱帮忙垫下，不计利息让他慢慢还。

"我们的思路就是发展乡村旅游经济。"何干峰说，"有人担心白泉村发展旅游业会不会污染横锦水库，其实我们村的地势外高内低，污水都往里面流，新房子每户后面都设有分散三格化粪池进行污水一级处理，再流到村里的集中污水池进行二级处理，之后陆续流到三块生态湿地净化，最后流入村里的生态稳定鱼塘，再次净化达标后，再排到横锦水库。"目前，白泉村的山水风景已经吸引不少游客前来观光，他们不仅来自东阳市区，还来自义乌、永康、磐安等县市，周末最旺时共有数百人。

搬进新房的金响音开起了农家乐。她说，这里种的是绿色蔬菜，做的是农家饭，还有东阳江的特色鱼，相信以后的人气会越来越旺。搬进新房的村民何国明说，他已经计划将新房的部分房间改造成旅馆出租，为游客提供住宿。另外，白泉村已经跟横店影视旅游产业进行对接，横店集团及横店影视城等公司高层已多次去白泉实地考察。

资料来源：倪寒霞：《美丽神秘白泉村　村民传颂热心人》，《金华日报》2013年3月11日，第06版。

 经验借鉴

东阳江镇庆泉行政村白泉村坐落在横锦水库边上，土地少，农业不成规模，村民收入低，村子曾经渐渐没落，现在却充满希望，其美丽乡村建设经验如下：①修旧如旧，推进居住现代化。拆老房造新房，村庄干净整洁，房屋是统一的徽派建筑，古韵悠然，宽敞明亮。新房区的水、电、光纤等都由村里统一铺设接入，新房分房到户，基本上解决了所有村民的住房问题。②鼓励返乡创业，助力当地发展。何飞龙在外经商成功却心系家乡，还带动不少村民走出去打拼，在他的影响下，在外经商的村民都有良好的风气，热心为村里做事。一期工程便是何飞龙与东阳江镇党委、政府一起建立的项目，根据白泉村依山傍水的独特地理优势，计划将白泉这个土地贫瘠、经济落后的小山村改造成集休闲养生与生态农业观光于一体的特色山村。③加大基础设施建设，提高村民生活质量。一期工程除了农民公寓建设，还建造了村文化中心、敬老院、村综合楼、道路量化硬化、6级排污设施等；二期小康住宅工程的3万多平方米也已付诸实施。④利用文化自然资源，发展旅游观光业。原来老屋片区土地，一部分将进行复垦，种上观赏性农作物发展观光农业；另一部分保留老建筑的原貌，展现老村的历史积淀，为今后村庄的休闲旅游发展奠定基础。

四、 西河村： 首创"清洁家园" 义务工制度

 案例梗概

1. 实施义务工制度，发动全村百姓参与到"清洁家园"的工作中来。
2. 驻村干部亲力亲为，深入老百姓中间，更好地了解民生民情。
3. 组织发动本村巾帼志愿者上门宣传，呼吁全村妇女清洁家园，从我做起。
4. 进一步完善劳动情况公开制度。
5. 明确义务工制度的责任界限。

关键词： 义务工制度；志愿者；劳动情况公开

 案例全文

为打造干净、整洁、有序、景美、舒适的人居环境，共建"美丽余杭"，西河村开展了一系列的整治工作，包括治水剿劣、暴露垃圾清理、公路两侧的整治。但在以往的环境整治过程中，参与的主体是村干部、村民代表、党员，没有较好地发挥群众力量，让许多村民感觉事不关己。为了更好地发挥责任主体和实施主体的作用，为了营造"清洁家园，人人有责"的良好氛围，把工作对象转变为工作力量，让广大群众成为"美丽西河"建设的主体，西河村决定实施义务工制度，发动全村百姓参与到"清洁家园"的工作中来。

"绿马甲" 在穿梭　清洁家园　人人有责

义务工制度由组团联村干部和村委干部提议发动，在这个制度实施之前，联村干部和村委干部一起进行全村范围内现场勘察，反复研究实施方案，历经党员大会、村民代表大会、组长会议、户长大会等的意见征求和层层发动，最终于 2017 年 7 月 30 日正式实施，当天也是西河村首次义务劳动日。一大早，全村 5 个网格 10 余个自然小组的约 150 名义务工冒着酷暑，统一身着"西河村人人义工"绿马甲，在网格长和组长的带领下分组开展环境卫生大整

治。西河村组团联村干部和村委干部都参与其中，义务监督员挂牌上岗。小朋友们也在村委的倡议下自发组织起了后勤保障小分队，穿上红马甲，戴上小红帽，为村民们端茶递水送清凉。义务工所到之处，陈年垃圾被清理一空，村容村貌有了改善。

在每次活动开展之前，西河村委都会召开义务工动员大会，并由网格长带队，会同组长、义务监督员到各自网格采点，对"脏、乱、差"区域进行拍照定位，明确整治标准，便于劳动后的对比成果展示。每次的义务派工活动由村民组长负责工时的分配调度，各网格每次派工至少 10 人，具体按清扫范围实际派工。清扫时，网格长全程监督指挥，村民们自带清扫工具对每一个采点区域进行清理，组团联村干部也上阵帮忙。当天活动结束后，西河村还组织网格长、村民组长和义务监督员对清扫区域进行现场检查，为将来评比考核和下一次的义务劳动打下基础。同时村工作人员对当天的义务工出工户数和劳动成果进行统计，上墙公示。

不断完善制度　在摸索中前进

西河村义务工制度实施两个多月后，村庄的环境有了明显的改善，经过三次的义务劳动，那些堆积已久的陈年垃圾都被清理干净，百姓废弃的一些建筑垃圾经过沟通基本得到了清理，被清理的各类垃圾 300 余吨。更让人欣喜的是，"清洁家园、人人有责"的理念在村民中逐渐形成了共识，为义务工制度的持续开展和村庄环境的长效保洁打下了坚实的群众基础。此外，塘栖镇领导也全程参与西河村的每次义务劳动，在这个过程中，驻村干部深入老百姓中间，更好地了解民生民情，对老百姓提出的问题在村"两委"联席会议上进行专题讨论，为更好地解决民生问题提供了一个平台和途径。

当然，在义务工制度实施和开展过程中，西河村也碰到了不少亟待解决的问题。个别村民在意识上有所欠缺，仍觉得清洁家园是自己家的事，不用别人帮忙清理，不配合环境整治工作。也有个别村民对义务工制度存在抵触心理，不愿无偿为大家服务。前期准备上，仍然存在不到位的情况，具体表现为：一是网格长踩点不到位，导致义务工环境整治活动当天缺乏统一的指挥和整治标准；二是清扫工具准备不充分，比如垃圾清运车辆配备不足，致使负责垃圾运输的义务工劳动量大，垃圾运送不及时；三是义务监督员职责不明确，多数重劳动轻监督，而根据义务监督制度，监督员的工作侧重点应在于监督劳动过程和整治效果。

万事开头难，但有始有终更难，后续工作方面，在某几次活动结束后，村委工作人员没有"趁热打铁"及时把成果展示上墙公示，村民们无法在第一时间看到劳动成果和整治对比。"清洁家园"义务工制度是西河村首创的制度，仍在摸索完善过程中，经验不足，出现各种问题也在所难免。今后，西河村也将逐步完善义务工制度，充分发挥家庭妇女的作用，俗话说妇女能顶半边天，西河村计划召开妇女骨干会议，组织发动本村巾帼志愿者上门宣传，施行门前"三包"，庭院整治，呼吁全村妇女清洁家园，从我做起。进一步完善劳动情况公开制度，做到准确公开、及时公开，让表现优异、贡献突出的义务工家庭得到应有的尊重和奖励，将表现不佳的村民公示曝光，形成舆论压力。明确义务工制度的责任界限。义务工环境整治的范围是除每家每户自家庭院和房前屋后外的，属于自己组内的河道、池塘、道路等公共区域，义务工劳动范围应与每家每户自己的门前"三包"范围以及保洁公司负责的保洁范围等明确界限，分工合作。西河村会不断在摸索中前进，不断总结经验教训，不断完善制度，确保"清洁家园"义务工制度的持续开展，真正在"美丽西河"工作中长期发挥实效，努力把西河村打造成人美、河美、环境美的生态自然村。

　　资料来源：孙燕华、曹国伟：《西河村首创"清洁家园"义务工制度》，《钱江晚报》2017年10月12日，第Y0002版。

 ## 经验借鉴

　　为响应"美丽乡村"建设，西河村首创"清洁家园"义务工制度。为使该制度真正在"美丽西河"工作中长期发挥实效，西河村的工作值得借鉴：①严格执行程序，确保制度可行。制度实施之前，联村干部和村委干部一起进行全村范围内现场勘察，反复研究实施方案，历经党员大会、村民代表大会、组长会议、户长大会等的意见征求和层层发动，最终于2017年7月30日正式实施。②全面发动群众，倡导公民参与。西河村组团联村干部和村委干部都参与其中，义务监督员挂牌上岗。小朋友们也在村委的倡议下自发组织起了后勤保障小分队，穿上红马甲，戴上小红帽，为村民们端茶递水送清凉。③高效率执行制度，确保督查有序。在每次活动开展之前，西河村委都会召开义务工动员大会，并由网格长带队，会同组长、义务监督员到各自网格采点，对"脏、乱、差"区域进行拍照定位，明确整治标准；每次的义务派工活动由村民组长负责工时的分配调度，各网格每次派工至少10人，具体按清扫范围实际派工；活动结束后进行现场检查，并对当天的义务工出工户数和劳动成果进行统计，上墙公示。④不断完善制度，推进治理升级。充分发挥家庭妇女的作用，进行上门宣传，参与庭院整治；进一步完善劳动情况公开制度，奖惩分明；明确义务工制度的责任界限。西河村全体人员正在共同努力，把西河村打造成人美、河美、环境美的生态自然村，实现"美丽乡村"梦。

五、 下姜村： 绿色发展满目春

 案例梗概

1. 修建沼气池，使猪圈与沼气池相连，厨房和卫生间配套改造。
2. 严禁砍伐公益林，承包林须经村"两委"同意才能砍伐。
3. 编制《村庄整治规划》和《农业产业规划》。
4. 推进河道清淤、污水处理，申请国家 AAA 级景区。
5. 开办民宿、投资水上娱乐项目，鼓励村民返乡和外乡创业人员回村创业。
6. 提出 KPI 保洁考核方式，将路面清洁、垃圾分类等数十项内容列入考核范围。
7. 精细化管理公共区域的绿化。

关键词：公益林；村庄整治规划；农业产业规划；景区申请；回村创业；KPI；精细化管理

 案例全文

　　浙江大地上，面积 10.76 平方千米的下姜村，只是不太起眼的一点。从21世纪初开始，这个浙西偏僻山村先后成为五任省委书记心系之地，凝聚起绿色发展的磅礴力量：从砍柴为生的穷村，蝶变为绿水青山环绕的美好家园，获得"浙江最美乡村""全国生态家园示范村"等荣誉称号，森林覆盖率高达 97%。这里最让人自豪的，不是碧水清清，不是绿意绵延，也不是风生水起的现代农业、民宿产业，而是人们在探寻多种发展方式时，对绿色理念的坚守。正如人类学家马林诺斯基所说："通过熟悉一个小村落的生活，我们犹如在显微镜下看到了整个中国的缩影。"从下姜出发，可以看到中国无数村庄生态振兴的路径。

"要给青山留个帽" ——从破解环境问题开局

下姜，古名"雅墅峡涧"。700多年前建村时，它便被寄予了诗意栖居的愿望。但20年前，下姜村经济十分落后，地处山区，缺地少田，村民以砍柴、养猪为生。急于摆脱贫困的下姜人还在山上造起土窑。最多时，40多座木炭窑同时开烧，大量树木被砍倒用于烧窑，大树日渐减少。村庄上空缭绕着呛人的烟雾，地上是被雨水一冲便肆意流淌的猪粪猪尿。

老村支书姜银祥说，因为污水四处流、苍蝇满天飞，村里肠道传染病不断，村民怨声载道。如何解决老百姓反映强烈的环境问题，这是下姜的困惑，也是当时浙江许多农村面临的难题。改革开放以后，浙江省农村一度"村村点火、户户冒烟"，经济发展的同时，村庄面貌却不尽如人意，常常是"走过一村又一村，村村都是垃圾村"。2003年4月，在浙江工作期间，习近平同志辗转来到下姜，看着被砍"秃"的山，他说："要给青山留个帽。"看着脏乱差的村容村貌，他建议修建沼气池。从下姜回去不久，当年6月，在习近平同志的推动下，"千村示范、万村整治"工程在全省展开：花5年时间整治和改造1万个村庄、培育1000个示范村。广大农村成为浙江绿色发展的突破口，开启人居环境蝶变之路。

修沼气池的消息在下姜传开后，村民反应不一。沼气池，要将猪粪挑到池子里发酵，不少人嫌麻烦，还有人怕花钱。为了这事，村民代表大会开了几次，意见不一，关键时刻，村"两委"干部带头建沼气池。村民姜祖海家建起了村里的第一个沼气池。猪圈与沼气池相连，厨房和卫生间配套改造，既解决了脏水的去处问题，又提供了照明、做饭的能源，砍柴烧火的事也少了。"真是一举多得。没多久，就有65户人家用上了沼气。"姜祖海算了笔账，"一个沼气池每年省500多度电，相当于一年少砍林地3.5亩、少排污水140吨。"

改善环境，亦能改变人心。用上沼气的第二年，村里决定封山育林"给青山留个帽"，发布了新的村规民约：公益林严禁砍伐，承包林须经村"两委"同意才能砍伐。700多名村民无一反对。"从此绿水青山真正从一种风景，变成内心追求，融入了人们的生活。"姜银祥说，今天的下姜村正是在习近平总书记的指导下，以绿色发展为引领，先后编制《村庄整治规划》《农业产业规划》等，完成了河道清淤、污水处理等项目，成了国家 AAA 级景区。如今，行走在下姜村，凤林港清澈的水倒映着连绵青山，村道上间隔竖起了光伏面板，家家户户安装着太阳能热水器……对于使用这些清洁能源，村民们已经很习惯，打心底里接受了。

发展美丽经济——青山如何变金山

下姜村的变化令人惊艳。一批批考察团来到这里，寻求它的奥秘。有人问："怎么始终保持绿色发展的热情？"回顾发展的历程，姜银祥觉得，2004年和2015年是两个关键节点。地处山区，下姜人均耕地不足一亩，发展空间狭小导致了靠山吃山的生产方式。"保护生态的道理，大家懂，但又很犹疑，吃不饱饭，拿什么保护环境？"姜银祥说，当时的下姜迫切需要绿水青山向金山银山的转化之道。沿环村绿道缓缓而行，下姜的全景展现于眼前：东侧，是 220 亩葡萄园和 60 亩草莓园；向西，占地 150 亩的"世外桃源"基地里，桃花开满枝头；山坳中黄栀子灌木遍布……下姜村既是花一茬接一茬长的大花园，也是活力迸发的生态创业乐园。"现在，村民靠土地流转、园区打工和村集体分红，就能获得比原来多的收入。"姜排岭说，他们能坚持绿色发展的奥秘，就根源于习近平总书记 2004 年再次来到下姜村时，对村庄产业发展的关心，并多次过问黄栀子基地建设，推动自然资源经营方式变革，实现生态优势向发展优势的转变。

一个新问题随之而来："人多地少的根本矛盾没有解决，靠土地流转和村内打工，能致富吗？""不能。"前任村支书杨红马说，当年他在任时，就面临了与浙江不少山村类似的空心化困境，"下姜进一步发展的动力在哪里？关键是实现生态美与百姓富统一。"这个契机，很快来了。2015 年 5 月，习近平再一次来到浙江，在舟山新建社区农家乐业主袁其忠家里，他详细了解了当地借自然优势发展乡村旅游的情况，鼓励发展"美丽经济"，"我在浙江工作时说'绿水青山就是金山银山'，这话是大实话，现在越来越多的人理解了这个观点，这就是科学发展、可持续发展，我们就要奔着这个做。"

2015 年 11 月，全省美丽乡村和农村精神文明建设现场会上，浙江提出从"环境美"迈向"发展美"，"十三五"规划期间打造美丽乡村升级版，推进美丽乡村建设与农民增收互联互动。下姜村也由此提出了新的可持续发展规划：以打造景区村庄为基础，发展农旅融合、民宿产业等多种业态。而新开通的淳杨线绿道，正好使下姜村的交通条件得到了根本性的改变。如今，村里的民宿开到了第 23 家，返乡村民和外乡创业人数超过 40 人。迎接城里人吃农家饭，到五狼坞登山、赏花，到竹林挖笋、采野菜……看着游客脸上的笑容，下姜人惊觉：原来精心呵护的绿水青山，早已是金山银山。

下姜村的绿色之路有何特别？姜排岭说："正因深感发展成果来之不易，所以我们更懂得生态是一切的基础，保护标准也更严。"几年前回到下姜、投资水上娱乐项目的村民姜红荣证实了这一说法："当时做项目，村里没提收益要求，就说了三条底线，一不能影响自然风貌，二不能污染水体，三不能随意采挖鹅卵石。"因而，凤林港上的每一项基础设施，都做到了因地制宜，钓鱼台是原木的，花坛种了最寻常的油菜花，展示着乡野风情，也展示着生态自信。

绿色发展无止境——"三生共融"向未来

村里的保洁工作会议不仅给保洁员划分了更精准的包干区域，还提出了新的 KPI 考核方式，将路面清洁、垃圾分类等数十项内容列入了考核范围，村委会每月巡检两次，检查结果与绩效工资挂钩。这让年过 60 岁的保洁员们很新奇，也隐隐感觉这是更管用的招数。"新时代新气象。"姜俄生不由感叹。

的确，新时代的下姜面向党的十九大提出的乡村振兴要求，面向省第十四次党代会建设大花园的目标，还面临着诸多挑战。"前些年拼命种毛竹，现在效益不好，又懒得去砍，我看这里面大有文章，山林也要精细化管理才行。"村党总支书记姜浩强说，"公共区域绿化养护，若是请专人，每年开支要 10 来万。大家现在建美丽庭院热情高，能不能发个'招贤令'自己管？"村会计姜国炳打起了"算盘"。村民们也有自己的看法。"要说现在生态有什么不足，就是太绿、花少。"时隔多年又养起了蜜蜂的莫海林说道。

一个个个体，虽着眼细节，切中的却是当下浙江乡村生态建设的共性问题，比如保护和利用的最佳比例，比如如何丰富业态、增加"两山"含金量，又比如绿色生活方式如何发自内心，成为自觉。2018 年杭州市发布的《下姜村及周边地区乡村振兴发展规划》为下姜打开了新窗口，文件提出：要坚持生态、生产、生活"三生共融"的发展理念，注重乡土味道，保留乡村风貌，留住田园乡愁……成为浙西山地绿色发展、山区农民共同致富的典型示范。

共同发展，源于对"山水林田湖草"生命共同体的理解。"下姜及周边 9

村，山连着山，水连着水，需要整体保护、统筹推进。"枫树岭镇党委书记汤丽君说。显然，下姜正在描绘一幅更新更美的图画。在中国大地吹响乡村振兴号角的今天，驻足浙江西部山区、千岛湖畔的下姜，追溯其十几年来的绿色蝶变，让人感知且震撼的是人与自然的和谐共生，是绿色发展理念的深入人心，是"绿水青山就是金山银山"的生动实践；展望且坚信的，是步入新时代，在习近平新时代中国特色社会主义思想指引下，2.8万个浙江乡村和广袤的中国原野，将要滋长迸发的盎然春意和蓬勃生机。

资料来源：本报采访组：《绿色发展满目春——下姜村蹲点记·生态篇》，《浙江日报》2018年3月28日，第01版。

 经验借鉴

下姜村，曾经习近平同志在浙江工作时的基层联系点，从以砍柴、养猪为生的穷村，蝶变为绿水青山环绕的美好家园。其美丽乡村的建设经验如下：①推广清洁能源，减少污染损害。修建沼气池，猪圈与沼气池相连，厨房和卫生间配套改造，既解决了脏水的去处问题，又提供了照明、做饭的能源，砍柴烧火的事也少了。家家户户安装着太阳能热水器。②变革自然资源利用方式，从大开发走向大保护。村里提出项目开发建设的三条底线：一不能影响自然风貌，二不能污染水体，三不能随意采挖鹅卵石。③推动环境优势转变为发展优势，打造景区村庄。开办民宿，投资水上娱乐项目，迎接城里人来登山、赏花。钓鱼台是原木的，花坛种了最寻常的油菜花，展示着乡野风情。④精细化管理，规范考核程序。提出新的KPI考核方式，将路面清洁、垃圾分类等数十项内容列入了考核范围，村委会每月巡检两次，检查结果与绩效工资挂钩。⑤保留乡愁，规划先行。《下姜村及周边地区乡村振兴发展规划》提出：要坚持生态、生产、生活"三生共融"的发展理念，注重乡土味道，保留乡村风貌，留住田园乡愁……成为浙西山地绿色发展、山区农民共同致富的典型示范。⑥紧跟形势，立足长远。党的十九大吹响了乡村振兴的号角，浙江乡村振兴开启新的征程。今天的下姜村正是在习近平同志的指导下，以绿色发展为引领，探寻多种发展方式，力推美丽经济，先后编制《村庄整治规划》《农业产业规划》等。

六、 暨家寨： 高山流水

 案例梗概

1. 拆除露天坑和猪栏牛栏，杜绝污水直排溪流现象。
2. 修建化粪池，并且接管网。
3. 开设了两家农家乐，70%的人家有民宿，床铺达 110 张。
4. 每天请人清扫街道设施，旅游部门出工钱。

关键词： 污水杜绝；农家乐；街道清扫

案例全文

高山上的中国景观村落暨家寨，幽谷飞瀑，古朴清新，行驶在盘山公路上，处处是迤逦的风景，心情无比愉悦。

贫穷成就了景观村落

暨家寨，又名社山，也称屿山，地处楠溪江源头，与仙居县毗邻，独立如山寨。明末清初暨氏祖先为避战乱，由仙居迁居于此，至今已有 300 年历史，因村民均为暨姓族人，故改名暨家寨。暨伯良被当地人称为寨主，他说暨姓不是少数民族，在全国的人口不到 2 万人，寨子里的居民只有 180 人，是深龙的一个自然村。

暨家寨村位于山高林密、瀑多谷深之地，由于交通不便，十分闭塞，改革开放 30 多年，暨家寨依然摆脱不了贫困，在寨中共有 8 座建于清朝的木结构房子，保存着完整的古村落风格，保存历史悠久的婚、丧、嫁、娶等传统民俗文化。正因为与自然生态高度和谐的山地林区建筑，成就了中国景观村落的美名，编织着迟来的幸福日子。

治水成就了优美环境

暨伯良表示，村里的花坛和公厕位置原来都是露天坑，起码几十间，一到夏天，臭气熏天，如今村民们整治污水的思想很统一，闻到的是清风送过来的植物芳香。除此之外，村里还拆除了 20 多间猪栏牛栏，再也没有污水直排溪流的现象。在暨家寨几乎找不到任何垃圾，因为每天有两个人清扫，工钱由旅游部门出。2011 年村里建了化粪池，2013 年接了管网，一切顺顺当当。古村落最大的生活污水难题也就迎刃而解了。

生态成就了逍遥生活

2013 年暨家寨旅游毛收入 168 万元，常住人口 40 来人，旅游没开发前就只有五六个老人。村民们直奔幸福生活的主题，在村里开设了两家农家乐，70% 的人家有民宿，床铺达 110 张。品尝到旅游业甜头的暨家寨达到高度统一，把山场和林地收归集体所有，开发的前景或画卷在暨伯良的规划里美美地荡漾。

在通向楠溪江源头大青岗的古道上，长长的幽谷里有直插天际的飞瀑，随处可见的野樱桃，不免让人遐想联篇。

资料来源：汤海鹏、潘锋雷：《高山流水暨家寨》，《今日永嘉》2014 年 5 月 20 日，第 01 版。

 经验借鉴

暨家寨成为中国景观村落，把治水工程变成致富的法宝，旅游业发展兴旺，居民收入提高，其经验主要有以下几点值得借鉴：①巧用古朴建筑，成就景观村。暨家寨位于山高林密、瀑多谷深之地。由于交通不便，十分闭塞，暨家寨至今仍有 8 座建于清朝的木结构房子，保存着完整的古村落风格，保存历史悠久的婚、丧、嫁、娶等传统民俗文化。正因为与自然生态高度和谐的山地林区建筑，成就了中国景观村落的美名。②齐心治理生态环境，塑造优美环境。为治理环境，暨家寨建造"小屋"，拆除多间猪栏牛栏；建造花坛和公厕，整改原先的臭气熏天和污水直排溪流的现象。③借助生态优势，开发生态旅游。暨家寨通过浓缩民俗文化，为游人提供清新自然的民俗风尚，让游客领略博大精深、奥妙无穷的民间文化的独特魅力；发扬山水文化，在尽情享受大自然野趣的同时，实现游客返璞归真、回归自然的愿望。暨家寨的美景与农家乐相得益彰，共同促进旅游业发展。

七、 潭头村： 村民乐享生态红利

 案例梗概

1. 请来中国美术学院的教授做全村乡村旅游的整体规划。
2. 对房屋、田地、河道等资源进行整体的"包装镀金"，规划种植荷花和玫瑰，以创意农业来吸引游客，带动民宿发展。
3. 引进北京一家公司投资现代农业和发展乡村游。

关键词： 旅游整体规划；创意农业；民宿；现代农业

 案例全文

近几年，潭头村围绕创建 AAA 级景区村，请来了中国美术学院的教授对全村乡村旅游做整体规划。通过造景造公园来扮靓家园，不仅建了新村广场、新的门楼、游泳池、游客接待服务中心，还建了月潭公园、白玉公园、来龙山公园和尖山公园等，迄今已发展民宿 30 余家。

潭头村这个开化县的小山村竟然建了 4 个大公园，还有几个景点，这让原先就很美的村庄更亮丽了。"村庄变景区，游客多了，民宿的生意也更好了。"池淮镇潭头村"荷花主题馆"的馆主说，这里原来是供销社的废弃房屋，他是 1999 年买下的，2014 年 8 月进行了装修，一楼是餐厅，二楼、三楼都是民宿，有 34 张床位，还建了 1 个可停 4 辆大巴车、30 辆小轿车的停车场，2015 年民宿的毛收入达 80 多万元。

之前，曾召旺一直在义乌做生意，办工艺品厂。正因为看中家乡的美景，曾召旺返乡利用自家房屋开起民宿，"民宿是在 2014 年底开张的，由于村里有百亩荷花基地，所以民宿取名为荷花主题馆。"他说，一开张，生意就不错，2015 年 8~9 月，接待了 330 多名金华游客前来疗养，村民办喜事也在他家，"荷花主题馆"成为村里民宿生意最好的一家。

漫步在村内月潭公园，银杏、樟树等十多株古树名木有序地坐落在公园小道旁，周围安装了护栏。在公园的露天游泳池边，村里还将一幢老房子改建成茶楼，并且在一楼建了 4 个卫生间，等天气热时方便游泳的人换泳衣泳裤。程金笔介绍，村庄距开化县城约 20 分钟的车程，有山林面积 1.26 万亩，整个村被绿色包围着，是省级"森林村庄"，文化底蕴相当深厚，距今建村有 1000 多年了。为了做活乡村旅游文章，村里对农民闲置的房屋、荒废的田地以及村里的河道等资源进行整体的"包装镀金"，规划种植荷花和玫瑰，以创意农业来吸引游客，带动民宿发展。

2015 年，村里引进北京一家公司投资现代农业和发展乡村游，在连片的 300 亩田畈里，陆续种植观赏的玫瑰。村民的地流转了，每年不仅有租金，还能通过种植基地在家门口赚钱。租金是一亩 700 元，而在玫瑰种植基地干活每天也有 100 元的工资。"有主体来投资，必将促进村庄的民宿发展。"程金笔说，北京的这家公司先期的投入达 2000 万元，除了种玫瑰在田里造景外，公司还将那百亩荷花基地也承包去，在荷花塘里放养 2000 只鸭子，建荷花鸭子餐厅，来吸引游客赏荷花、品美味，提升民宿的档次。

而今，通过造景造公园，潭头村已经成为集展示乡村文化、农事体验、乡村旅游休闲度假等为一体的美丽乡村，村民也通过发展民宿尝到了生态红利的甜头。村民王立新以前是开饭店的，早在 2011 年就利用自家房子开起农家乐。"现在，农家乐已经提升为民宿，有 5 个标间、10 张床位。"王立新开的民宿叫"潭川十一号"，生意一直不错。他表示，随着村庄越来越有名气，不仅散客逐渐增多，到了假期，通过旅行社带来的上海、杭州、南京等地的游客也多了起来，特别是在 5～8 月，游客多，住宿还得提前预订。2015 年，王立新民宿的毛收入有 40 多万元。

资料来源：胡宗仁、徐祝安、邱廷归：《潭头村村民乐享生态红利》，《衢州日报》2016 年 1 月 26 日，第 06 版。

 经验借鉴

潭头村这个开化县的小山村竟然建了 4 个大公园，还有几个景点，这让原先就很美的村庄更亮丽了，其美丽乡村建设经验如下：①做好整体规划，创建景区。村里围绕创建 AAA 级景区村，请来了专家对旅游进行整体规划。通过造景造公园来扮靓家园，同时发展民宿。②改造村中景观，利用创意带动发展。对村中房屋、田园、河道等资源进行整体的"包装镀金"，以创意农业来吸引游客，带动民宿发展。③吸引投资农旅，展示乡村风采。引进公司投资现代农业和发展乡村游。通过造景造公园，潭头村已经成为集展示乡村文化、农事体验、乡村旅游休闲度假等为一体的美丽乡村，村民也通过发展民宿尝到了生态红利的甜头。

八、蠡山村："历史古村落"的美丽变革

 案例梗概

1. 蠡山村在创建成功和美家园精品村后，又展开了精品示范村的美丽变革。
2. 邀请专家，为示范村量体裁衣编制村庄建设规划，充分挖掘旅游资源与历史人文资源，积极打造德清中部乡村生态休闲旅游胜地。
3. 有意识地保护古桥，移建岈山桥；积极保护拥有百年历史的普济桥。
4. 2014年，蠡山村开展古建筑、古桥古道修复工作，将古文化古韵融入新农村建设当中，妙手绘制蠡山新图景。
5. 引进四五个苗木基地项目，改善了村里的生态环境，并富裕了村集体经济，为村民提供就业机会。
6. 由客商出资建造40幢古民居，助力打造集吃饭、住宿、观光为一体的休闲旅游度假区。

关键词：精品示范村；村庄建设规划；生态休闲旅游；古建筑修复；苗木基地；度假区

 案例全文

德清钟管镇蠡山村坐落在大运河畔，德桐公路穿村而过，交通便捷、风光秀丽。这个人文底蕴深厚的小村庄正在进行一场乡村的美丽变革。蠡山村以盛产粮桑、青虾等著称，也曾是历史名村。在村民的心目中，除了交通便捷、生态优越，厚实的历史财富更让他们骄傲。相传春秋时越国大夫范蠡功

成身退，携西施就隐居于此，故名蠡山。山上建有范蠡祠，是县级文物保护单位。环山有蠡山八景；历代文人学士歌咏不绝，山水人文相得益彰。

为了让优越的生态资源和历史资源变为"真金白银"，提升村民们的幸福指数，蠡山村在创建成功和美家园精品村后，又展开了精品示范村的美丽变革。村里请来了专家，为示范村量体裁衣编制村庄建设规划，充分挖掘旅游资源与历史人文资源，依托生态山水资源，积极打造德清中部乡村生态休闲旅游胜地。蠡山村内河刘家桥港，被称为德清东部最美河道，除了它的蜿蜒曲折、杨柳依依，还在于见证河道变迁的系列古桥。2004 年以来，蠡山村就开始有意识地保护古桥，河道上的峁山桥就是村里花了近 50 万元移建而来；立于河道上几百年的普济桥更是被列为全国重点文物保护单位。

借着入选浙江历史文化村落保护利用重点村的节点，2014 年，蠡山村开展古建筑、古桥古道修复工作，将古文化古韵融入新农村建设当中，妙手绘制蠡山新图景。青色的琉璃瓦片、白色的外墙、古色古香的"吴越春秋"牌楼……从破旧的村居到整齐漂亮的新洋房，蠡山村的面貌发生了翻天覆地的变化，2014 年"精品示范村"的实施，使村庄的美丽更上一层楼，村民的日子也越过越红火。"建设精品示范村，不仅要建好，更要让村民收入增加。"村党支部书记赵志华说，村里一系列的"美丽行动"几乎都与村民富裕幸福有关。比如这些年引进的苗木基地项目就有四五个，绿化面积达 1800 多亩，不仅改善了村里的生态环境，为村庄增添了省级森林村庄的荣誉，而且富裕了村集体经济，为村民提供了在家门口就业的机会。西毛山组的姚大妈，平时就在蠡山苗木精品园除除草、浇浇水，一天能拿 60 元。"不用外出打工就能在家门口赚钱，以前想都不敢想！"对这份轻松的活计，姚大妈夸道。如今，远看蠡山村青山郁郁、碧水环绕，近看蠡山村，院墙门楼都是独特风景。房前屋后的花花草草，石砌护岸边的小桥流水，岸边公园的散步村民，组成了蠡山村一道亮丽的风景线。

84 岁高龄的顾玉英，晚饭后就摇着蒲扇到小公园里与老姐妹们唠唠嗑、聊聊家常。"公园造得那么漂亮，亭子就在河边，风一吹凉快空气又好，我们都喜欢到这里来散步。"顾玉英说，环境好了，人也有劲了。蠡山村的日新月异，不仅吸引了越来越多的游子目光，更引得外地客商的关注，拟在蠡山村建造 40 幢古民居，打造集餐饮、住宿、观光为一体的休闲旅游度假区。

资料来源：王力中、廖莹：《"历史古村落"的美丽变革》，《湖州日报》2015 年 6 月 16 日，第 A01 版。

经验借鉴

德清钟管镇蠡山村坐落在大运河畔，德桐公路穿村而过，以盛产粮桑、青虾等著称，也曾是历史名村，交通便捷，生态优越，并拥有厚实的历史财富。为了让优越的生态资源和历史资源变为"真金白银"，提升村民们的幸福指数，蠡山在创建成功和美家园精品村后，又展开了精品示范村的美丽变革，其美丽乡村建设经验如下：①聘请专家，为示范村量体裁衣编制村庄建设规划。充分挖掘旅游资源与历史人文资源，依托生态山水资源，积极打造德清中部乡村生态休闲旅游胜地。②开展古建筑、古桥古道修复工作。将古文化古韵融入新农村建设当中，妙手绘制蠡山新图景。③引进农业项目，增加村民收入，实现富裕目标。村里仅有四五个苗木基地项目，绿化面积达1800多亩，不仅改善了村里的生态环境，为村庄增添了省级森林村庄的荣誉，而且富裕了村集体经济，为村民提供了在家门口就业的机会。④抓住发展机会，吸引游子和外地客商来村投资。有客商来村考察后，预计将在蠡山村建造40幢古民居，打造集餐饮、住宿、观光为一体的休闲旅游度假区。

九、 尖山村： 走好美丽乡村路

 案例梗概

1. 村民自愿组织成业余越剧团，吸引游客。
2. 兴建仿清朝中叶建筑风格文化礼堂。
3. 修缮省二级文物保护单位吴氏碉楼。
4. 解决西塘权属纠纷及村界址问题，并争取到30亩集体土地，用于村里的建设。
5. 打造尖山村主题餐厅，每年可以为村集体经济增加40多万元的收入。

关键词： 文化礼堂；文物保护；主体餐厅

案例全文

　　"十九大的召开，带领中国社会主义进入了新时代。这是百姓的福音，是今秋最丰硕的果实！" 2017 年 10 月 22 日上午，玉环市芦浦镇尖山村文化礼堂文化舞台上，玉环越剧爱好者陈义松一声清亮的开嗓，吸引了村民和游客驻足聆听。紧接着，十余名越剧业余爱好者纷纷亮相，将拿手好"戏"献礼党的十九大。尖山村村民陈义松是该业余越剧团的发起人，2016 年在村干部的鼓励下，成立了这支团队，拥有成员近 30 人。

　　农村文化礼堂，百姓的精神家园。尖山村文化礼堂于 2016 年 11 月兴建而成。礼堂为仿清朝中叶建筑风格，彰显了传统工艺的精湛，成为了周边旅客的必游之地。"除了文化礼堂，吴氏碉楼也给尖山村赚足了人气。"尖山村党支部书记苏为林说，吴氏碉楼是省二级文物保护单位，是玉环具有代表性的历史文物，于 2016 年修缮完工，许多游客慕名而来。随着尖山村的西塘土地整体开发，乐清湾大桥、76 省道复线南延工程、沿海高速公路工程相继动工建设，尖山村区位优势突出，发展机遇凸显。这座小村庄仿佛一夜之间成为玉环的"热点村"。

　　但尖山村曾经是个"头疼村"。作为"领头羊"，苏为林带领村班子成员、党员干部攻坚克难，解决了长达 20 多年之久的西塘权属纠纷及村界址问题，并争取到了 30 亩集体土地。突破这个重要关口后，尖山村结合本村实情，完善了美丽乡村蓝图，尖山村的美丽乡村之路逐渐清晰。文化礼堂、古碉楼、西塘河景观带、美丽庭院……一项项工程建设和工作任务有序铺开。党员干部带头，村民响应配合。2017 年，这座"后进村"一举成为后劲十足的精品村。

　　村里打造了尖山村主题餐厅，面积约 2400 平方米，可容纳近 500 人同时用餐，每年可以为村集体经济增加 40 多万元的收入。当前，玉环美丽乡村建设的热潮将尖山村推上了发展快车道。党的十九大报告中提及了"美丽中国"，这让尖山村的党员干部们对本村未来有了更多期待。每天，苏为林和党员干部都要到农户家转转，叮嘱村民要守护美丽庭院的成果，平时要做好养护和修缮。"与我村相邻的百丈山是 AAA 级旅游景点，我们把这条景观带打通、做美、做出特色，尖山村的集体经济就能壮大起来。"苏为林说。

　　资料来源：詹晓霞、董西青：《尖山村：走好美丽乡村路》，《台州日报》2017 年 10 月 27 日，第 01 版。

经验借鉴

　　2017 年，玉环市芦浦镇尖山村，这座"后进村"一举成为后劲十足的精品村。其美丽乡村的建设经验如下：①兴建旅游设施，吸引游客光顾。尖山村文化礼堂于 2016 年 11 月兴建而成。礼堂为仿清朝中叶建筑风格，彰显了传统工艺的精湛，成为了周边旅客的必游之地。②修缮古建筑，彰显村庄历史感。吴氏碉楼是省二级文物保护单位，是玉环具有代表性的历史文物，许多游客慕名而来。③结合区位优势，完善规划蓝图。尖山村结合本村实情，完善了美丽乡村蓝图，尖山村的美丽乡村之路逐渐清晰。④及时启动重点项目，抓住重要发展机遇。文化礼堂、古碉楼、西塘河景观带、美丽庭院……一项项工程建设和工作任务有序铺开。2017 年，这座"后进村"一举成为后劲十足的精品村。⑤党员发挥带头作用，坚定执行中央政策。党的十九大报告中提及了"美丽中国"，这让尖山村的党员干部们对本村未来有了更多期待。每天，党员干部都要到农户家转转，叮嘱村民要守护美丽庭院的成果。党员干部带头，村民响应配合。

十、 毛岙村： 美丽风景蝶变"美丽经济"

案例梗概

1. 大面积种植红豆杉，提高乡村的空气质量。
2. 养殖娃娃鱼，种植橘子、杨梅等适合毛岙村发展的果树。
3. 投资 2000 万元建设生态公园一期、二期。
4. 扶持当地"茶语山庄"等优秀民宿的发展，引入高档精品民宿。
5. 邀请专业机构为小村量身定制生态旅游开发规划、村庄建设规划、乡村生态景观规划。

关键词：红豆杉种植；水果种植；生态公园；高档民宿；生态旅游开发规划；乡村生态景观规划

案例全文

　　作为江北区慈城镇的交通末梢，早年间，毛岙村一如它的名字，躲在山坳里头，村民长年"靠山吃山"，以砍伐树木和出售竹笋等为生。稍微年轻一点的，早早出门打工，剩下的留守村民不到百人。现在的毛岙村，每天都有外地游客慕名而来赏风景，农家乐和民宿节假日更是爆满，农副产品完全不担心销路问题，村民人均年收入也从几年前的不足 5000 元增加到 2018 年的 3 万元。这场"蝶变"是从打造生态特色村、大力发展特色产业开始的，引进推广的红豆杉种植面积已超过 500 亩，提高了空气中的负离子含量，驱车至毛岙村，游客常会脱口而出"一到村里空气就感觉清新很多"。除了种红豆杉外，毛岙村村民还养起了娃娃鱼，引入橘子、杨梅等适合本村发展的水果种植，快速走上了致富路。

　　近年来，毛岙村投入 2000 万元进行新农村建设，加大村庄整治力度，建设生态公园一期、二期，建了环村登山步道、环湖自行车道，对外墙面进行特色竹泥彩绘等，青山绿水，公园花海，骑行登山设施……村庄面貌日新月异。好生态给村民带来了好生活。村民陈桂良开出了村里的首家民宿——茶语山庄，成为毛岙村民宿经济的"尝鲜者"，他用山上砍来的毛竹搭起棚子，一个个石墩成为天然板凳……精心打造经营的这家民宿还曾入选"中国乡村旅游模范户"，一到周末民宿就爆满。现在的茶语山庄，更是带动了周边的农产品销售，如家养的土鸡蛋，后山上种植的毛岙橘子、杨梅等。

　　村民自发经营的农家乐民宿有 4 家，村支部书记方国君代表村里又引入了两家高端民宿，一家叫"居善地"，另一家叫"勿舍"，投资上千万元。"引入高端精品民宿，能给村民创造就业机会，还能推动农旅融合，发展提升乡村生活品质，游客来了还要能留下，勿舍定位就是开放式乡村书吧民宿，游客来可看书，以后还能在大树下看老电影，找回曾经的记忆。"对未来发展，方国君表示，村里特意邀请了专业机构为小村量身定制生态旅游开发规划、村庄建设规划、乡村生态景观规划，以生态立村，一步步将"美丽"付诸行动。

　　资料来源：段琼蕾、张落雁、顾筠、黄利军：《慈城镇毛岙村：美丽风景蝶变"美丽经济"》，《浙江日报》2018 年 5 月 24 日，第 00016 版。

经验借鉴

曾经毛畚村还是一个极度贫困的留守乡村，村民们只能靠山吃山或者外出打工。近几年，通过积极的美丽乡村建设，毛畚村成为浙江最为火爆的旅游乡村之一，整个乡村有了质的变化。总结毛畚村的发展，其美丽乡村建设经验如下：①打造生态特色村，引进特色植物种植。毛畚村精心挑选后，依据全村情况引进超过500亩的红豆杉种植。②全力投资新农村，及时启动建设项目。生态公园一期二期的建成让村民务实地享受到乡村发展的福利。③扶持幼小产业，引进高端企业。毛畚村不仅扶持当地民宿的发展，还引入高档精品民宿。④专业规划，绘制蓝图。村里邀请了专业机构为小村量身定制生态旅游开发规划、村庄建设规划、乡村生态景观规划，以生态立村，一步步将"美丽"付诸行动。

十一、 梅坑村： 千峡湖畔的花样渔村

案例梗概

1. 打造特色渔村、建设垂钓中心、发展水上休闲运动。
2. 不断完善基础设施，提升景致风貌。
3. 科学编制规划，融入畲族元素和渔文化元素，完善渔村各项公共服务设施和基础设施。
4. 投资建设滨湖垂钓栈道、专业的垂钓场、垂钓接待中心。
5. 组织村民去千岛湖等地对渔家乐环境设计、文化融入等方面进行对标考察学习。

关键词：水上休闲运动；规划编制；考察学习；渔文化；垂钓栈道；渔家乐

案例全文

一处由几十幢徽派建筑构成的湖畔山村，白墙黑瓦间，充满畲族风情和

渔村特色，这就是景宁畲族自治县别有风味的花样渔村——渤海镇梅坑村。梅坑村是滩坑水库移民村，距县城25公里，景青公路穿村而过，有15个自然村，368户、1268人。据梅坑村村委主任吴春燕介绍，梅坑村最大的优势在"水"，最大的劣势是缺少平地。为此，梅坑村立足实际情况和生态资源，把打造特色渔村、建设垂钓中心、发展水上休闲运动作为目标。漫步在小街上，梅坑村与千峡湖交相辉映、融为一体，四周的山脉如同一双大手，将村庄呵护在掌心。街上渔家乐、民宿的招牌林立，每家庭院前和河道两侧都种满各种鲜花，处处显现优美怡情的风景。

2018年五一和端午节期间，上海、杭州、温州等地的游客慕名而来，梅坑村接待游客2000多人次，农家乐、民宿收入达20多万元。许多垂钓者将自己钓到的鱼拿到渔家乐进行烹煮，享受舌尖上的新鲜美味。近年来，梅坑村结合"六边三化三美"、美丽乡村建设，不断完善基础设施，提升景致风貌，积极推进美丽乡村建设，成为"家家有绿、户户有花"的"花样渔村"，旅游业成为经济发展的支柱产业，渤海镇连续多年在梅坑村举办了"千峡情·渤海垂钓节"，吸引了众多省内外垂钓爱好者。

为把梅坑村建设成花样渔村，渤海镇科学编制规划，融入畲族元素和渔文化元素，完善渔村各项公共服务设施和基础设施，同时进行环境整治和绿化美化，积极推进美丽乡村建设，大力发展乡村旅游。目前已投入资金1100万元，先后完成垂钓小道400米、村庄立面改造1.3万平方米、村庄绿化面积4500平方米、安装路灯270盏、建设主入口停车场1处、公厕2座等建设项目。"让梅坑渔村发挥潜力，关键是要让群众共享美丽经济发展成果。我们计划总投资1.8亿元，在千峡湖畔、梅坑村附近10公里水域范围内，建设滨湖垂钓栈道、专业的垂钓场、垂钓接待中心等。"渤海镇党委书记陈孟嘉说。2017年以来，该镇利用梅坑村后的低丘缓坡，因地制宜，打造农村体验和休闲水果采摘基地，完成了500亩滨湖茶园的提升，建成了200亩的水果采摘园。从水下故园博物馆主体框架建设到打造浙西南"第一渔村"，从内到外激活梅坑村旅游资源，吸引更多游客。"我们先后组织村民去云和赤石、龙泉安仁、千岛湖等地对渔家乐环境设计、文化融入等方面进行对标考察学习，并举办两期千峡鱼头厨艺培训班，培训从业人员110人次，努力让外地游客到梅坑品鱼成为新时尚。"吴春燕说。2018年上半年，到梅坑旅游人数就有1万多人次，收入近90万元。

资料来源：佚名：《千峡湖畔的花样渔村》，《丽水日报》2018年6月27日，第3期。

经验借鉴

　　一处由几十幢徽派建筑构成的湖畔山村，白墙黑瓦间，充满畲族风情和渔村特色，这就是景宁畲族自治县别有风味的花样渔村——渤海镇梅坑村。依托特色渔村旅游振兴乡村，梅坑村的美丽乡村建设经验如下：①立足实际情况，明确发展目标。发挥优势，立足实际情况和生态资源，把打造特色渔村、建设垂钓中心、发展水上休闲运动作为目标。②完善基础设施，提升景致风貌。结合"六边三化三美"、美丽乡村建设。旅游业成为经济发展的支柱产业，渤海镇连续多年在梅坑村举办了"千峡情·渤海垂钓节"，吸引了众多省内外垂钓爱好者。③科学规划发展，融入民族元素。建设好周围水域。投资完成村内基础设施建设。④组织考察学习，培养村民从业。组织村民去云和赤石、龙泉安仁、千岛湖等地对渔家乐环境设计、文化融入等方面进行对标考察学习，并举办两期千峡鱼头厨艺培训班。现在的梅坑村街上渔家乐、民宿的招牌林立，每家庭院前和河道两侧都种满各种鲜花，处处显现优美怡情的风景。

 本篇启发思考题

1. 村民起初如何看待山地丘陵且沿江环湖地貌？
2. 村民对山地丘陵且沿江环湖地貌的看法是如何转变的？
3. 概括转变前的乡村发展方式。
4. 概括转变后的乡村发展方式。
5. 乡村发展方式转变的客观驱动条件是什么？
6. 乡村发展方式转变的主观驱动条件是什么？
7. 说明山地丘陵且沿江环湖在美丽乡村建设中的作用和角色。
8. 总结分析本篇各村庄美丽乡村建设的共同点。
9. 总结分析本篇各村庄美丽乡村建设的不同点以及为何不同。
10. 说明除山地丘陵且沿江环湖之外的美丽乡村建设的物质基础。
11. 说明除山地丘陵且沿江环湖之外的美丽乡村建设的精神基础。
12. 村庄如何保持和提升这些物质和精神基础？
13. 总结概括本篇美丽乡村建设的效果。
14. 请用一句话概括本篇美丽乡村建设给你的启示，并加以说明。

第三篇
山地丘陵地带

一、 仙居广度乡王田村

 案例梗概

1. 建设村内垃圾收集中转点，新建集体牛舍养殖小区。
2. 拆除村内一间间危旧房以及猪舍牛栏。
3. 决定新建蓄水池，立即得到村党员干部的积极响应。
4. 轮流投工投劳，水源地坑底平整、义务修路、运载材料。
5. 高标准、严要求、接地气的学习，提升思想觉悟。
6. 政府补助和村民自筹费用，为节省支出，党员干部自己施工。

关键词：垃圾收集；危旧房拆除；义务修路；蓄水池新建

案例全文

  看着村子里的集体猪舍建得有模有样，走在村子里再也闻不到以前的臭味，仙居县广度乡王田村村支部委员、村监会主任王永平心里有种说不出的成就感。现在一有空，他就会在村子里转转，看着村子一天天发生着变化。集体猪舍的建立只是仙居县广度乡王田村发生变化的一个缩影。以前的王田村是池塘淤泥发臭、沟渠满是垃圾、猪舍随处可见……用村民自己的话来说，就是"晴天一身灰，雨天一脚泥"。

  但人们惊讶地发现，通过广度乡干部群众的努力，短短几个月，王田村大变身，村内垃圾收集中转点选址并建设完毕；集体牛舍养殖小区新建完成……村容村貌有了极大的改观，王田村正在逐步摆脱落后的村貌，而这一切，都是从村"两委"班子、村干部的改变开始的。

在干实事中，班子的威望高了——环境是这样改变的

在很多乡邻的以往习惯印象中，王田村是"脏乱差"的典型。气温一高，在老远的地方，就能闻到猪舍牛栏散发出的臭味，村民们备受困扰。2016 年 3 月，在"轰隆隆"的铲车声中，村内一间间危旧房以及猪舍牛栏被一一拆除。村子要想发展，必须要有好环境。那一天一共拆除危旧房 17 间，猪舍牛栏 95 间，拆除其他影响观感的建筑 208 处。"近年来，我们发现很多地方的'美丽乡村'建设有声有色，而王田村还是一片破破烂烂，党员干部们都坐不住了，下定决心要带领村民改变村子。"王永平觉得这次拆除不仅拉开了"美丽乡村"建设的序幕，也证明了全村干部要摆脱"落后"的决心。

在村里党员干部的努力劝说下，危旧房和牛栏猪舍拆除了，但总不能让牲畜露天宿夜。集体养殖的地址怎么选？怎么建？王永平主动揽下了这个活儿，他花一整天时间把村子的角角落落都排摸了一遍，标出了适合集体养殖的地方，反复对比并征求了很多村民意见后，大家一致认为村民王保卫弟家 120 平方米左右的自留地最适合。然而，最终选址还没敲定，王保卫弟就找上了门。之前，王田村环境如何无人问津，村民们可能觉得村干部似乎干不了大事儿，很少主动上门。这次，王永平见到王保卫弟坐下，心里已经准备了一肚子的话来说服王保卫弟。但没想到的是，王保卫弟坐下后就说："永平，我来找你，是说我家那块自留地的事儿，我愿意让出来。"王永平愣了一下，没想到事情解决得那么容易。"你们现在想干事也能干好事，都是为了村里好，我自然要支持。"王保卫弟乐呵呵地说。

在解难题中，干部的作用强了——甘泉是这样引来的

环境改善，只是王田村变化的第一步，村"两委"紧接着将目光放在了供水上。广度乡山高岭峻，平均海拔 650 米以上，乡中自来水都是以自建水库供水为主。王田村的水源，属于山里的优质水源，供应着王田村和乡政府所在的水口村两个村的饮水需求。然而，因为地势和环境的影响，每当连续高温天的时候，水口村就会停水，而一到下雨天，水就浑浊得不能饮用。到了冬天，低温又会导致水管的损坏和破裂。乡干部张皓栋说起大热天停水的日子，"缺水的时候，我们都要开车去十几公里外的小山沟洗脸刷牙。"

　　如何解决供水问题一直是广度乡党委书记娄宇飞上任后的心头大事，饮水问题关系到每一个村民的生活。娄宇飞和班子成员商量，决定新建蓄水池，立即得到村党员干部的积极响应：费用不足，政府补助和村民自筹，为节省支出，党员干部自己施工。夏季的高温笼罩着广度乡，原本准备等天气转凉时安排施工。但全村干部个个主动请缨，冒着酷暑轮流投工投劳，水源地坑底平整、义务修路、运载材料……大家干得热火朝天，"大家一心大干一番，在一个月内就建成蓄水池。"见状，村民们别提多开心了。而此时，乡里的水电维修保养员和护林员王小林也已忙开了。他发现由于常年失修，很多村民家的水管或水龙头多多少少都有点问题。因此一有空，他就挨家挨户走访，义务修理水龙头和水管。

在学与做中，干群的心思齐了——落后是这样摆脱的

　　村民们都说，王田村的改变，源于村里干部们的改变。"微"课堂、帮扶团……在高标准、严要求、接地气的学习中，王田村的党员干部们不仅在思想觉悟上得到了提升，先进性和模范性也极大地调动了起来。"学不学，做不做，是真的不一样。干部队伍的凝聚力和战斗力有了提升，就会赢得村民的认可和支持，反过来又推动了村干部们的干事创业的激情。摘掉'落后行政村'的帽子，我们势在必得。"村党支部书记王耀华信心满满地说。如今，在王田村，用水槽养鱼、用水缸养花、用竹排做护栏……这些富有农村特色的"改造"随处可见。村委会主任王国会感慨地说，现在村干部和群众更加变得一条心，做什么事都容易多了。"猪舍改造后丢在一旁不用的猪槽都被改造成花盆了，花花草草配上石头屋，村子还真变好看了，生活在这里也变自豪了。""落后并不可怕，可怕的是甘于落后。只要王田村在村干部们的带领下，村'两委'齐心协力，一心为了老百姓，想干事、敢干事、干成事，相信王田村不仅能摘掉落后的帽子，还能走在先进的行列里。"联系王田村的乡领导滕张评这样说。

　　资料来源：徐子渊：《仙居广度乡王田村》，《浙江日报》2016 年 10 月 12 日，第 00010 版。

经验借鉴

　　"美丽乡村"建设在全国各地如火如荼地进行着，仙居县广度乡王田村不甘落后的现状，拉开了新农村建设的序幕。王田村发生了翻天覆地的变化，从一个"脏乱差"的小村子蜕变成了秀美村庄，其美丽乡村建设经验如下：①整治村庄卫生，提升村容村貌。村内垃圾收集中转点选址并建设完毕；集体牛舍养殖小区新建完成，在"轰隆隆"的铲车声中，村内一间间危旧房以及猪舍牛栏被一一拆除，村容村貌有了极大的改观。②党员干部带头，坚定理想信念。很多地方的"美丽乡村"建设有声有色，而王田村还是一片破破烂烂，党员干部们都坐不住了，下定决心要带领村民改变村子。③党员干部带头，解决燃眉之急。饮水问题关系到每一个村民的生活。娄宇飞和班子成员商量，决定新建蓄水池，立即得到村党员干部的积极响应。为节省支出，党员干部自己施工。④原地改造设施，逐步建设美丽乡村。如今，在王田村，用水槽养鱼、用水缸养花、用竹排做护栏……这些富有农村特色的"改造"随处可见。

二、"美" 在贺田村

案例梗概

1. 硬化和亮化村道，开建球场，辟出两块地，建起两个"袖珍公园"。
2. 拓宽排水渠道，造起专门的污水处理池。
3. 铺起草坪，沿路建造花坛，还统一采购杨梅树分给村民种。
4. 组织所有村干部和村民代表，在全村范围内清理卫生。
5. 严格按有机垃圾、建筑垃圾、可回收垃圾和不可回收垃圾分类。
6. 邀请老师给孩子们上课，讲敬老尊贤、谦逊礼让、道德新风。
7. 推出一系列评比，如和睦家庭、好媳妇、好婆婆、优秀党员、卫生示范户等。
8. 村里瞄准发展乡村旅游，对厕所、游步道、停车场等基础设施进行提升改造。

关键词： "袖珍公园"建设；污水处理；卫生清理；垃圾分类；讲道德；评比；乡村旅游

案例全文

　　贺田村，浙江省龙游县南部的一个普通小山村，距离县城 70 里路。论土地资源，比生态环境，贺田村都毫无优势，甚至有些平淡无奇，但贺田村享有衢州"第一干净村"之美誉。这几年，全国文明村、国家生态村、浙江省绿化示范村、省卫生村等几十项荣誉接踵而至。而许多人并不知道，多年前，贺田村是这样一幅光景：简易茅厕遍布，道路狭窄坑洼，垃圾遍地倒，粪水满地流，苍蝇满天飞。加之民风彪悍，有人直呼贺田村就是个"刁民村"。这场蝶变的背后，有哪些故事？还有哪些启示？

　　想要富，先得美

　　贺田村是全县最偏远的小村，村里 1100 多人，人均耕地不到半亩。穷则思变，村里绝大多数劳动力都出去务工，留守的人则靠着山上毛竹、来料加工为生。一直以来，村集体经济几近空白。"不能让我们村世世代代就这么穷下去！不先把环境搞好，怎么富起来？再大的困难，只要大家齐心协力，总会有法子解决。"2008 年 3 月的一天，贺田村党支部书记劳光荣召集新上任的村"两委"干部开会，起头就是这语重心长的一席话。

　　劳光荣是 1993 年上任的老书记，在村里很有威望。过去，他一直想整治环境，但困难重重：一是没钱，二是心不齐，只能眼睁睁看着情况越来越糟。正是这场会，拉开了贺田"村庄革命"的序幕。万事开头难，贺田首先向家家户户都有的露天粪坑"开刀"。起初，部分老百姓坚决反对，村干部就轮番劝说，这才清理了所有简易厕所。紧接着，对村道进行硬化。以前，贺田村没有一条像样的路，连双轮车都无法正常驶过。没钱怎么办？村里一方面向上级部门争取项目资金，另一方面则动员寓外人士慷慨解囊。

　　此后，不光村道硬化了、亮化了，球场、公园等也都一一开建。考虑到村民生活污水的问题，村里拓宽了排水渠道，造起专门的污水处理池。绿化上，村里则悉心铺起草坪，沿路建造花坛，还统一采购杨梅树分给村民种。尽管土地少，但贺田还是辟出了两块地，建起两个"袖珍公园"。小是小，占地一亩多，可红花绿草、曲径通幽，颇为优美雅致。看着焕然一新的村庄，全村人打心眼里高兴，在外打工的人回乡一看，更是满怀自豪。近几年，贺田村的村庄环境一年一个样，路越修越宽，房越盖越好，车也越来越多。另外还有个好现象：各家各户的房前屋后，大伙主动布置起花坛等，各有风格，相映成趣，果真应了"想要富，先得美"的预言。现在，不少游客到了贺田村，都会不由自主地拍照取景，村里有几户人家还办起了农家乐。

花小钱，办大事

搞好基础设施，只是贺田村蝶变的第一部曲。让贺田村真正一炮打响的，还属这几年轰轰烈烈的"垃圾革命"。为开好头，劳光荣专门雇了一辆面包车，带着大伙儿到建德、开化"偷学"经验。回来第二天，劳光荣说干就干，组织所有村干部和村民代表，在全村范围内清理卫生。连续扫了两天后，就有人指着劳光荣笑骂："真受罪！"几天后，村里积存快一年的垃圾堆消失了，大家这才深深折服。紧接着，贺田村邀请来回龙游探亲的德国人马丁，为全村100多位妇女讲授"环境卫生课"。整个培训过程，马丁讲得头头是道，妇女们听得津津有味。村干部因势利导，当即在动员会上宣布：全村开始搞垃圾分类。

具体怎么做？把全村分为5个卫生责任区，再分设23个垃圾投放点，要求各家各户在每天上午8点前和下午5点后到指定点投放垃圾，同时，垃圾必须严格按有机垃圾、建筑垃圾、可回收垃圾和不可回收垃圾分类。为了落实责任到人，贺田特制了一款有"身份证"的垃圾袋，黑色普通型不可焚烧，黄色环保型可焚烧，每只袋子进行二级编码，一级代码表示卫生责任区，二级代码系户主代号。这样一来，如果有农户垃圾分类不到位，或者不按时投放垃圾，卫生监督组便可追溯到户主，进行批评教育。除了扔垃圾有法则，村级还建立考评机制：每月评分上报，得分高的农户可获奖励，年度最高分得主就是"卫生示范户"。刚开始，一些农户不理解，认为是小题大做，但时间一长，当垃圾分类成为习惯后，大家惊喜地发现，村里的垃圾确实少了。几年下来，贺田村的垃圾总量减少了80%，"垃圾革命"大获成功。垃圾分类在城里尚且四处碰壁，却在贺田村干得风生水起。而"贺田模式"吸引了成千上万的参观者，并推广到全省各地，也让这个原本名不见经传的小村开始名扬四方。现在走进贺田，不能说一尘不染，但确实很难找到垃圾，因为在这里，垃圾分类早已成为一种习惯，一种文明。可喜的是，垃圾分类"贺田模式"不断走向深化，如今越来越多的乡村也走上了贺田式的绿色致富路。

美村容，更要美村风

许多人到贺田，学习村庄整治，学习垃圾分类，但在劳光荣眼里，他最看重的，却是道德文明的建设。道德教育从娃娃抓起，每年暑假，村里专门邀请老师给孩子们上课，讲敬老尊贤、谦逊礼让、道德新风……从2011年起，村里还推出了一系列评比，如和睦家庭、好媳妇、好婆婆、优秀党员、卫生示范户等。以前，村里所奖物品价值不高，一般就是热水壶、拖把、扫把等，最大奖也就是电饭煲，有的还只是一顶大红花而已，但通过上台表彰，激起了大家的积极性和荣誉感。也正是从那年起，"村晚"成了贺田村一年一度的表彰大会兼文艺晚会。现在，村里有排舞队、腰鼓队、婺剧坐唱班等文艺骨干队伍，每到节庆时节，大家自编自导自演，好不热闹。

2016年，为庆祝村里落成文化礼堂，全体村民出资请来专业剧团表演，本来位置就紧凑，可大伙儿主动让出前五排，专供80岁以上老人和残障人士。后来，邻村赶来的观众越来越多，大家又把座位礼让给客人们。5天的表演，当人群散去后，礼堂里竟找不到一个烟头。在劳光荣看来，搞环境整治也好，培养卫生习惯也罢，目的就是让村民更文明，只有"人"的文章做好了，那么其他工作也就一顺百顺了，而道德文明的培育是永恒的课题，没有终点。现在，贺田村考虑最多的，就是产业问题，毕竟卖毛竹终究难以为继。不过，自从有了好环境、好风气，再加上一定的名声后，村里瞄准发展乡村旅游，2017年开始对厕所、游步道、停车场等基础设施进行提升改造，补齐过去短板。对于未来，所有村民满怀信心，大伙儿拧成一股绳，奋力抓住这次绝佳机遇。

资料来源：蒋文龙、朱海洋：《"美"在贺田村》，《农民日报》2017年9月29日，第05版。

 经验借鉴

浙江省龙游县贺田村，一个距离县城70里路的偏僻村庄，享有衢州"第一干净村"之美誉。而在多年前，贺田却被称为"刁民村"，贺田村在村干部的带领下，发生了翻天覆地的变化，同时"贺田模式"不断走向深化，并推广到全省各地，其美丽乡村建设经验如下：①优先改造基础设施，改善生活环境。不光村道硬化了、亮化了，球场、公园等也都一一开建。考虑到村民生活污水的问题，村里拓宽了排水渠道，造起专门的污水处理池。绿化上，村里则悉心铺起草坪，沿路建造花坛，还统一采购杨梅树分给村民种。②改善村庄卫生，重视垃圾分类。组织所有村干部和村民代表，在全村范围内清理卫生。垃圾必须严格按有机垃圾、建筑垃圾、可回收垃圾和不可回收垃圾分类。③加强道德建设，推进乡风文明。道德教育从娃娃抓起，每年暑假，村里专门邀请老师给孩子们上课，讲敬老尊贤、谦逊礼让、道德新风。④树立榜样，推崇优秀。村里推出一系列评比，如和睦家庭、好媳妇、好婆婆、优秀党员、卫生示范户等。

三、 李大屋村： 做新时代的"守山人"

案例梗概

1. 坚持走可持续发展的"农旅融合"之路，振兴乡村发展。
2. 开发建设崖下库景区，吸引大量游客。
3. 坚持做"守山人"，保护自然资源，壮大农村旅游经济。
4. 完善景区设施，与旅投集团合作帮助村集体发展
5. 开发停车场商业区，便于农产品销售。
6. 引进投资企业，共谋发展大计。

关键词：农旅融合；景区开发；自然资源保护；商业区开发；企业引进

案例全文

崖下库景区

"绿水青山就是金山银山"，那么如何让金山银山惠及村民，进一步壮大村集体经济发展呢？近年来，大若岩镇李大屋村"两委"通过流转村内土地，先后与县旅游部门、县旅投集团合作开发、建设崖下库景区，不仅壮大了全

村集体经济，还为村民们带来了可喜的收入。大若岩镇李大屋村党支部书记陈盛表示，下一步，该村要做新时代的"守山人"，利用村内拥有的山林资源，探索一条可持续发展的"农旅融合"之路，振兴乡村发展。

景区开发引来人气

崖下库，位于大若岩镇小若口北偏西 2.5 公里处的山谷中，一涧长 1 公里，空 30 余米，两侧陡壁高 300 余米，仅露一线蓝天。游人若至此处，恍若置身于摩天大厦的胡同中，黑魆魆的崖嶂从两旁向人压过来。夏日正午，才见几分钟阳光，是理想的避暑佳境。据了解，早在 20 世纪 90 年代末，李大屋村"两委"就积极与县旅游部门合作，流转村内土地，共同开发建设崖下库景区，让原本"宁静"的小村庄开始变得"热闹"起来，"在开发旅游前，村民都是以农耕经济为主，景区一建成，大量游客涌入给村内带来了不少消费，就拿农产品来说，一些农村常见的农作物，都成了游客嘴里的'香饽饽'，不仅富了村民，也乐了游客……"

整个崖下库的山场面积约 2000 亩，主要旅游定位为户外健身拓展，因为其独特的自然风景，经常会吸引数百游客入村游玩，旅游高峰时一天游客达数千。在崖下库景区门口的停车场上，可以看到不少私家车停放在树荫下，每隔一段时间总能看到游客买票进入景区游玩。

提升发展迫在眉睫

"村集体经济是村集体发展的关键，我们村就是靠山吃山，以前景区没开发的时候就是砍柴卖，直到建设景区后才发现，这些自然山脉本身就是金山银山，我们要做'守山人'，保护自然资源，壮大农村旅游经济。"村党支部书记陈盛说，为了让村集体更好地发展，村"两委"在 2017 年与县旅投集团签订了合作发展协议，拿出崖下库旅游收入的一部分，也就是 30 万元，当作分红的模式，每年分给村集体，帮助村集体发展。

"随着游客的不断增多，原有的景区配套设施已经远远不能满足景区发展需要，有了这笔钱，一些村集体建设项目就可以启动了，当然在旅游配套设施建设方面仍然要县旅投集团帮助，比如景区门口停车场扩建、商业长廊打造、景区门口道路拓宽等。"在崖下库景区门口仅有的空地上被画满了划分停车位的白实线，通过景区的唯一通道也是较为狭窄，目测 4 米宽的道路很难想象两辆大巴车如何会车。

后续发展前景广阔

为了解决这些问题，陈盛多次召开村"两委"会议，并积极与县旅投集体对接，计划将景区门口的3亩停车场扩建至15亩，把原先只能停30辆小车的停车场扩建至可停百辆的停车场，同时在新建的停车场内建设一个东西走向长达50米的商业长廊，内设商铺十余间，用于村民销售农产品；还计划将景区门口约400米的水泥路进行拓宽。提到崖下库景区后续发展，陈盛表示，除了和县旅投集团合作以外，还通过招商引资的方式引进了一家大企业投资全村旅游发展。

"这个大企业就是飞科集团，飞科集团的老总李丐腾就是李大屋人，他在外事业有成后，仍不忘回乡建设乡村，他计划投资数亿元用于农村旅游发展。第一步，将李大屋村以及邻村的绝大部分耕地统一流转，打造集中式农业观光和田园综合体；第二步，则是流转村民们的原住房，通过租金租让的方式交由飞科集团统一改造、经营。"陈盛表示，李大屋村未来将围绕崖下库景区循序渐进稳步发展，同时也希望更多在外经商的李大屋人能回乡建设乡村，共谋发展大计。

资料来源：金展鹏：《做新时代的"守山人"》，《今日永嘉》2018年4月20日，第02版。

 经验借鉴

为了壮大大若岩镇李大屋村的全村集体经济，并改善村民收入提高村民的生活质量，大若岩镇李大屋村"两委"选择走可持续发展的"农旅融合"之路。其经验总结如下：①集聚土地资源，发展景区经济。与县旅游部门、县旅投集团合作开发、建设崖下库景区，不仅壮大了全村集体经济，还为村民们带来了可喜的收入。②保护自然资源，发展绿色经济。景区建设后才发现，这些自然山脉本身就是金山银山，村民们成为"守山人"，保护自然资源，壮大农村旅游经济。③适应市场需要，提升景区配套。随着游客的不断增多，原有的景区配套设施已经远远不能满足景区发展需要，景区门口停车场扩建、商业长廊打造、景区门口道路拓宽等项目开始启动。④引进外部资本，推进农旅产业。引进外部资本，将李大屋村以及邻村的绝大部分耕地统一流转，打造集中式农业观光和田园综合体。

四、 大仁村："高山上飘扬的旗帜"

 案例梗概

1. 乡贤们将感情回归、资源回归寄托在旧村改造上。
2. 更换了村里陈旧损坏的路灯，修复了破损无用的自来水管。
3. 动员在外经商户筹集资金，对部分台阶和公路进行了硬化。
4. 启动旧村改造，组建旧村改造领导小组。
5. 实现雨污分流污水处理，解决户户能通车的宅基地调配问题。
6. 按照"六星文明户"的评选标准，以"三化"为原则，积极组织开展"六星文明户"评选活动。
7. 建成一条耗资 100 多万元的 2000 多步步道。

关键词：旧村改造；道路硬化；雨污分流；组织评选；建造步道

 案例全文

进入 2015 年，青田县吴坑乡大仁村似乎在一夜之间，陡然露出了美丽容颜。尽管高居于海拔 600 米的高山上，而且是偏处于青田县域最东端，但是仅仅为了一睹真容，2015 年以来，来自省、市、县的各级领导，来自周边地区的各路参观学习者，以及从城市里来的游客，一批又一批，走进大仁村。在视察、调研、参观、学习以后，在不同时间，来自不同地方，以不同视角打量的人们，却不约而同地感叹：大仁村是一个奇迹。这个小山村，在高山上竖起了丽水建设新农村的一面旗帜。那么，这面旗帜是如何高高飘扬在丽水最东端的高山之上的？

时势造就新大仁

在对大仁村的各种解读中，有一件事容易被人有意避谈或无意忽略，那就是，大仁村有许多在外经商的老板。事实上，这正是大仁村能够"自筹亿元建新村"的最大根基。或者说，透过这些走南闯北经商的山里人，他们完成财富积累，再回乡建设新农村的这段历程，背后体现的其实是，丽水的美丽乡村建设也正是祖国经济社会全面发展的必然成果。在大仁村村口的爱心廊上，广场凉亭、广场石栏杆、牌坊大道廊、广场天壶等设施的 100 来位捐资人名字和捐资金额一一罗列，这些人正是大仁村在外经商的村民。

"村里平时也就 60 多人，其他人都在外做生意，全国各地哪都有，最多的就是开超市。自己年轻时在外地做木工，钱也赚了，如今年纪大了就回家乡养老，也愿意捐钱把环境建得好点，能住得舒适点。"大仁村老年协会会长陈世国打趣说："奔驰宝马的车子在村里进进出出一点都不稀奇。"据介绍，大仁村全村 100 多户 400 多人，其中有 300 多人长年在全国各地经商。在家乡轰轰烈烈开展"雁归暖巢"行动的大潮中，乡贤们将感情回归、资源回归寄托在旧村改造上，打造属于自己的"望得见山，看得见水，记得住乡愁"的美丽家乡。

"我们村一个华侨也没有，我以前在甘肃做生意，村里要建设美丽乡村，我们也想着尽量能多配合，老房子拆了再造也很支持。"今年 40 岁的村民潘益民现在桥头上班，他家的房子五层高，盖好装修大概花了 100 多万元。他说，自家的房子也就是简单装修，在村里就只能算是最普通的，村里比他们家房子装修得好的还有很多。除了回乡建好自家气派新房之外，也正是这批人，在旧村改造，新村建设之初，把崭新的眼界、全新的思路一并带回大仁村。同样，缘于他们的乐善好施，全村的基础设施建设，全村贫困户的新房建造，也都有了坚实的推动力量。

美丽新风吹新颜

梯田之上，错落有致地排列着一幢幢别墅"洋房"，绘就成一幅美丽乡村建设的绚丽画卷。大仁村如今这番美丽景象，很难让人想象，这曾是吴坑乡最破旧落后的村。"那时候，全村房子失修破旧，道路长满杂草，牛舍猪圈粪坑散发臭气，每次探亲回家看到这落后的面貌，心里都不是滋味。"抱着反哺家乡、服务农村的想法，陈继南在 2008 年参加竞选，当上了大仁村村委主任。同年，陈继南和村"两委"其他干部一道带头出钱出力，更换了村里陈旧损坏的路灯，修复了破损无用的自来水管，动员在外经商户筹集资金，对部分台阶路和公路进行了硬化。

　　然而，光是修修补补的"外科小手术"难以根治家乡面貌落后的顽疾。2009年，青田县委、县政府在全县开展农村危旧房、旧村改造工作，这为大仁村吹来了一阵东风。陈继南马上主动找吴坑乡衔接，申请进行旧村改造。"说实话，当时县里、乡里都不看好我们村，一来我们村底子薄，旧村改造任务重，二来怕我新上任，挑不起这个担子。"在陈继南立誓"保证三个月内完成所有拆除任务"之下，可谓是"软磨硬泡"，大仁村艰难争取到了旧村改造项目。正是旧村改造项目，让大仁村正式开启了改善村居环境、建设美丽乡村之路。

过得硬的"带头人"

　　说起大仁村的村干部们，全村百姓首先会竖起大拇指。因为在新农村的建设中，这些村干部不仅坚持"不报销一分误工费、车票油费、接待费"，而且"事事都像水牛一样，自己先下田"。直到今天，陈继南还清楚地记得一句话，在他决定回乡竞选村委主任时，一位村民对他说："继南，你要想当好这个家，把全村事办好，首先要吃得了'狗屎'。"这句话陈继南听明白了：当村委主任，就必须不仅愿意奉献，还要受得了委屈。为此，大仁村启动旧村改造之后，迅速组建了旧村改造领导小组，小组成员8名，其中5名党员，6人曾参加过村里建设。成立之初，8人做的第一个约定是：他们都是无偿参与旧村改造。

　　当时，223间危旧房、95个猪牛栏、32座茅厕的拆除工程量，资金补偿成了难题，为了加快拆除进度，陈继南个人先期垫付了50余万元用于拆除补偿。"在美丽乡村建设中，我们的设想是要改就要改到底，把旧村、旧房改造与公共基础设施建设和环境综合整治结合起来，这其中就包括解决雨污分流污水处理系统和户户能通车的宅基地调配问题。"陈继南说，因为要让路，有的拆两户只能盖一户，有的拆五间只能盖三间，领导小组成员不仅拿着规划图和效果图不分昼夜上门做工作，同时也带头做示范表率。如今，在大仁村村头千年红豆杉边的一排房子，原本的一层由于后墙阻挡，终年晒不到阳光，为什么在改造时没考虑到光照的问题呢？

　　"我这房子在旧村改造前就盖好了，后墙原来没这么高，一层也照得到阳光。我们改造要做到每家每户门口能通车，但是我家后面的房子前的路就只有一米宽，我就把后墙垫高，让路拓宽，所以现在的一层才没阳光。"房子的主人陈继会说，为了能让其他村民门前通车，自己房子一层晒不到阳光也没什么关系。干部、党员和领导小组成员带头示范、作好表率，村民纷纷自愿无偿拆除，全村人也就拧成了一股绳。

纯朴团结的村民

2015 年 10 月 14 日，在大仁村的文化礼堂里，60 多位老人齐聚一堂，吃着当年村里最早收割的新米，顺便提前过重阳，村民们把这叫作"尝新饭"。"新米"是村里一位叫陈红星的村民提供的，他这么做已经有四五个年头了。古稀之年的陈红星早年在云南做生意，年纪大了，"落叶归根"回到村里，勤快的他也没闲着，种了 3 亩稻，养了许多田鱼，还在山上竹林里放养了 100 多只鸡，不仅如此，村里建设的脏活累活，都能看到他的身影。

"村子海拔高，到了冬天，那叫一个冷，以前村子还在建设时，不管天多冷，陈红星都会到工地上去看看，有要帮忙的二话不说就开始干，他这人还真是踏踏实实想为村子干点事。"村民陈世国感慨地说，也正是有了像陈红星这样的村民，全村人团结一心，凝聚合力，让大仁村有了如今的崭新面貌。纯朴的大仁村村民以"把家留住，把根留住"共有情怀，参与家乡美丽乡村建设，陈红星仅仅是其中的一个缩影。

全村人在拆除过程中，共置换或腾空的土地有 2000 多平方米。"当时拆房子时我还天天和我妈'吵架'，我们年轻人就想着尽量配合村里建设，把村子搞得越来越好，但是老人家总是有点念旧舍不得，我就找了村委主任一起做通了我妈工作。"村民潘益民在谈到拆房时说，母亲是在义乌做生意的，现在每次回家都要说，要不是当初村干部的鼓励，现在也不会有这么好的房子住。大仁村"两委"上下齐心，带领村民心往一处想、劲往一处使，全村干部群众团结合力。也正因此，大仁村的旧村改造，虽然遇到很多的困难，却还是能在全村人的共同努力下完成。2014 年，在乡村美的基础上，为了进一步展示村民的纯朴，把全村村民的"人心美"展示出来，大仁村开展了"六星文明户"的评比工作，按照"六星文明户"的评选标准，以"三化"为原则，积极组织开展"六星文明户"评选活动，整个创评工作历时 3 个月，共评选出"六星文明户"82 户，占了全村的半数以上。

和谐乡风，幸福蓝图

在大仁村，两个方面让人印象深刻，一个是村民们和睦相处，其乐融融，另一个是大仁村村民"心气特别高"。前者是因为大仁村的和谐乡风，后者是因为村民心中都有一幅美丽蓝图。在村口显眼位置设立的一幅幅色彩鲜明的图画搭配故事说明的"二十四孝文化墙";村里每一块绿化上插着文明劝导、爱心孝心等"党员先锋岗";每天免费为60岁以上老人提供中餐、晚餐的"幸福食堂";82户"六星文明户",其中"最美六星文明户"5户……"大仁村在旧村改造实施之前,将道路布局、污水处理、绿化及村民休闲场所等都做了提前规划,这些公共基础设施的建成,村民们都说在村里的幸福指数不断提升。"吴坑乡党委书记朱晓彪说。

2015年,从村口顺着龙峰路往上约100米处,一条耗资100多万元的2000多步步道建成。"我们还打算沿游步道的山边,建一段4公里多的原始自行车道。"陈继南表示,此外,村口正在修建全部用石头开采、有20多米高瀑布、采用循环水的大型游泳池,这些都是为了让回乡村民和游客们又多一处休闲场所。"如今的生活犹如世外桃源,但是就大仁村来说,新农村建设只有起点,没有终点。"陈继南说,下一步,计划对剩余4座旧房进行外立面改造,修缮农耕"乡愁"陈列馆;通过环境整治项目,推进村口景观工程,对村庄道路、庭院、水沟及后山进行绿化,进一步美化生态环境;以基础设施、服务设施、生态环境、村容村貌的提质,全方位打造一个精致舒适的农家休闲养生之地。

资料来源:王巷扉、沈隽:《"高山上的旗帜"是如何飘扬的?——从大仁村看美丽乡村建设》,《丽水日报》2015年10月19日,第A01版。

 经验借鉴

大仁村是丽水建设新农村的标杆,在祖国经济社会全面发展的大背景下,紧抓住时代机遇,顺势改造,成功转型,这一切都离不开大仁村干部和村民的辛勤付出,这面高山上飘扬的旗帜,其美丽乡村建设经验如下:①吸引本村成功人士,鼓励回报家乡。在家乡轰轰烈烈开展"雁归暖巢"行动的大潮中,乡贤们将感情回归、资源回归寄托在旧村改造上,打造属于自己的"望得见山,看得见水,记得住乡愁"的美丽家乡。②避免以点盖面,立足全局安排。光是修修补补的"外科小手术"难以根治家乡面貌落后的顽疾,大仁村艰难争取到了旧村改造项目,对223间危旧房、95个猪牛栏、32座茅厕进行拆除。③借助项目建设,实现环境整治。大仁村把旧村、旧房改造与公共基础设施建设和环境综合整治结合起来，这其中就包括解决雨污分流污水处理系统和户户能通车的宅基地调配问题。④从乡村美到人心美，丰富精神生活。在乡村美的基础上，为了进一步展示村民的纯朴，把全村村民的"人心美"展示出来，大仁村开展了"六星文明户"的评比工作，按照"六星文明户"的评选标准，以"三化"为原则，积极组织开展"六星文明户"评选活动。⑤发展旅游产业，启动重点项目。从村口顺着龙峰路往上约 100 米处，一条耗资 100 多万元的 2000 多步步道已建成。村口正在修建全部用石头开采、有 20 多米高瀑布、采用循环水的大型游泳池。

五、 宵井村： 美丽嬗变山水之间

 案例梗概

1. 全长 3.6 公里的方贝线改建工程完工。
2. 增添文化墙绘，绿化、亮化工程进入招投标程序。
3. 落成宵井村文化礼堂，包括抗战史料陈列馆、文化长廊系列活动。
4. 兴建村便民服务中心、村居家养老照料服务中心。
5. 修筑了从贝山寺水库至杨庚坞水库的登山道——弘一古道。
6. 腾出张家畈区块 600 亩土地，引进高端农业观光产业项目。
7. 举办孝老敬老礼、"好家风"褒奖礼，表彰了多位"好媳妇""好丈夫""好母亲"。
8. 结合村民意见，修订了"村规村训"。

关键词：文化礼堂；登山道修筑；高端农业观光项目；表彰；村规村训修订

 案例全文

2017 年 8 月 15 日，富阳富春街道东山、巨利两个社区的 100 多名党员走进宵井村考察学习"三美"新农村建设成果，而宵井村 90 多名党员则在村党员活动中心聆听村党委书记赖新明上党课。宵井村从 2015 年的软弱落后村一跃成为示范样板村，涌现了浙江省"万名好党员"张国文等先进人物。这可喜的变化，源于街道党工委、村党委坚持"抓党建促发展，以发展强党建"的理念，源于村班子"撸起袖子，定了就干，干就干好"的决心，源于干群"有事要商量，遇事好商量，做事多商量"的和谐。

道路拓宽民心畅

2017年，宵井村大棚草莓种植面积达到400多亩。在305省道方家井村段，竖着一块指示牌，"宵井村，右转"。为了能实现真正的右转笔直进村，宵井人苦苦等了几十年。距离省道并不远，为何修条连接线会这么难？原来，宵井村的进出通道——方贝线，要经过方家井村的石桥头自然村，这个自然村旁有座叫西山的小山横亘在那里，要想打通通道，就必须削坡，但当地人视西山为风水山，不愿看到山脚被挖破。

毕竟不是同村，工作难做，方贝线改建一直很难推进。以前，大家只能顺着两边民房林立的小路，绕过山脚，再拐几个弯，一路颠簸进村。因路窄、弯道多，视线不良，这一带事故多发。宵井村山清水秀，盛产草莓、黄桃、梨子、西瓜，品质优良，但因道路太差，很多商贩不愿进村收购，村民只能骑着电动三轮车一路颠簸出村叫卖。经富春街道、宵井村、方家井村等多方努力，全长3.6公里的方贝线改建工程终于在2016年11月竣工，按三级公路标准建造，路基由原先的三四米拓宽到8.5米，线位也被拉直，双车道沥青路面。此后，方贝线沿线增添了文化墙绘，绿化、亮化工程也已进入招投标程序。"富阳有着'宵井山里'的说法，就是因为我们这里交通不便。现在，我们宵井村几代人的梦想终于实现了，这是实实在在的民生工程啊！"赖新明说。

有志者事竟成

2017年8月14日晚，杭州市道德模范和"身边好人"巡讲巡演活动走进宵井村文化礼堂，杭州滑稽艺术剧院为村民带来了精彩的文艺演出。宵井村文化礼堂自2016年下半年落成以来，先后举办了宵井村春节联欢晚会、"富春街道村社文化大联动·最美行为在宵井"文化下乡惠民演出等多场活动，丰富了村民精神文化生活。文化礼堂包括抗战史料陈列馆、文化长廊系列活动的开展，改变的不仅是"文化生态"，也改变着"社会生态"和"经济生态"，同时，也改变着每一个人的心。

文化礼堂、村便民服务中心、村居家养老照料服务中心三个项目，总投资 750 万元，除了争取上级有关部门项目资金外，还来源于结余的宅基地复垦奖补资金。2016 年，该村借"三改一拆"东风，宅基地复垦面积 14 亩。"没有做不成的事，只有不想做事的人。"赖新明说，村集体经济相对薄弱，但办法总比困难多，有志者事竟成。在上级有关部门的支持下，该村打通了到春建乡大唐村的道路——宵唐线，全长 1.5 公里，方便群众到生态公墓祭扫。同时，修筑了从贝山寺水库至杨庚坞水库的登山道——弘一古道，全长 10 公里，为村民、游客增添了一条休闲爬山的线路。

位于庙干自然村门前山的杭派民居项目，设计方案已通过评审。项目占地 60 亩，建造 59 幢三层楼。村里按照无房户、危房户、原址不符合规划的建房户等八类建房资格分类排序，做到公开、公平、公正。杭州二绕西复线经过宵井村，短短 10 天时间就顺利完成迁坟 79 穴任务，积极推进 200 多亩征用土地的青苗补偿政策处理。该村将利用杭州绕城西复线在此设互通的交通区位优势，腾出张家畈区块 600 亩土地，引进高端农业观光产业项目，带动村民共同致富。

家训上墙民风醇

"百善孝为先，兄弟和为贵；子弟戒骄急，夫妻莫猜忌""勤俭持家，团结友爱，尊老爱幼"……在庙干自然村，以及陈家自然村至朱家自然村沿路两侧，49 户农户的院墙上多了一块木牌，上面刻的文字都不相同，同时注明户主是谁、是否党员户。木牌上朴实无华的文字，有一个共同的名字：我们的家训。宵井村党委书记赖新明说："我们村民风淳朴，好家风是一直倡导的，村民和谐、家庭和睦是不变的目标。结合美丽庭院创建，让家训上墙，就是要让这些好家风一直传承下去。接下来，要在全村推进，家家户户都挂上家训木牌。"

"前期，我们走村串户，收集到一些家训。我们整理好这些口头家训，再根据各家的实际情况，征得他们的同意，编写了一些新的家训。"村文化宣传员许淑英说。

"美丽宵井""人文宵井"，一直是宵井村坚持打造的。2016 年重阳节，村里举办孝老敬老礼、"好家风"褒奖礼，表彰了多位"好媳妇""好丈夫""好母亲"，还请村里 9 位 90 周岁以上老人登台，接受晚辈的敬茶、鞠躬，场面十分感人。村里还结合村民意见，修订了"村规村训"，作为村规民约的有益补充，涵盖敬老爱老、公益事业、文明礼仪、生活习惯、邻里关系等诸多内容，对促进村民自治、规范村民行为、醇化村风民风等发挥了重要作用。

资料来源：骆炳浩：《富阳宵井村美丽嬗变山水之间　撸起袖子　定了就干　干就干好》，《杭州日报》2017 年 8 月 17 日，第 A08 版。

 经验借鉴

富阳宵井村美丽嬗变山水之间，撸起袖子，定了就干，干就干好，成为美丽乡村建设的典范。其经验主要有以下几点：①党员以身作则，发挥先锋作用。以党建推动美丽乡村建设的发展进程，以美丽乡村建设反哺党建的成长。宵井村从 2015 年的软弱落后村一跃成为示范样板村，涌现出了浙江省"万名好党员"张国文等先进人物，坚持"抓党建促发展，以发展强党建"的理念。②加强基础设施建设，更好引进来和走出去。对于乡村振兴和美丽乡村建设来讲，第一重要的就是农村的基础设施建设，而基础设施建设中最关键的莫过于"修路"了。没有阻碍的路，都是对当地的经济有很大的贡献的，一个地方只有路修好了，才能把客人迎进来，才能把好的产品送出去，才能让当地的老百姓走出去，看看外面的世界，才能增长知识和见识，为未来的发展奠定基础。宵井村通过修路，其水果运输到了各地，推动了其经济发展。③文化社会共发展，休闲旅游齐头进。宵井村斥巨资于文化礼堂、村便民服务中心、村居家养老照料服务中心三个项目，还修建了弘一古道，为旅客和村民提供了一条休闲登山道，旅游业也发展起来。④重视家风建设传承，夯实乡村建设基础。重视家风在美丽乡村建设中的引导作用，同时也以建设促进家风的巩固与发扬。宵井村坚持好家风是一直倡导的，村民和谐、家庭和睦是不变的目标。结合美丽庭院创建，让家训上墙，就是要让这些好家风一直传承下去。美丽乡村不仅需要环境整洁"外在美"，更加需要文明尚德"内在美"。

六、 黄公望村： 颜值产值共增长

 案例梗概

1. 通过小城镇环境综合整治，带动文明素质的全面提升。
2. 投入 859 万元，对黄公望村及街道办事处周边区域进行小城镇环境综合整治。
3. 拆除封闭式围墙，开展线路"上改下"、水系治理、景观提升、文化挖掘工作。
4. 启动金融小镇项目，金融小镇核心区块建设涉及农户已完成全部签约。
5. 北支江综合整治及亚运项目落地。

关键词：环境综合整治；水系治理；景观提升；文化挖掘

 案例全文

2018 年上半年，富阳黄公望村农家乐接待量 17.1 万人次，同比增长 26%；民宿接待量 1.2 万人次，同比增长 25%。黄公望村的变化，正是富阳小城镇颜值产值共增长的一个缩影。该村通过小城镇环境综合整治，带动文明素质的全面提升，带动美丽经济的快速发展，为东洲打造一产名地、二产高地、三产领地，争做富阳一二三产融合发展的美丽经济排头兵奠定了坚实基础。

九成以上的农户创建美丽庭院示范户

"结茅离市廛，幽心幸有托。"600 多年前，黄公望隐居庙山坞，焚香煮茗，不知身外尘世。2017 年，村民余泽亚建了"黄公望休闲度假村"民宿，将理想中的富春山居生活融于其中。余泽亚每天早晨头一件事，就是收拾庭院，浇花修草。高温干旱，他家的庭院，却是绿草如茵，花木扶疏，鱼翔池底。步入室内，中式装修、典雅素净，随处可见的书画作品、幽香四溢的笔墨书卷。来自全国各地的书画家在这里待上几天，舞文弄墨，醉心丹青，感觉岁月静好。

2017年，东洲街道投入859万元，对黄公望村及街道办事处周边区域进行小城镇环境综合整治，通过拆除封闭式围墙、线路"上改下"、水系治理、景观提升、文化挖掘，使村庄变得通透、灵秀，顺利通过省级验收。黄公望村成功创建为富阳第二个"全国文明村"，并获得浙江省AAA级景区村庄称号。黄公望村党委书记王忠升说，2017年，很多工作都是街、村两级干部带头做的。但经过整治后，村里的环境变得更加整洁有序、美丽雅致，村民们看到了环境整治带来的好处，感受到了居住环境改善带来的幸福感，便开始自觉参与到环境整治中来。

"山环水抱黄公望，你一见到她就眼睛亮。问我到底有多美？听听村民们怎么讲？阿拉这里的山，阿拉这里的水，阿拉这里的村庄真叫美，房子美、庭院美……"当地村民自编快板歌颂村庄新变化。村里九成以上的农户创建美丽庭院示范户。

产业兴旺为乡村振兴注入新动能

推进乡村振兴，生态宜居是关键。土地有人耕种、房子有人居住、产业有人兴旺、"三园"（田园、庄园、庭院）有人美丽、文化有人传承、和谐有人构筑的"六个有"目标，正在黄公望村逐步实现。

推进乡村振兴，产业兴旺是重点。黄公望金融小镇启动区块11幢民墅中，已有9幢与相关基金公司达成入驻意向，包括华融资产、工银国际、华弘资本、齐石投资等公司。黄公望金融小镇核心区块建设涉及农户已完成全部签约，目前小镇总体设计方案已基本敲定，有关村庄改造的政策正在梳理。截至2018年第二季度末，黄公望金融小镇已注册基金和基金管理公司1017家，注册规模达到4785亿元，管理规模4938亿元，其中，基金管理公司298家，注册资金162亿元，基金公司（合伙企业）719家，注册资金4623亿元，累计完成税收3.51亿元。2018年小镇新增基金及基金管理公司227家，新增注册规模547亿元。同时，附近的曜阳国际老年公寓供不应求，想要入住必须提前预约。老年公寓旁的首创奥特莱斯，一到节假日人气火爆。

作为2022年杭州亚运会赛艇皮划艇等水上项目比赛场馆，北支江水上运动中心项目包含一座水上运动中心场馆、长4.2公里景观带以及通往场馆的主要道路。6月5日，北支江综合整治及亚运项目征迁工作进行集中签约，376户农户、84户个体经营户仅用时3小时58分钟即完成100%签约。北支江综合整治及亚运项目建成后，将成为东洲发展的亮点和"引爆点"。王忠升说，环境美了，高端产业、亚运项目进来了，村"两委"开始思考如何充分利用好村级安置留用地。黄公望村现有 3 块安置留用地，目前已接待了 20 余批投资方的考察。前来考察的投资方中，有 6 家明确表示有意向投资，其中 3 家已经拿出了初步设计方案。此外，随着产业不断引进，旅游业不断发展，黄公望村的人流量逐步增多。村里拟投入 450 万元在株林坞区块建造一排商铺，目前地下车库与店面房前来求租的人很多。王忠升说，商铺招商后，村集体预计每年增加租金收入 90 万元。

资料来源：骆炳浩：《富阳黄公望村颜值产值共增长》，《杭州日报》2018 年 8 月 9 日，第 A06 版。

 经验借鉴

依托黄公望隐居地景区、黄公望风情小镇，富阳黄公望村通过小城镇环境综合整治，带动文明素质的全面提升，带动美丽经济的快速发展，其美丽乡村建设经验如下：①开展环境综合治理，创造优越发展氛围。东洲街道投入 859 万元，通过拆除封闭式围墙、线路"上改下"、水系治理、景观提升、文化挖掘，使村庄变得通透、灵秀，顺利通过省级验收。②党员带头，推动村民加入建设活动。以前很多工作都是街、村两级干部带头做的，但经过整治后，村里的环境变得更加整洁有序、美丽雅致，村民们看到了环境整治带来的好处，感受到了居住环境改善带来的幸福感，便开始自觉参与到环境整治中来。③发展金融产业，助力低碳经济。截至 2018 年第二季度末，黄公望金融小镇已注册基金和基金管理公司 1017 家，注册规模达到 4785 亿元，管理规模 4938 亿元，收益颇丰。④合理安排土地，投资绿色产业。村里环境美了，高端产业、亚运项目进来了，黄公望村现有 3 块安置留用地，目前已接待了 20 余批投资方的考察。前来考察的投资方中，有 6 家明确表示有意向投资，其中 3 家已经拿出了初步设计方案。⑤立足产业优势，寻找新增长点。随着产业不断引进，旅游业不断发展，黄公望村的人流量逐步增多，考虑进一步的发展。村里拟投入 450 万元在株林坞区块建造一排商铺，商铺招商后，村集体预计每年增加租金收入 90 万元。

七、 阳山畈村： 桃源深处， 绿意正盎然

案例梗概

1. 家家户户都设置黄蓝两个垃圾桶，出台积分奖励政策，引导村民施行垃圾分类。
2. 施行生活污水处理，开辟 11 片人工湿地。
3. 带领村民种植水蜜桃、建立起 20 亩黑木耳培育基地。
4. 开展房屋立面改造、庭院修缮、路灯亮化工作。
5. 倡导互联网销售水蜜桃和民宿农庄旅游业。

关键词：奖励政策；垃圾分类；人工湿地；种植基地；庭院修缮；民宿旅游；互联网销售

 案例全文

在富春江西岸，出县城向北，桐庐县的横村镇，一湾碧水，青山逶迤，阳山畈村立于千亩桃林错落之间，2011 年，"浙江生态日"在这里揭牌，开创全国省级生态日之先河。几年过去，而今的阳山畈村已然是另一番模样。经过岁月洗礼，蜕变出一个不一般的阳山畈村，这也是千万乡村美丽蜕变的缩影。

桃源深处美好生活

为什么是阳山畈村？2011 年 6 月 28 日，当"浙江生态日"选择在这里揭牌时，不少人曾产生过这样的疑问。在"水碧山青画不如"的"中国最美县城"桐庐，阳山畈村并不是最显眼，相较于荻浦村这样的历史文化名村，它不够"知名"；相比乡村旅游的热门地芦茨村，它又不够"爆款"。但阳山畈村党总支书记包洪弟很自信，"我们比别人早了一点点。"在他看来，美丽乡村建设"起步越早，赢得越早"，而阳山畈村踏准了步伐。

2010 年 6 月 30 日，浙江通过了《中共浙江省委关于推进生态文明建设的

决定》。同年 9 月，决定每年 6 月 30 日为"浙江生态日"。这在浙江省生态文明建设历程中具有里程碑意义。阳山畈人对绿色的渴望从未停歇。在这个种桃大村，曾经随处可见被丢弃的残果垃圾，加上污水横流、池塘黑臭的痼疾，"世外桃源"美景被污浊了。变化源自 2011 年，阳山畈人意识到生态修复的重要性，在生产发展、生活富裕的同时，要给自己打造一个山清水秀、空气清洁的生态环境。

垃圾分类，这个生态环保"热词"，阳山畈人多年前就已不陌生。2011 年起，家家户户门口都有了黄蓝两个垃圾桶，垃圾被通俗易懂地划分为可堆肥垃圾和不可堆肥垃圾。村里出台积分奖励政策，引导村民施行垃圾分类，将生活垃圾转化为有机肥用于种植，达到经济和生态的双重效益。经过长年累月的引导，城市推行效果不佳的垃圾分类，在阳山畈村已然成为现实。早在 2009 年，阳山畈村在桐庐最先开始施行农村生活污水处理，开辟出 11 片人工湿地，大红、明黄的美人蕉，被整片翠绿麦冬映衬着，草木下流水潺潺。人工湿地使村里的池塘、沟渠渐渐恢复清亮，如今，全村 4 个池塘水质常年稳定在Ⅲ类以上。一片片"小微湿地"，成为村里一道道风景线。阳山畈村蜕变的节奏，恰好印证了浙江美丽乡村建设的关键步伐。

洁美乡村催生经济活力

"阳山一畈三千亩，九马同槽地舆优"，阳山畈村阳光充沛、自然资源优渥，拥有三千亩桃林，150 多年种桃历史。初夏时节，低压的枝头挂满了晶莹饱满的蜜桃。在阳山畈蜜桃专业合作社法人代表王金根的眼里，乡村的变化都浓缩在这枝头的蜜桃里，"过去挑着担子满街跑，如今开着小车等着卖"。王金根的语气颇为自豪，在他脚下的这片土地上，阳山畈的桃子多达二十几个品种，能从初夏一直卖到中秋。村里还带领果农利用废弃的桃枝培育黑木耳，建立起了 20 亩黑木耳培育基地用于农户增收。

小蜜桃写出了大文章。阳山畈村为新时代农村如何与绿水青山和谐共荣、农民如何富有安康树起了现实标杆。"阳山畈水蜜桃"申请成为浙江省著名商标、中华名果，踏上了品牌化经营道路。村里专门邀请省、市农科院专家"把脉问诊"，分析土壤、光照条件，定期开办农技培训班，答疑解惑、引导科学种植。2016 年，阳山畈村人均收入达 25314 元，位居全省前列。天蓝、水清、地净、村美的洁美乡村，让阳山畈人钱袋子越来越鼓。每年春季，阳山畈村都会举办山花节，赏花、摘果，用更丰富的旅游项目把客人留下来。

农村让城市更向往

漫步于阳山畈村，整齐划一的居民房、宽敞平坦的水泥路、房前屋后点缀绿化整洁。在比别人"更快一步"之后，阳山畈人开始思索如何"更好一步"。他们把目标瞄准了立面改造、庭院修缮、路灯亮化，对家家户户的庭院进行美化，让一个个"小花园"串联成全村"大花园"。村容村貌的改变，让人与人、人与自然的距离也越来越近。

乡村孕育新活力，大山深处激起返乡的热情。王金根开办的金鑫农庄2016年营业额突破100万元，儿子王鑫放弃杭州的高薪，回来专职管理农庄，带领家庭农庄走向规范化经营道路。在外务工的林苏娟也回来了，开了"桃花源超市"，办起了民宿。大学毕业的陈佳也回来了，她带回了互联网营销的思路，如今，全村年产3千多吨的桃子里，有1/3以上通过网络销售。

生态环境优势转化为生态农业、生态旅游的经济优势，绿水青山也就变成了金山银山。截至2017年6月，阳山畈村已经开出16家民宿，拥有200多张床位，村里规划把闲置的农民房统一收购后，集中修整管理，用于投资开发。

资料来源：江帆、杨俊霞：《浙江生态日重访桐庐阳山畈村——桃源深处，绿意正盎然》，《浙江日报》2017年6月30日，第07版：生态。

 经验借鉴

浙江阳山畈村，见证了"浙江生态日"的揭牌，开创了全国省级生态日之先河。一湾碧水、青山逶迤的阳山畈村，成为了千万乡村美丽蜕变的缩影。其美丽乡村的建设经验如下：①先行先试，及早谋划。美丽乡村建设"起步越早，赢得越早"，而阳山畈村踏准了步伐。②垃圾分类，清洁河流。家家户户门口都有了黄蓝两个垃圾桶，垃圾被通俗易懂地划分为可堆肥垃圾和不可堆肥垃圾。阳山畈村在桐庐最先开始施行农村生活污水处理，开辟出11片人工湿地。③发展经济作物种植，走品牌化道路。继续坚持种植水蜜桃，利用废弃的桃枝培育黑木耳，建立起了20亩黑木耳培育基地用于农户增收。"阳山畈水蜜桃"申请成为浙江省著名商标、中华名果，踏上了品牌化经营道路。④修缮基础设施，提升村容村貌。在比别人"更快一步"之后，阳山畈人开始思索如何"更好一步"。他们把目标瞄准了立面改造、庭院修缮、路灯亮化，对家家户户的庭院进行美化，让一个个"小花园"串联成全村"大花园"。⑤新旧经济动能并举，夯实经济发展基础。开办农庄，走规模化经营道路；投资新建民宿，吸引游客；利用互联网推销水蜜桃，线上线下走向互动。

八、 余村： 绿水青山回来了

 案例梗概

1. 关停矿山，走生态致富道路。
2. 成立旅游公司，开发景区，开办农家乐。
3. 利用生态优势打造全域休闲度假区。
4. 开发竹子，生产竹笋、竹饮料、竹纤维、竹工艺品。
5. 建立党员议事制度、村民委员会会议制度、村民代表会议制度。
6. 将垃圾分类写入村规民约。

关键词：生态致富；旅游公司；全域休闲度假区；工艺品开发；议事制度；村规民约

 案例全文

安吉余村，是浙江北部一个颇具传奇色彩的小山村。改革开放初期，村里开始开矿采石。经过20余年的发展，矿山水泥厂让村里致了富，可是原有的绿水青山被糟蹋得不成样子。2005年，时任浙江省委书记习近平到余村视察，听说当地正下决心关停矿山，走生态致富的道路时，他指出："余村人下决心关停矿山是高明之举，我们过去讲既要绿水青山，又要金山银山，其实绿水青山就是金山银山。"经过十余年发展，昔日泥沙满天的余村如今已是游客留恋的美丽乡村。

2015年初，在余村召开的村民代表大会上，村民们决定给习近平总书记写封信，汇报余村十年的喜人变迁。4月29日，余村收到了中共中央办公厅调研室的回信，这个消息让所有的余村人喜不自禁，痛下决心走转型之路。安吉余村是一个面积只有 4.86 平方千米的小山村，农田面积 580 亩，但拥有 6000 多亩的毛竹山。在靠山吃山的思想影响下，改革开放初期，村里开始炸山开石矿，建水泥厂。20 世纪 90 年代，村里一年最高纯收入可达 200 万元，这在当时可是了不得的成绩，但破坏式的发展，也让村民们深受其害。

余村村支部委员俞小平是土生土长的本地人，他回忆说："那时候周围的山上都盖着一层厚厚的水泥灰，植被死亡了，村民晒个衣服都变成了泥衣。道路被严重超载的水泥车压得不成样子，矿上爆炸的飞石经常从天而降，砸坏过村民的房屋，也砸死、砸伤过村民。"20 世纪 90 年代末，村里决定逐步关停矿山、水泥厂，走一条转型之路。可是往哪里转型？大伙儿只能摸着石头过河。余村人再三思量，明确了治理环境，发展旅游的大方向。村里成立了旅游公司，开发景区，村干部带着十几户村民考察如何开办农家乐……这条转型路的启程并不好走。转型之前，村民们有一半是靠矿山相关产业生活的。关矿山，集体经济会锐减；搞旅游，余村的未来会怎样？这需要一份"壮士断腕"的勇气与决绝。2005 年 8 月 15 日，时任浙江省委书记习近平亲临余村视察，专题调研民主法治建设工作。

在听到村干部汇报余村关矿山、搞旅游的转型之路时，他给予了充分肯定。他指出："当鱼和熊掌不可兼得的时候，要学会放弃，要知道选择，发展有多种多样，要走可持续发展的道路，绿水青山就是金山银山！"在习近平的鼓舞下，余村人的转型之路，走得更加坚定、昂扬了。十年间，他们不仅留住了绿水青山，还利用生态优势打造全域休闲度假区，换来了真正的"金山银山"。村民胡加兴十几年前开着农用三轮车给矿工送菜，如今在村里开办农家乐和超市，又做起了漂流，家里的总资产早就超过了千万元。村民潘春林原来是拉矿石的拖拉机手，十年前开办了农家乐之后，他又搞起了旅行社，每天用专车去上海、南京等地接客人，天荒坪镇里的九龙峡度假村和九龙峡景区他都占有股份。

与此同时，村民们大做竹子文章，一支竹子变成了能吃（竹笋）、能喝（竹饮料）、能穿（竹纤维）、能出口（竹工艺品）的宝贝。昔日的余村彻底变了样，优美的环境又回来了。一眼望不到边的竹海也让城里的游客流连忘返，村民的腰包也因此赚得鼓鼓的。自从把靠山吃山变成养山富山以后，余村不仅使石矿复绿，而且村民年人均纯收入翻了三番多。十年时间，村集体资产从 1500 万元增加到 4000 多万元。许多到村里来的游客对余村人"生活在景区，劳作在画中"的状态羡慕不已。

民主法治为发展插上翅膀。除了好山好水，余村人还有一项法宝。"想要发展，民主法治必须跟上。"村委会主任潘文革说。早在 2005 年前后，余村就建立了党员议事制度、村民委员会会议制度、村民代表会议制度。村干部重视民主管理，村里所有大事都必须由村民代表表决通过才准去做。村里还设立了"监督委员会"，由村民推选出来的代表，对村委会的工作进行全程监督。村里的所有开支、账目均由"村监委"成员审查签字后才可入账。这使得群众对村班子成员的廉洁信任度得到了提高，同时也使村班子的工作更加谨慎、认真负责。2013 年，村里打算改建文化广场，丰富村民们的业余生活。起初，为了节约成本，有人提出不搞招投标，村里拉一支队伍自己来搞。这个为集体省钱的点子，遭到了"村监委"的否决。最终，广场改建工程严格走了招投标程序，外村的一个公司中标。村干部考虑到本村一些村民的情绪，与中标公司沟通后，为本村村民安排了几个非技术岗位。这样一来，既保证了程序的合法公开，又获得了本村人的信任。

如今，民主法治的细节更是融入余村人生活的方方面面。经全体村民讨论制定的村规民约，将"垃圾分类"写入其中。每家每户都配发了不同的垃圾桶，做到可回收垃圾、干湿垃圾的分类，村里还安排了专人定时收集清运。村里每一分钱的开支，除了在村里的公告栏公示之外，村民们还可以通过"村村通"平台，在自己家的电视机上看到。钱作什么用，花了多少钱，谁经手、谁审批一目了然。2015 年初，余村正式获评国家级民主法治村。在之后的村民代表大会上，村党支部书记胡加仁与 50 多名村民代表，鼓起勇气给习近平总书记写了一封信，汇报余村十年的变迁。中央回信说："胡加仁等 53 位村民写给习总书记的信收悉。我们为村里的可喜变化感到由衷的高兴。相信只要坚持走可持续发展的道路，在党支部的领导和全体村民的努力下，余村的明天一定会更美好。"

资料来源：陈岚：《向习大大报喜：绿水青山回来了》，《浙江法制报》2015 年 5 月 8 日，第 01 版。

 经验借鉴

安吉余村坚决贯彻"绿水青山就是金山银山"发展理念，成为一个颇具传奇色彩的小山村。其美丽乡村的建设经验如下：①治理环境，发展旅游。村里成立了旅游公司，开发景区，村干部带着十几户村民考察如何开办农家乐。②发展农业，种植经济作物。村民们大做竹子文章，一支竹子变成了能吃（竹笋）、能喝（竹饮料）、能穿（竹纤维）、能出口（竹工艺品）的宝贝。③健全民主法治，重视民主决定。早在2005年前后，余村就建立了党员议事制度、村民委员会会议制度、村民代表会议制度。村干部重视民主管理，村里所有大事都必须由村民代表表决通过才准去做。④开展垃圾分类，保护环境。经全体村民讨论制定的村规民约，将"垃圾分类"写入其中。每家每户都配发了不同的垃圾桶，做到可回收垃圾、干湿垃圾的分类，村里还安排了专人定时收集清运。

九、　陈家铺村：　走出自己的乡村振兴道路

 案例梗概

1. 村干部请典型，传授经验，讲解政策，传导信心。
2. 以比之前高3倍的价格外包村保洁工作，请专人进行清扫。
3. 利用扶持基金，重新修整村庄的道路、栏杆、公厕等基础设施。
4. 村支书充当专职推介员，向各界人士宣传村庄的地理区位优势。
5. 严格筛选项目，优先选定南京先锋书店落地。
6. 促成云夕乡土艺术酒店、蕾拉私旅民宿、乡土影像馆落地。

关键词： 经验传授；基础设施重修；保洁外包；村庄宣传；民宿；艺术酒店；影像馆

 案例全文

小山村蓄势待发

"全国都在搞乡村振兴，凭什么我们这就不行？"2012年2月，在外创业

的鲍朝火回到了陈家铺村，走马上任村支书。摆在他面前的头等难题就是如何让这个小山村"活过来"。陈家铺村位于松阳县城东北面大种山深处，面朝峡谷，三面靠山，山多地少。村集体经济薄弱，村民收入微薄，近年来随着青壮劳动力不断向外流失，村子也渐渐失去了活力。"我们村生态好，风景好，只要有资本来投资，旅游经济就能发展起来。"在跟随县里外出考察多次之后，鲍朝火跟村民们袒露了自己的想法。"我们村从来没游客，旅游行吗？""村子这么破，投资商能来么？"鲍伟森、鲍水余等村民纷纷提出质疑。

面对大家的不理解，鲍朝火一方面请来典型，传授经验；一方面讲解政策，传导信心。此外，利用自己积累的资源和人脉，努力把陈家铺村的美丽吆喝出去，寻找合适的投资商。为了给客人留下一个好印象，村里将保洁工作重新包装进行招投标，以比之前高 3 倍的价格聘请了专人进行清扫；利用扶持基金，重新修整村庄的道路、栏杆、公厕等基础设施。

陈家铺村正蓄势以待

好生态引凤来巢，陈家铺村逐渐开始有了起色。2015 年，第三批中国传统村落名录公布，陈家铺村赫然在列。鲍朝火几乎成了专职的推介员：村庄独特的选址与阶梯式的布局，形成独特的"崖居"奇观。上百幢由泥土、木板、青砖、石头建筑的房屋，沿着山崖、山坡一级级向下延伸，从半山延伸到山脚，落差高达 200 余米。无论仰视或俯瞰，村庄垂直延伸的聚落景观，展现出摄人心魄的恢宏气势。冲着这些原生态资源，投资商一波接一波地来了。本该兴奋的鲍朝火却变得格外冷静："很多项目的功利心太强，并没有真正为陈家铺村的未来考虑。好饭不怕晚，我们一定不能急，一定要将最好的带回家。"为此，2015 年前后，陈家铺村婉言谢绝了多个项目，直到遇见南京先锋书店创始人钱小华。

"南京先锋书店在国内外知名度高，他们的文创产品好评如潮，而且已经有碧山书局等成功案例。引进先锋书店，就能补足村里文化短板，凸显地域特色、打造出人文气息。"鲍朝火说，文化引领慢慢成了全村人的共同坚持。经过一年多的努力，2016 年 5 月 18 日，先锋陈家铺平民书局项目正式签约。在此带动下，陈家铺云夕乡土艺术酒店、松阳蕾拉私旅民宿等颇具人文气息的项目也一一在陈家铺落地。从此，陈家铺村开始有了外资助力。

人心齐面朝未来，村子在变，这里的人也在变。"现在每天都能与家人在一起了。"54 岁的村民鲍水余前几年还在外地打工，2016 年，鲍水余回到家乡，在家门口"上上班"，每天"工资"就有160元。自家制的萝卜干、番薯干，也被来往的游客抢购一空。几年前还在质疑绿色经济的鲍水余，现在嘴边就挂着一句话："回家的感觉真好！"从天方夜谭，到眼前事实，陈家铺村人越来越自信。为了村子未来的发展，村民们也逐渐拧成了一股绳。

蕾拉私旅民宿项目计划对18间传统民居、灰铺进行改造。不过，因为一房多户、老房产权不清等原因，农房产权流转遇到了阻力。"没想到的是，许多村民都做出了让步，牺牲自家利益，促成项目签约。"项目经理贾晓涛说。"好生态是关键，淳朴的民风同样很重要。"四都乡组织委员叶霞说，这几年来，虽然工商资本一拨接一拨来，但陈家铺村民并没有坐地起价，而是统一交由村里规划安排。前两年，有一位投资商开出高价，想私下租用农房。没想到，村民却一口回绝。"都说家和万事兴，只要劲往一处使，陈家铺村肯定会越来越好"。

2012年，鲍朝火当选村支书时，父亲鲍根余极力劝阻："村干部不好当，吃力不讨好！"现在，当一个个振奋人心的项目签约落地，鲍朝火发现，父亲担忧的眼神变了。曾经对村庄事务不太关心的老人们纷纷拿起农具，回村种起了高山蔬菜。2018年村里还计划创办合作社，带领村里老农发展生态农业。"只要全村上下一心，就能真正实现小山村的大梦想。"鲍朝火说，目前，村子还在洽谈爱情万岁咖啡馆、乡土影像馆等文创项目，陈家铺村的未来值得期待。

资料来源：麻萌楠、徐健中、蔡凌晖：《走出自己的乡村振兴道路》，《丽水日报》2018年4月26日，第A06版：深度·成长的脚步。

 经验借鉴

陈家铺村，在迎来了新上任的支部书记以后，充分利用当地地理区位优势，走上了一条文创发展之路，其美丽乡村的建设经验如下：①村干部坚定信念，立志为村庄谋发展。在外创业的鲍朝火回到陈家铺村，走马上任村支书。鲍朝火一方面请来典型，传授经验；一方面讲解政策，传导信心。②传承弘扬文化，修缮保护古村落。村里将保洁工作重新包装进行招投标，以比之前高3倍的价格聘请了专人进行清扫；利用扶持基金，重新修整村庄的道路、栏杆、公厕等基础设施。第三批中国传统村落名录公布，陈家铺村赫然在列。③擅用人际关系，对外推销村庄。村支书利用自己积累的资源和人脉，努力把陈家铺村的美丽吆喝出去。④主动招商引资，打造文创古村落。陈家铺村婉言谢绝了多个项目，直到遇见南京先锋书店创始人钱小华。引进先锋书店，就能补足村里文化短板，凸显地域特色、打造出人文气息。⑤集体利益优于个人利益，以村庄发展为优先。因为一房多户、老房产权不清等原因，农房产权流转遇到了阻力。没想到的是，许多村民都做出了让步，牺牲自家利益，促成项目签约。

十、 灵栖村："石头村" 的美丽变身

案例梗概

1. 村支书带头投入 200 余万元并且吸纳党员成立西红花经济合作社和党支部。
2. 承包废弃的卫生院改造成培育房、花丝提取室和阳光餐厅。
3. 借助农村电商和旅游超市销售西红花。
4. 组建村庄美化队伍，清理庭院卫生。
5. 打造村口小公园等惠民设施和游客玩赏设施。
6. 建设农贸市场综合楼，发展贸易。

关键词： 经济合作社；废弃改造；农村电商；组建美化队伍；废水零排放

案例全文

春光明媚百花开，千峰翠色引客来。走进建德市航头镇灵栖村，只见桃红柳绿，水轮欢歌，花坛里群芳争艳，祠堂中笔走游龙，慕名而来的游客四处合影留念。谁曾想到，几年前这里还是远近闻名的石头村，一个村里就有三处石灰石矿。如今，三处石矿都已关停复绿，一处还开发成了著名的旅游景点，灵栖村成了远近闻名的美丽村。

红色引领 产业兴旺

曾经的石矿关停后，如何让村民留下来、富起来，让绿水青山化为百姓

手中的金山银山，是灵栖村党委苦思冥想的大问题。2017年4月，邱朝阳当选灵栖村党委书记。得知建德市政府大力提倡西红花西进，他立马前往三都镇及省外学习考察，了解西红花种植所需的自然条件、产品功效、市场销路。可是村民并不理解，大家种了一辈子的地，谁也不知道西红花是个啥，入股的人寥寥无几。他不甘心，瞒着家人把做生意积累起来的200余万元全部投入西红花经济合作社。一次党员固定日活动结束后，几名党员私下咨询起西红花的事情。这让邱朝阳猛然想到，党员就是村里的先锋队，由优秀、上进的村民组成，只要带领他们先做起来，其他村民看到实实在在的好处自然就会跟上。就这样，西红花党支部诞生了，8名党员加入支部，灵栖村走上党旗飘扬的产业振兴之路。

2017年12月，西红花经济合作社承包了废弃的原石屏乡卫生院，投入100余万元进行改造。一楼改造成种球培育厂房、花丝提取工作室，二楼改造成可容纳400余人同时进餐的阳光餐厅。随着健康理念的普及，西红花借助农村电商与旅游超市被销往全国各地，这支覆盖精细生产到市场营销的产业振兴队伍也逐步发展壮大。8名党员带动百余村民增收，年人均收入3万余元，许多知名的西红花经济合作社也主动前来商谈合作事宜。"我一个50多岁的农村妇女，现在成为一名主管，一年除了3万多元的工资，还有5%的股息呢。"村民蓝大姐乐呵呵地说道。

绿色振兴　村美人和

"我家的地，我不同意谁也别想用。"村民小赖和上门工作的村干部激烈地争吵着。"村旁有灵栖洞和大冰洞两个景区，村口就是全村的面子，村里想调置大家的土地打造一个村口小公园，这是全村的好事嘛。"邱朝阳说干了口水，仍然无济于事。"很多惠民工程项目实施到一半就会被耽搁下来，每个月都有信访件，我静下心来想过，是村里做的事还没有达到村民的认可和期望。"于是，酷暑难耐的七八月里，一群人从早上5点便开始忙碌，直到月上柳梢头才回家休息。美丽乡村整村规划设计刚结束，资金尚未到位，村"两委"便自己动手开始干。汛期河道里冲来的杂木做成了别具一格的花坛，竹木和鬃丝制作的老黄牛饱含深情，废弃轮胎改造的黑白天鹅展翅欲飞……

令人欣慰的是，党员、村民们陆续加入到村庄美化的队伍中来，家家户户开始主动清理庭院卫生。经过半年多的打造，灵栖村有了村口小公园、集贤亭、书法展览馆、名人创作室、趣味花海、初心驿站等十几个景点供游客和村民玩赏。如今的灵栖村已从矛盾突出的问题村，变成村美人和的明星村。

整合资源　"5+2"展宏图

灵栖村有"5+2"宝：一支笔、一朵花、一盏茶、一条溪、一群人和两个洞，往实里说就是建德市唯一的浙江书法村、西红花产业链、获巴拿马金奖的里洪坑红茶、清澈见底的灵栖溪、一群干事创业的党员干部和紧挨着村庄的灵栖洞、江南大冰洞。2018 年，灵栖村从环境整治、危旧房改造、庭院提升等方面入手，整合自然资源与扶持政策，决心在这片土地上大干一场。眼睄着村里一天天好起来，很多原本打算外出打工的年轻人都留下了，有的准备开个农家乐，有的想开个家庭农场，还有的索性加入了西红花合作社。"不用长期在外，既能赚钱，又能照顾家人，放在从前，在我们这么偏僻的村里是想都不敢想的。"转业军人王伟红说。"乡村振兴的集结号已经吹响"，邱朝阳表示，2017 年村中心建起了占地面积 500 多平方米的农贸市场综合楼，接下来，村里将统一进行外立面提升与垃圾分类，里洪坑开发、生态民宿、溶洞探险、艺术基地等均已提上日程，建德西部后花园初见雏形，偏僻的小山村正在经历一场蝶变。

资料来源：张晓琳、李昊、童炼杰：《昔日"石头村"变身美丽乡村》，《杭州日报》2018 年 3 月 28 日，第 A06 版：区县（市）新闻。

 经验借鉴

作为一个拥有三处石灰石矿的远近闻名的石头村，灵栖村通过开发旅游项目，成了远近闻名的美丽村，其美丽乡村建设经验有如下几点：①考察学习，了解产业信息。得知建德市政府大力提倡西红花西进，村党委书记立马前往三都镇及省外学习考察，了解西红花种植所需的自然条件、产品功效、市场销路。②领导党员先行先试，激励村民参加尝试。村党委书记瞒着家人把做生意积累起来的 200 余万元全部投入西红花经济合作社。随着 8 名党员的加入，西红花党支部诞生，灵栖村走上党旗飘扬的产业振兴之路。③发展电商经济，走合作社道路。西红花借助农村电商与旅游超市被销往全国各地，这支覆盖精细生产到市场营销的产业振兴队伍也逐步发展壮大。西红花经济合作社承包了废弃的原石屏乡卫生院，投入 100 余万元进行改造。④整治村庄环境，组建卫生队伍。美丽乡村整村规划设计刚结束，资金尚未到位，村"两委"便自己动手开始干。党员、村民们陆续加入到村庄美化的队伍中来，家家户户开始主动清理庭院卫生。⑤就地打造景点，新建基础设施。经过半年多的打造，灵栖村有了村口小公园、集贤亭、书法展览馆、名人创作室、趣味花海、初心驿站等十几个景点供游客和村民玩赏。

十一、 鲁家村： 一个贫困山村的美丽蜕变

案例梗概

1. 请设计公司为村庄设计发展蓝图，破解发展困局。
2. 整合美丽乡村建设补助金和各项涉农项目资金。
3. 完善休闲场所修建、交通、水源等方面的工作，提升村容村貌。
4. 给予村民补助，调动村民参与美丽乡村建设的积极性。
5. 成立村民小组，村委派干部指导，加快精品村创建速度。
6. 发展村内观光旅游，打造美丽乡村。

关键词：蓝图设计；村容村貌提升；村民补助；精品村；观光旅游

案例全文

安吉县鲁家村从一个脏乱差的经济薄弱村蜕变为一个开门就是花园，全村都是景区，农村、农民、农场共同富裕的中国美丽乡村样板村仅仅用了五六年时间。2011~2016 年，鲁家村村集体经常性稳定收入从不足 3 万元增加到 175 万元，村集体资产从不足 30 万元增加到 9000 万元左右，农民年人均纯收入从 19500 元增加到 32850 元。鲁家村大路桥自然村，一幢幢白墙黛瓦的二层小楼，配以土黄色的院墙，显出几分古朴的韵味。一些在村里打工的村民陆陆续续往家赶。村民周兰英说，以前村里环境又脏又乱，现在村里环境越来越好了。大路桥自然村是鲁家村首批创建的精品村。建设美丽乡村，改善村容村貌是摆在 2011 年新当选鲁家村班子面前的首要任务。当时安吉县正在

美丽乡村建设的基础上发展精品示范村，提升美丽乡村建设的品质。村班子决定以创建精品村为抓手，破解鲁家村发展的困局。

美丽乡村精品村怎么建？村党支部书记朱仁斌是土生土长的鲁家村人，经商多年，有志于改变家乡贫穷落后的面貌。他说，鲁家村发展起步晚，发展的路子不能再走传统农村的点状发展、局部发展或者单一优势产业，而是要立足全局，建设上整村规划、产业上整村发展，实现跨越式发展。村里请了一家设计公司统一设计村庄规划、产业规划、环境提升规划。鲁家村的村庄建设、产业布局和环境改善，严格按照这张蓝图执行。

按照安吉县美丽乡村精品村创建标准，鲁家村从 13 个自然村中选出鲁家溪中心村和大路桥、干山坞、安山坞 3 个自然村作为首批创建村。根据预算，创建精品村需要 1700 万元资金。对于一个当时负债 150 万元的村子来说，建设资金从哪里来？"我们统筹整合村里的各类资源，用资金拼盘的方式解决了资金问题。"朱仁斌说。首先，盘活沉睡的土地资源。鲁家村有一块 1000 平方米建设用地，他们在这块地上建了 20 间三层村民联建商住两用楼，通过出售出租获得 300 多万元。用这笔钱在村里办公场所的原址上建了一幢新楼，除了三层作为村委办公用房外，一层二层大部分用于店面出租，获得一笔不菲的租金收入。拍卖闲置多年的村小学用地获得 186 万元。村集体流转土地获得了 60 万元。其次，整合美丽乡村建设补助金和各项涉农项目资金。安吉县乡两级政府对创建精品村合格的村庄，每位村民补助 1700 元，全村 2100人，共计补助 357 万元；整合交通、水利、环保等农村项目建设资金三四百万元。最后，用活村里的人才资源。村委聘请 20 位外出经商的村民作为鲁家村美丽乡村创建的顾问，获得捐款 300 万元。

在筹措资金的过程中，鲁家村美丽乡村创建工作稳步推进。2011 年启动创建工作，修建了办公楼、篮球场，铺了水泥路，路面实现亮化、绿化；安装了自来水，每个自然村都建了化粪池和污水处理池，为每家每户修建了围墙，村容村貌发生了翻天覆地的变化。当年 4 个自然村就通过了安吉县精品村严格的考核。在精品村的示范带动下，其他 9 个自然村也纷纷要求创建精品村。从"要我建"转变为"我要建"，鲁家村仅仅用了一年时间。从 2012年开始，鲁家村开始精品村创建扩面工作，每年选出 3 个自然村参加创建。为进一步调动村民积极性，村委除了给予每个自然村每位村民 1700 元的政府补助外，村集体又给予 500 元的额外补贴。精品村创建的实施主体由村委转为村民小组，村委派干部指导。每个自然村要统一设计，设计费由村民小组出。村民的主动参与加快了精品村创建的速度。到 2015 年，鲁家村实现了中国美丽乡村精品示范村创建目标。

　　美丽乡村建设没有止境。从 2015 年起，安吉县在开展精品村创建的基础上，每年投入财政资金近亿元，整体布局、梯度推进、连片提升精品观光线和观光区域。鲁家村作为安吉县休闲观光的一部分，正在鲁家村全域建设"安吉鲁家"生态农业观光区，全面提升村里的生态环境、人居环境和发展环境，提升村子的美丽度和村民的幸福度，把鲁家村打造成为山水美、生态美与人文美、精神美相得益彰的美丽乡村

　　资料来源：刘慧、肖芳：《安吉县鲁家村：一个贫困山村的美丽蜕变》，《浙江工人日报》2018 年 1 月 1 日，第 00003 版。

 经验借鉴

　　安吉县鲁家村从一个脏乱差的经济薄弱村蜕变为一个开门就是花园，全村都是景区，农村、农民、农场共同富裕的中国美丽乡村样板村仅仅用了五六年时间。在建设初，为破解鲁家村发展的困局，村班子以创建精品村为抓手。在美丽乡村建设中，有以下几点经验值得借鉴：①立足全局，整体规划。鲁家村请设计公司统一设计村庄规划、产业规划、环境提升规划。鲁家村的村庄建设、产业布局和环境改善，严格按照这张蓝图执行，从而做到建设上整村规划、产业上整村发展，实现跨越式发展。②灵活整合资源，解决资金问题。鲁家村采取盘活土地资源、整合美丽乡村建设补助金和各项涉农项目资金、用活村内人才资源的方式来整合村内资源，用资金拼盘的方式解决了创建精品村所需资金问题。③加强基础设施建设，提升村容村貌。鲁家村修建娱乐设施、美化路面、安装基本生活装置等，使村容村貌发生了巨大变化。④广泛发动村民，推进精品村创建。鲁家村基于村民补助补贴，鼓励村民参与精品村创建；成立村民小组，派干部指导工作。村民的主动参与加快了精品村创建的速度。到 2015 年，鲁家村实现了中国美丽乡村精品示范村创建目标。⑤注重旅游开发，打造低碳经济。鲁家村自 2015 年起，每年投入财政资金用于整体布局、梯度推进、连片提升精品观光线和观光区域，着力把鲁家村打造成为山水美、生态美与人文美、精神美相得益彰的美丽乡村。

十二、 北山村： 掘金"美丽经济"

 案例梗概

1. 带领村民到桐庐、磐安、衢州等地参观取经。
2. 修建"北山讲坛"，建起"露天文化礼堂"。
3. 开辟"枫香古道""清源醉亭""九都览胜"等景点。
4. 积极鼓励"农家乐"附带"民宿"。
5. 规划并种植了 50 亩红豆杉，用红豆杉的红豆泡烧酒销售。

关键词：参观取经；讲坛；文化礼堂；农家乐；民宿；景点开辟

 案例全文

在大陈镇九都溪竹海深处有一个北山村，村里只有 88 户人家，总人口数不足 200 人。村内环境整洁，一幢幢错落有致的民房镶嵌在海拔 600 多米高的竹海中，仿佛是个世外桃源。令人难以置信的是，这个过去一直依靠"卖毛竹"过日子的村庄，如今全村人捧上了乡村旅游的"金饭碗"，进而实现了从"卖毛竹"到"卖风景"的美丽转身。

免费手擀面催生"农家乐"

北山村拥有 3000 亩竹林，人均拥有 15 亩以上。"靠山吃山"的北山人，祖祖辈辈都是依靠"卖毛竹"过日子。村委主任楼裕洪说："尽管有杜（门）大（畈）公路通到大山深处，但在 2000 年之前，由于北山村坐落在半山腰中，所以很少有游客光顾。2003 年那场'非典'的来袭，来北山游玩的人一下子多了起来。"热情好客的北山村民，开始用手擀面免费接待游客。随着游客的增多，村民楼荣星就在村里开起了第一家农家乐餐馆。价格实惠、口味地道的农家餐馆，每天接待着很多游客。其他村民看见楼荣星的农家乐生意十分红火，也纷纷效仿开起了农家乐餐馆。

巧打"生态+人文"旅游牌

自 2003 年开出第一家农家乐餐馆后，北山村"两委"干部已经换了好几任，但每一任村"两委"干部都十分注重农家乐的培育和发展。"竹海是一个得天独厚的地理环境，固然可以吸引游客到来。但如果村庄环境脏乱差，就会大煞风景。要想游客纷至沓来，必须把北山村打扮得漂漂亮亮。"北山村的干部们是这么说的，也是这么做的。为发展农家乐，村党支部书记楼劲松和村委主任楼裕洪都曾自掏腰包，多次带领村民到桐庐、磐安、衢州等地参观取经。截至 2016 年 3 月，环境幽雅、村庄整洁的北山村已发展到 10 家农家乐餐馆和 3 家小吃店。

与此同时，北山村还想方设法开辟新景点，将文化内涵注入景区，用美丽景点吸引游客。2015 年，在上级党委政府的大力支持下，北山村在村庄中央修建了"北山讲坛"，在村北一块相对空旷的平地上建起了"露天文化礼堂"。礼堂北侧还开辟了"枫香古道""清源醉亭""九都览胜"等景点。村"两委"干部还积极鼓励"农家乐"附带"民宿"。游客来这里连吃带住，每天只需花费 80～100 元。除了义乌本地的大批游客，诸暨、杭州和上海等地的游客也纷至沓来。据了解，2008～2016 年，北山村已先后获得了"兴林富民村""绿化示范村""新农村建设示范村""义乌市生态村""浙江省林业观光园区""义乌市农家乐休闲旅游特色村"等多个荣誉称号。

"卖风景"给村民带来更多实惠

自从北山村有了知名度后，平均每天接待游客 900 人次，旺季时每天来游玩的人达 3000 多人。楼劲松说："保守估算，北山农家乐和民宿的年营业额，起码有 400 万元。"不仅如此，北山村的山货和农家美食也十分俏销。冬笋、毛调笋（介于冬笋和春笋之间的一种竹笋）、春笋、笋干、野生猕猴桃等山货和清明粿、"头羹"饼、米酪等食品深受游客青睐。该村十几家农户每年都采摘野生猕猴桃，全村光这一项的收入就有 20 多万元。为使村民增加更多的收入，北山村"两委"早在十几年前就规划并种植了 50 亩红豆杉。用红豆杉的红豆所泡的烧酒，每千克可卖到 300 元。目前，北山农家乐餐馆中几乎每家都有这种酒售卖。

北山村"两委"干部下一步还将引导村民增开农家茶室、小吃店等旅游产业，并开辟"坚勇大队被服仓库遗址"等红色景点，注入更多的文化内涵，因地制宜做强做大旅游产业，吸引更多的游客，让村民享受到更多发展美丽乡村经济带来的实惠。

资料来源：胡木水：《北山村掘金"美丽经济"》，《义乌商报》2016年3月20日，第01版。

　经验借鉴

　　一个不足200人的北山村，过去一直依靠"卖毛竹"为生，经济发展始终缺乏内生动力。村民看到了北山村优越的自然资源，决心走出一条生态+人文的旅游发展之路。如今北山村已经荣获多项旅游特色村荣誉称号，迎来了从"卖竹子"到"卖风景"的飞跃，其美丽乡村的建设经验如下：①外出学习经验，发展农家乐。为发展农家乐，村党支部书记楼劲松和村委主任楼裕洪都曾自掏腰包，多次带领村民到桐庐、磐安、衢州等地参观取经。②自然融入文化、提升景区魅力。在上级党委政府的大力支持下，北山村在村庄中央修建了"北山讲坛"，在村北一块相对空旷的平地上建起了"露天文化礼堂"。礼堂北侧还开辟了"枫香古道""清源醉亭""九都览胜"等景点。③吃住行一体，一条龙旅游。村"两委"干部还积极鼓励"农家乐"附带"民宿"。游客来这里连吃带住，每天只需花费80~100元。北山村的山货和农家美食也十分俏销。为使村民增加更多的收入，北山村"两委"早在十几年前就规划并种植了50亩红豆杉，用红豆杉的红豆泡烧酒销售。④村委带领致富，始终不忘美丽。北山村"两委"干部下一步还将引导村民增开农家茶室、小吃店等旅游产业，并开辟"坚勇大队被服仓库遗址"等红色景点，注入更多的文化内涵，因地制宜做强做大旅游产业，吸引更多的游客，让村民享受到更多发展美丽乡村经济带来的实惠。北山村"两委"干部已经换了好几任，但每一任村"两委"干部都十分注重农家乐的培育和发展。

十三、 埭头村： 立足古村文化　发展生态旅游

案例梗概

1. 立足古村文化保护，发展生态旅游经济，走上了一条人与自然和谐发展的致富路。
2. 对房屋的外立面进行仿古改造，对"三线"进行地埋，环境得以改善。
3. 建设垃圾分类处理房、污水处理池等破解"垃圾围村"的问题，深化美丽乡村建设。
4. 打造一批特色农家乐、生态农业等项目，还原农村本味，游客络绎不绝。
5. 从埭头村出发经多个景点开发形成小若岩景区。

关键词：古村文化保护；生态旅游经济；仿古改造；垃圾分类；污水处理；生态农业

案例全文

近年来，有 700 余年历史的埭头村立足古村文化保护，发展生态旅游经济，走上了一条人与自然和谐发展的致富路。

大刀阔斧提升村庄形象

埭头村依山而建，远处青山叠翠，近处溪流环绕，村内古井老屋古朴。远远望去，一幅幅以表现楠溪江耕读文化和山水景观为主的文化墙绘惟妙惟肖，与周边自然景观融为一体，美不胜收。行走在路上，道路干净整洁，沿街房屋外立面古色古香，家家户户门口花木簇拥……近年来，埭头村在原有基础上又大刀阔斧地进行改造，整个村庄形象大大提升。该村党支部书记陈福林表示，从 2015 年开始村里对 160 间房屋的外立面进行仿古改造，2016 年 6 月开始又对村里的"三线"进行地埋，改变原先电线乱拉、横穿道路的现状，对村民家里的门头进行了打扮，还新增了 28 盏路灯。

环境改善的同时村民素质也不断提高，进一步深化美丽乡村建设，但垃圾处理问题始终困扰着他们，为了破解"垃圾围村"的问题，埭头、大东、

李大屋三村联建农村生活垃圾分类处理终端处理房。整个处理房全部由鹅卵石砌成，分为二层，边上是棕色的木质护栏，共有 4 个分类处理房间，屋顶全部是透明的玻璃，垃圾要从二楼的窗口分类倒进处理房进行处理，该垃圾分类处理房每天可处理三个村约 1 吨的有机垃圾。此外，埭头、大东、李大屋三村还联建了污水处理池，日处理量达到 120 吨。

美丽乡村推动旅游发展

埭头村把古村旅游业和生态农业作为新农村建设的重点，自从美丽乡村建设后，村民慢慢尝到了环境改善的甜头，来旅游的人多了，农家乐生意越来越红火，也带动村里农副产品的销售。近年来，埭头村打造了一批特色农家乐、生态农业等项目。一批批城里人慕名而来，品尝原汁原味的农家菜肴，体验淳朴自然的农家生活。埭头村的楠风营地，如今是温州市少年儿童体验教育基地。走在埭头村，时常可以看到孩子们三五成群，在楠风营地里下农田、打草绳、做麦饼、摸田鱼，参与农业劳动，体验农家生活。陈福林说："通过古村落旅游、农家乐、生态农业等融合发展，村民生活发生了质的飞跃，村里每年游客达到 5 万多人，近几年村民年人均收入从 6000 多元升至 8700 多元。"

小若岩景区开发引客来

坐落于埭头村的小若岩景群是楠溪江大若岩镇辖域内又一山地景区，整个景点从埭头村出发经卧龙岗、九罗寨、玻璃栈道、小若岩洞、白水漈等再从大东村出口，也可反向行之。景区建设完成后，与周边的崖下库等景点联合在一起，形成小若岩景群。小若岩景区从 2014 年开始征用了村里 4000 多亩的山地进行开发打造，景区对外开放后 8% 的门票收入将归村里所有，届时将大大增加村里的收入。小若岩景区风景秀丽，尤其是新建的 1730 米的玻璃栈道，让很多游客慕名前来。

资料来源：富玲燕：《埭头村：立足古村文化　发展生态旅游》，《今日永嘉》2016 年 12 月 22 日，第 02 版。

 经验借鉴

埭头村立足古村文化保护，发展生态旅游经济，走上了一条人与自然和谐发展的致富路。其致富路上的经验主要有以下几点值得借鉴：①积极改造环境，提升村庄形象。埭头村先是对房屋外立面进行仿古改造，又对村里的"三线"进行地埋，改变原先电线乱拉、横穿道路的现状，对村民家里的门头进行了打扮，还新增了路灯。现如今行走在路上，道路干净整洁，沿街房屋外立面古色古香，家家户户门口花木簇拥。②倡导垃圾分类，提升村庄环境卫生。埭头村建设垃圾分类处理房，污水处理池等破解"垃圾围村"问题。③依靠村庄资源，发展农业旅游。农村生态旅游集旅游、观光、休闲、美食以及生活体验于一体，体现出浓厚的乡土特色，用不一样的乡村原汁原味的体验吸引广大游客。埭头村打造了一批特色农家乐、生态农业等项目，一批批城里人慕名而来，品尝原汁原味的农家菜肴，体验淳朴自然的农家生活。④重视"自然美"，建设开发自然景点。小若岩景群作为埭头村特色景点成为新经济增长点，玻璃栈道势头正旺。同时在此基础上建造各类公共设施和特色建设，共同保护传统文化、彰显地域特色，形成高质量、富有艺术美感的区域景观布景。

十四、　横腊村：　大山深处的"美丽经济"

 案例梗概

1. 以打造"花园民宿"村为核心，发展乡村休闲旅游产业，将自身的优势转化为"美丽经济"。
2. 开展乡村旅游，种植特色花开，布置特色景观。
3. 开发农家乐，建设游步道，完善基础设施。
4. 进行环境景观改造，修建成片民宿。

关键词： 休闲旅游产业；花园民宿；乡村旅游；农家乐；景观改造

 案例全文

　　如果把北山比作金华城区的后花园，那么，位于北山半山腰的横腊村，就是这个花园里最精致烂漫的装点。这个大山深处的小山村，在村"两委"

干部的带领下，依靠着自身的资源优势，以打造"花园民宿"村为核心，全力发展乡村休闲旅游产业，将自身的优势转化为"美丽经济"，实现了"美丽蝶变"。

横腊村距离金华市区 22 千米，其海拔 400 多米，是金东区曹宅镇最高的一个村落，从村子一头到另一头，落差有将近 70 米。全村共有 185 户 460 余人，因为地处偏远，村民们主要靠务农为生，种植白枇杷是他们的主要经济来源。每年 5 月，是饱满多汁、又大又甜的枇杷成熟季，金华市区甚至义乌、东阳，很多人带着一家老小到横腊村采摘枇杷。"枇杷名气虽大，但遇到年份不好水果减产，村民们收入就得不到保障。"横腊村党支部书记邵永铨说，"既然当了村干部就要用心为村民办实事，想方设法让村民尽快富起来。"

如何盘活山水资源，带动村民致富，激发乡村活力？在镇政府的引导下，横腊村"两委"干部动起了脑筋，再三考虑后决定开发乡村旅游，种植特色花卉，布置特色景观。此想法一出，便遭到了村民的质疑：好好的枇杷树为何要砍掉种花？"老百姓很现实，他们并不理解这种做法。"邵永铨说，枇杷树种在那，每年或多或少都会有收入，砍掉枇杷树就一点收入都没了，外加那个时候赔偿很少，村民们都不愿意在征地协议上签字。遇到"拦路虎"，村"两委"干部没有退缩。他们不分白天黑夜、不怕挨骂受气，挨家逐户、耐心细致做工作，和村民一起算账对比，引导村民转变观念。终于，在他们的耐心说服下，村民开始慢慢接受。在得到村民的理解和支持后，村"两委"说干就干，于 2015 年上半年众筹资金投入 100 多万元，种植了 30 亩的芝樱花海。

如今，每年的 3～5 月、9～11 月，前来横腊村游玩赏花的游客便络绎不绝，最多时一天接待游客达千余人。看到商机，村民们也纷纷开起了农家乐，开始在家门口赚钱。建设游步道、完善基础设施……为了进一步开发乡村旅游，在种植花卉的基础上，横腊村对全村进行了环境景观改造，准备把村子打造成特色"花园民宿"村。村里还引进了旅游开发龙头企业修建民宿。村"两委"的目标是，半年一小变，一年一大变，让村庄越来越美，老百姓越来越富。

资料来源：李爽爽：《发掘大山深处的"美丽经济"》，《义乌商报》2017 年 4 月 25 日，第 02 版。

经验借鉴

横腊村凭借着自身独有的资源优势，发展乡村旅游产业，产生了经济效益，在美丽乡村建设之路上实现了"美丽蝶变"。其美丽乡村建设经验如下：①响应村委领导，开发乡村旅游。在村"两委"干部的带领下，依靠着自身的资源优势，以打造"花园民宿"村为核心，全力发展乡村休闲旅游产业，将自身的优势转化为"美丽经济"，实现了"美丽蝶变"。②发展民宿经济，激发乡村活力。看到商机，村民们纷纷开起了农家乐，开始在家门口赚钱。③完善基础设施建设，夯实美丽经济基础。建设游步道、完善基础设施……为了进一步开发乡村旅游，在种植花卉的基础上，横腊村对全村进行了环境景观改造，准备把村子打造成特色"花园民宿"村。④引进外资，助力本地经济。村里引进旅游开发龙头企业修建民宿。

十五、 引领茶树坪村的美丽蝶变

案例梗概

1. 不再靠山吃山走老路，发展旅游业，开办特色桃源农家乐。
2. 成立农家乐协会，创立农家乐捆绑经营模式，标准统一化。
3. 延长农家乐经营时间，打造避暑养生休闲基地。
4. 通过互联网众筹高山稻米"体验师"，播种"智慧稻田"。

关键词：特色农家乐；标准统一；避暑养生；智慧稻田

案例全文

四周群山环绕，白墙青瓦，农舍在青山和农田间错落有致，坐落其间的就是遂昌县高坪乡茶树坪村。2006年以前，这里是一个远近闻名的低收入集中村，村民过着靠山吃山的日子。而现在，茶树坪村已经成为全国知名的避暑休闲养生胜地，村民的生活有了质的飞跃。带领全村人走向富裕生活的是土生土长的茶树坪村人——黄久富。

"从小就在这里长大，不想自己的家乡一直这么贫穷，也不想年轻人和自己一样因为贫穷而做一辈子的农民。"怀着一颗为家乡百姓做点实事的心，2008年，黄久富当选为茶树坪村党支部书记。要想改变家乡贫困的面貌，不能再走靠山吃山的老路子。黄久富发现，每年五六月有游客跑到茶树坪村后山的桃源尖看杜鹃花，人不多，也就几百人，但黄久富意识到后山这片村民原本熟视无睹的杜鹃花，也许能带来新变化。2006年，他抱着试试看的心态带领有意向的农户开办了桃源农家乐，当时只有4户人家，他们也仅仅提供农家饭。没想到一年下来，也有不错的收入。村民们看到仅在家烧烧农家菜也能赚到钱，于是有了开办农家乐的想法，纷纷向黄久富学习取经。

2008年，茶树坪村成立了遂昌县第一个农家乐协会，创立了捆绑经营模式，实行统一宣传、统一接团、统一标准、统一价格，避免了经营户之间的恶性竞争。在这种经营模式下，床位越多的经营户获得的净利润越高，激发了经营户扩展经营规模的热情。茶树坪农家乐火了，可善于思考的黄久富发现，农家乐经营时间非常短，只集中在每年杜鹃花开的两个月，如何延长经营时间，让游客在平时也来茶树坪旅游，又成了摆在黄久富面前的一道难题。

乡村旅游的定位不就是吸引城里人来体会原汁原味的田园生活，亲近未被污染过的清新环境？于是，黄久富想着是否可以利用茶树坪村夏天清凉的天气和高山原生态食品来做"避暑养生休闲"文章。这个思路很快就得到了县乡两级政府的支持，茶树坪村开始全力打造避暑养生休闲基地，不断在旅游内涵、农家菜和服务质量上下苦功。现在，游客在茶树坪农家乐不仅能参与打麻糍、摘野菜、春耕、木偶戏等活动，还能享受"食疗""运动疗"等特色养生项目，活动的内容丰富了，前来游玩的游客也多了。

2016年5月，脑子活络的黄久富和村干部们商量，决定通过互联网众筹高山稻米"体验师"。众筹活动吸引了不少游客，全村51户520张床位全部爆满，从插秧到割稻，再到稻草摄影等活动，茶树坪村的旅游活动可以做到几乎"全年无休"，增加了旅游"保鲜期"。同时，通过网络直播种稻谷，玩转众筹卖大米，播种300亩"智慧稻田"的探索，更是成为了"互联网+"现代农业全国百佳实践案例。2016年，茶树坪村一年的旅游综合收入达1600多万元，人均纯收入也从2006年的2000元增加到12578元，"要致富，找久富"是对黄久富最真实的写照。2017年的换届选举中，黄久富再一次满票连任茶树坪村党支部书记，将在带领村民致富的路上继续走下去。

资料来源：叶江、林子靖：《引领茶树坪村的美丽蝶变——记高坪乡茶树坪村党支部书记黄久富》，《丽水日报》2017年7月17日，第A02版。

 经验借鉴

2006年以前，遂昌县高坪乡茶树坪村是一个远近闻名的低收入集中村，村民过着靠山吃山的日子。而现在，茶树坪村已经成为全国知名的避暑休闲养生胜地，村民的生活有了质的飞跃，其美丽乡村建设经验如下：①依靠本地资源，进行特色开发。村党支部书记黄久富发现茶树坪村后山的桃源尖杜鹃花受到游客一定的喜爱，便带领有意向的农户开办了桃源农家乐，仅仅提供农家饭也有不错的收入。②完善管理方式，提升经营业绩。在参与农户大量增加后，茶树坪村成立了遂昌县第一个农家乐协会，创立了捆绑经营模式，实行统一宣传、统一接团、统一标准、统一价格，避免了经营户之间的恶性竞争。在这种经营模式下，床位越多的经营户获得的净利润越高，激发了经营户扩展经营规模的热情。③发展疗养经济，满足田园需求。乡村旅游的定位是吸引城里人来体会原汁原味的田园生活，亲近未被污染过的清新环境，受到县乡两级政府的支持，茶树坪村开始全力打造避暑养生休闲基地，不断在旅游内涵、农家菜和服务质量上下苦功。④借助数字经济，提升发展质量。当地通过互联网众筹高山稻米"体验师"，网络直播种稻谷，玩转众筹卖大米，播种300亩"智慧稻田"的探索，吸引了不少游客，增加了旅游"保鲜期"。茶树坪村这样的举措，使得其旅游综合收入与人均纯收入不断增加，实现了致富梦想。

十六、　青田龙现村："联合国村"　新气象

案例梗概

1. 龙现村的"稻鱼共生系统"代表亚洲跻身全球农业文化遗产。
2. 坚持遗产保护与旅游开发相结合，把自身拥有的多种文化融入开发建设中。
3. 全力打造"绿色田园、休闲胜地"旅游名片。

4. 发展农家乐，带动鱼产品的销售，实现致富创收。

关键词：稻鱼共生；遗产保护；旅游开发；旅游名片；农家乐

 案例全文

地处青田县城东南 20 公里，与温州瑞安相邻的方山乡龙现村，是一个与联合国有着密切联系的传奇古老村庄。2005 年 5 月 16 日，联合国粮农组织在世界范围内评选出了 5 个古老而濒危的农业系统。龙现村的"稻鱼共生系统"代表亚洲跻身全球农业文化遗产，成为世界农业遗产在全球第一个挂牌的保护区。这里是青田华侨的"发祥地"之一，全村 1500 多村民中，有一半以上在 50 多个国家和地区经商创业。在家的村民多为老侨民和华侨子女，由于很多人拥有各个国家的居留权，因此龙现村也就被称为"联合国村"。

龙现村四面环山，地势不平，房屋依山而建，依水而筑，就地取材，石块垒墙。现存古民居 20 多处，另有古桥、古亭、古庙等许多古建筑，年代最久远的房子已有上百年历史。古色古香，富有情趣。比建筑年代更久远的，是龙现人在稻田里养田鱼的历史。据考证始于唐代，至今已有 1200 年的历史。龙现人养田鱼可以用"见水养鱼"四个字来形容，水田里、溪坑里、水塘里、房前屋后、角角落落，只要有水，都会有田鱼在里面游动，是名副其实的"中国田鱼村"。

过去，由于稻田养鱼生产规模小，田鱼本身的经济价值有限等，养田鱼不能给龙现人带来更多的财富。所以，头脑灵活不怕"远征难"的龙现人早早就走出方山、走出国门去赚洋钱。如今，古老的"联合国村"正焕发新的发展生机。近年来，村里坚持遗产保护与旅游开发相结合，把田鱼文化、华侨文化、民俗文化、古居文化等融入开发建设之中，以"游真山真水，品农家野味"为主题，发展集赏鱼、钓鱼、吃农家菜、住农家房为一体的农家乐旅游，同时上马建设十八潭游步道、邵山至龙现道路拓宽、民俗展览厅、华侨展览厅等旅游基础设施，全力打造"绿色田园、休闲胜地"旅游名片。到目前，全村已有十多户村民带头发展了"农家乐"，田鱼养殖大户还发展了参与性比较强的抓鱼、烧鱼、鱼干烘制等环节的休闲旅游，备受游客青睐。发展农家乐，直接全面带动了田鱼干和鲜活鱼的销售，早在 2012 年，全村田鱼干、鲜活鱼和餐饮收入已超过 200 万元。

资料来源：阮春生、徐晓军：《青田龙现村："联合国村"气象新》，《丽水日报》2012年10月8日，第A01版。

经验借鉴

享有"联合国村"美誉的古老村庄龙现村在保留传统农业遗产的基础上，坚持遗产保护与旅游开发相结合，成功进入美丽乡村的名列，其转型的主要经验有如下几条：①不囿于传统，勇于探索。龙现村发现"稻田养鱼"的生产模式难以大规模发展创收，便走出国门创业经商，开拓了眼界的同时也为村子日后的转型打好经济基础。②结合自身特色，开展产业转型。村民在龙现村传统田鱼产业的基础上发展农家乐，把田鱼文化、华侨文化、民俗文化、古居文化等融入开发建设之中，在保留了自身特色的前提下成功实现转型。③以遗产促旅游，以旅游护遗产。龙现村明确自身依山傍水、拥有世界农业遗产保护区的优点，谨遵"绿水青山就是金山银山"的发展理念，在不遗失传统的前提下打造别具一格的旅游产业。④坚持创新，避免自满。龙现村在成功实现转型后仍不断结合多种自身文化进行旅游基础设施建设。

本篇启发思考题

1. 村民起初如何看待山地丘陵地貌？
2. 村民对山地丘陵地貌的看法是如何转变的？
3. 概括转变前的乡村发展方式。
4. 概括转变后的乡村发展方式。
5. 乡村发展方式转变的客观驱动条件是什么？
6. 乡村发展方式转变的主观驱动条件是什么？
7. 说明山地丘陵在美丽乡村建设中的作用和角色。
8. 总结分析本篇各村庄美丽乡村建设的共同点。
9. 总结分析本篇各村庄美丽乡村建设的不同点以及为何不同。
10. 说明除山地丘陵之外的美丽乡村建设的物质基础。
11. 说明除山地丘陵之外的美丽乡村建设的精神基础。
12. 村庄如何保持和提升这些物质和精神基础？
13. 总结概括本篇美丽乡村建设的效果。
14. 请用一句话概括本篇美丽乡村建设给你的启示，并加以说明。

第四篇
山地丘陵且沿海环岛地带

一、 三山村： 美丽乡村春意浓

 案例梗概

1. 三山村以 30 个党小组为单位划分了小组包干网格。
2. 组建起乡村旅游、溪坑治水、商圈服务、居家养老、爱心家政、绿化保洁等特色功能性党小组。
3. 溪坑治理党小组和女性党员组成的"巾帼治水岗"不定期巡逻河道、溪坑。
4. 改造提升规划，着力打造"一带二轴三片"空间布局，倾力打造山海诗意小镇。
5. 根据三山村花木产业发展的实际，进行大流转、大景观改造。
6. 通过土地集中流转，由村或社进行统一管理，让景观与生产相结合。
7. 倾听周边群众意见，及时调整政策处理方向，召开村民、代表等告知会议。
8. 开展"最干净村庄"评选，用以奖代补的形式，调动村民的积极性。

关键词：小组包干；党小组；空间布局；土地集中流转；告知会议；以奖代补

 案例全文

依山傍水的北仑春晓街道三山村，生态资源丰富，是原三山乡政府驻地，境内山峦苍翠、溪流淙淙，宛如世外桃源。但随着北仑区滨海新城建设的高品质推进，沿海中线以北的农村日渐衰落。三山片区原生态的农村形态和属性，原先缺乏系统性规划，导致商业业态层次较低、基础设施逐渐老旧、公共服务配套不足、集镇功能日益衰退。

农村不能只是一个记忆中的老家，还应该是一个回得去的家园。依托独特的区位优势和资源禀赋，春晓街道全面推进三山新农村建设，打造新城的后花园，推进一二三产融合和城乡融合，建设宜居宜业宜游的品质城镇。科学谋划，大胆创新，短短几年间，一个生态特色鲜明、村容村貌整洁、增收渠道顺畅、乡村文化繁荣的生态宜居新农村款款而来。昔日穷山呑，蜕变成一个精品生态村。

热爱"三农"的基层干部　提升建设美丽乡村的执行力

在乡村建设过程中，发挥广大农村党员干部的先锋模范作用，培养和形成一支懂农业、爱农民、爱农村的乡村基层干部队伍至关重要。春晓街道分管城建工作的副主任虞哲华参与三山村建设近十年，从最初的规划设计到组织协调、施工建设、维护管理，全程亲力亲为。在溪坑改造工程中，他与村里的能工巧匠一起，用就地取材的老瓦片，为河两岸的护栏精心设计图案。三山村不少村民对他评价很高。村民柯久仁称赞："我每次在施工现场，都能看到虞哲华同志，风雨无阻。一次两次不稀奇，每次都到岗，在一线指挥协调，这样的好干部，实在是难得。"

三山村像虞哲华一样有情怀、有担当、有能力的好干部，并不在少数。在春晓街道，有一大批极富"工匠精神"的乡镇干部，沉下心，在一线踏踏实实做事。年过花甲的老师傅沃振宇是春晓街道城建科外聘人员，他懂技术、懂工艺，不仅有着丰富的经验，更有着非同寻常的耐心。在三山老街改造过程中，他参与了店招设计、立面整修等复杂程度较高的工作，兢兢业业，从无怨言。自2014年11月以来，春晓街道还选派年富力强的年轻干部到村担任第一副书记，即"春苗书记"，帮助村社化解矛盾，指导协助进行环境整治、乡村建设、发展经济等。在体量庞大的三山提升改造中，不仅需要政府资金有力支持，更需要一批好干部，发挥引导、协调等重要作用。

舍小家、为大家的党员骨干　铸就美丽乡村的凝聚力

在农村地区，老党员、老干部是村（社）美丽乡村建设的一支生力军，他们架起群众与政府之间的桥梁，真正起到上传下达的作用。双狮社的老党员、老支书曹国民就是这支生力军的其中一员，离任后，他仍然牢记党的宗旨，一心为民，以最淳朴的热情和执着，一直积极配合村社干部，充分发挥

余热。2013 年，双狮社因引进大项目需要征地，村民们不舍田地，起初都不肯被征用，他在了解清楚项目的详情后，第一个签字同意自己田地被征用，随后不断做三个儿子的思想工作，配合政府部门推动征地工作的顺利推进，期间他承受了巨大的压力，付出了许多的心血。他始终坚持一个原则：凡是有利于农村长远发展的，都大力支持。

像曹国民这样舍小家、为大家的老党员，不在少数。自建设美丽乡村以来，三山村以 30 个党小组为单位划分了小组包干网格。每个包干网格都由党小组长负责分工，小组成员承担起包干区域内的环境卫生、绿化养护、村户乱堆乱放现象劝导工作。按照片区实情，三山村还组建起乡村旅游、溪坑治水、商圈服务、居家养老、爱心家政、绿化保洁等特色功能性党小组，助力小城镇环境综合整治、剿劣治水、发展乡村旅游等中心工作。在三山商圈党小组的努力下，三山综合体商业圈里占道经营、随意倾倒废水垃圾等"脏乱差"现象得到了改善。店主们主动配合城管执法，保持环境整洁。在"五水共治"行动中，溪坑治理党小组和女性党员组成的"巾帼治水岗"不定期巡逻河道、溪坑，一发现垃圾及污水排放就及时找人协调解决，确保水质清澈、水面干净。

专业人士发掘乡土特色　激活美丽乡村的创造力

美丽乡村建设，不仅要营造干净整洁的农村环境，提升基础设施水平，更要遵循乡村发展规律，注重深度挖掘文化资源，并使两者融合，彰显人文特色。这其中，乡村规划发挥着重要的引领作用。三山新农村改造提升规划，着力打造"一带二轴三片"空间布局，按照"多元导向、多规衔接、特色彰显、产形结合、资源复合、城乡互联"六大发展原则，形成近期洁境、中期美境、远期意境整治目标和"1+1"区域"改造+提升"整治思路，倾力打造山海诗意小镇。

从 2012 年起，宁波大学建筑系主任陆海教授参与了三山村的规划。在乡村建设中，他一直倡导"三原生活"：原来的生活、原来的状态、原来的村庄。他认为，在物理层面，要让乡村更美丽，在经济层面，要让乡村变得更富裕，更确切地讲，要让乡村变得更有秩序、更清洁、更舒适，但又要让乡村保留原有特色，而不是千村一面。"现在生活在乡村的，大都是老人。理想的乡村，应该有良好的环境，有传统的历史，也有现代化的生活。"公共环境的提升是基础。在规划中，陆海及其团队因地制宜，为村庄做了系统规划。根据三山村花木产业发展的实际，进行大流转、大景观改造，通过土地集中流转，由村或社进行统一管理，让景观与生产相结合；对村庄进行主题打造，比如双狮片区先天条件良好，通过基础设施提升全力发展乡村旅游，合宅是整个三山片区的生活功能支撑点，需要把重点放在沿街商铺整治上，统一店招，规划大型停车场，同时设计了一个农村综合体，承担会议、餐饮、住宿等功能。

新锐海归设计师王灏也参与了三山村不少单体设计，他的理念并不是大拆大建，而是以旧修旧。比如在外立面改造中，坚持不统一刷白，而是让房子保留原来的肌理；合宅溪坑改造中，收集老房子的废瓦，发动村里能工巧匠砌两岸护栏，用村里的竹子在溪边打造凉亭。而合宅综合体的设计，整体呈现新中式民居的风格，屋顶有三个波浪，意喻三山村三面环山而得名的缘由，同时设计慢性系统，并在建筑外墙添加了村庄历史文化民俗等特色标识。"我们的设计大多用了朴素的、传统的建筑工艺，用相对低廉的成本，做出好的品质，是可复制的。"王灏说。

依托特有资源禀赋，三山村不断发掘人文特色，在山水格局、建筑特色、园林景观、户外广告等项目中，把文化融入大街小巷和居民生活场景，初步形成有内涵的公园、有记忆的街区，展现出浓郁的市井文化、民俗风情和地方特色。如今，溪坑水生态修复工程为老街增添了乡愁和诗意；域内太河公路获评省最美公路；青龙溪坑、双狮田园等已形成小桥流水人家式的美丽田院，成为百姓休闲旅游的好去处。

村民的主动性和创造性激荡美丽乡村的生命力

乡村建设需要凝聚力量，发挥农民主体作用，让农民群众唱主角，做到政府主导与农民主体作用相结合，坚持发挥农民在民意驱动、机制创新、组织带动等方面的决策、建设、监管的主体作用。在建设过程中，春晓街道不断拓宽群众参与渠道，把群众从"看客"逐步转变为"参与者、监督者与践行者"。动工前倾听民意。项目施工势必影响村民的生活，在建设项目实施前期，春晓街道组织人员到早餐店等人员聚集场所，倾听周边群众意见，及时调整政策处理方向，召开村民、代表等告知会议，提高项目实施知晓度。

亮出党员干部"先锋岗"。各村社"共产党员户"全部挂牌，在门前公示卫生、绿化、秩序"三包承诺"，年底进行"星级党员户"评定。

激发村民环保积极性。为优化村社整体环境，春晓街道连续多年开展"最干净村庄"评选，用以奖代补的形式调动村民的积极性。2017年，获评的村庄最高可拿到12万元。这一举措，增强了先进示范引领作用，进一步动员和鼓励各村（社）开展环境卫生综合整治。政府的执行力、干群的凝聚力，以及专业人士的筹划助力，三方形成合力，打造出三山这一乡村建设的好作品、好样本。

三山村位于北仑南端，是春晓街道的中心，毗邻梅山开发区。三面环山，一面临海，三山村山水资源丰富，全村纵深6656米，村域面积约18平方千米。2005年3月，三山村由球山、双狮、凤山、堰潭、合宅5个村合并而成，村设党总支1个，支部6个，全村共有党员316人，下设股份经济合作社5个，村民小组30个。2017年全村有耕地174.47公顷，山林1084.76公顷；集体经济总收入482万元；全村有户籍2685户，户籍人口7035人，外来人口1443人。

在全域旅游的推进中，"醉美三山"脱颖而出，被誉为"三美乡村"，特别是"醉美双狮"荣获"宁波市十大特色民宿村""宁波市农家客栈（民宿）集聚村""浙江省AAA级景区村庄""浙江省首批休闲旅游示范村"等荣誉称号。

资料来源：厉晓杭、陈盛竹、沈丽丽：《美丽乡村春意浓》，《宁波日报》2018年2月28日，第A9版。

 经验借鉴

依托独特的区位优势和资源禀赋，春晓街道全面推进三山新农村建设，打造新城的后花园，推进一二三产融合和城乡融合，建设宜居宜业宜游的品质城镇，让昔日穷山岙，蜕变成一个精品生态村。总结三山村美丽乡村建设经验，主要有以下几点：①发挥党员干部作用，提升执行力和凝聚力。三山村有一大批极富"工匠精神"的乡镇干部，在一线做事，春晓街道还选派年轻干部到村担任第一副书记，协助建设美丽乡村；同时，老党员、老干部起表率作用，通过建设包干网格等举措支持美丽乡村建设进程推进。②采纳专家意见，制定发展规划。采纳"三原生活""以旧修旧"等专业意见，着力打造"一带二轴三片"空间布局，按照"多元导向、多规衔接、特色彰显、产形结合、资源复合、城乡互联"六大发展原则，形成近期洁境、中期美境、远期意境整治目标和"1+1"区域"改造+提升"整治思路，倾力打造山海诗意小镇。如今，溪坑水生态修复工程为老街增添了乡愁和诗意；域内太河公路获评省最美公路；青龙溪坑、双狮田园等已形成小桥流水人家式的美丽田院，成为百姓休闲旅游的好去处。由此可见三山村措施的正确性。③以农民为主体，让农民群众唱主角。在建设过程中，三山村不断拓宽群众参与渠道，把群众从"看客"逐步转变为"参与者、监督者与践行者"。动工前倾听民意，以及时调整政策处理方向，提高项目实施知晓度；亮出党员干部"先锋岗"，发挥村民鞭策作用；激发村民环保积极性，用"以奖代补"的形式调动村民环保积极性。综合以上三点经验可见，正是政府、干群、专业人士、村民的合力，才打造出三山这一乡村建设的好作品、好样本。

二、 东门渔村： 探索全域旅游　激活渔乡生机

 案例梗概

1. 建设各类渔家乐和渔家饭店。
2. 全面启动传统村落保护性修缮工作，提升古村品质。
3. 修缮传统民居、打造直街入口景观、修复直街沿街立面和提升村庄环境。
4. 计划新建门头山休闲公园和气象公园。

关键词：渔家乐；传统村落修缮；村庄环境提升；休闲公园；气象公园

 案例全文

近年来，东门渔村主动转型发展，以海滨乡村的独特地理自然环境、传统古村落等资源为依托，凭借民俗风情、特色海产品、海边步道观光、岛屿旅游等生产经营形态和附属服务设施平台，致力打造特色旅游乡村。而全域旅游建设的全面开展，更使渔村的各个"渔元素"发挥到极致。

随着渔村旅游业的发展，渔民的"旅游意识"和"休闲观念"不断增强，村内不少风情各异的民宿和渔家客栈拔地而起，截至 2016 年 10 月，已有 6 家渔家乐、2 家渔家饭店。江苏、上海、宁波等地的游客络绎不绝前来观光旅游。游历过澳门、洛杉矶等国内外多地的义乌游客陈先生说："特地赶

过来吃海鲜，虽然去过很多地方，却从没有见过那么多捕鱼船，小渔村别有一番风味。"

为迎接慕名而来的游客，象山县石浦镇东门渔村民宿"旧岸往事"的老板娘陈月姣，一大早就开始打扫布置起自家民宿。"提前一个星期，房间就被游客电话预订了。"陈月姣说，民宿经营给她带来了很多收获，生活更加紧凑和充实。陈月姣的丈夫是渔民，丈夫出海后，她守着大房子，闲在家里。在村干部的建议下，2016 年 5 月，陈月姣开始经营民宿。"旧岸往事"的生意红火，七八月入住率达到了 80%，十一黄金周更是一房难求。

东门渔村副书记奚文魁介绍，在旅游大环境下，保护性修缮和利用传统村落、老房子，提升古村品质，可以给转型创业的渔民创造更好的条件。2015 年 12 月，东门渔村开始全面启动传统村落保护性修缮工作，包括传统民居修缮、直街入口景观打造、直街沿街立面修复和村庄环境提升等。

资料来源：黄玎：《东门渔村：探索全域旅游　激活渔乡生机》，《今日象山》2016 年 10 月 20 日，第 02 版。

 经验借鉴

象山县石浦镇东门渔村如今成为了远近闻名的旅游目的地，不少客人远道而来品尝当地海鲜美食，度假休闲。东门渔村再也不是早出晚归打鱼卖鱼的小村落，而成为了特色旅游、最美乡村的优秀代表，其美丽乡村建设经验如下：①依靠资源优势，主动转型发展。近年来，以海滨乡村的独特地理自然环境、传统古村落等资源为依托，东门渔村主动转型发展。②利用既有条件，发挥最大效益。凭借民俗风情、特色海产品、海边步道观光、岛屿旅游等生产经营形态和附属服务设施平台，致力打造特色旅游乡村。而全域旅游建设的全面开展，更使渔村的各个"渔元素"发挥到极致。③整合渔业资源，做大旅游产业。随着渔村旅游业的发展，渔民的"旅游意识"和"休闲观念"不断增强，村内不少风情各异的民宿和渔家客栈拔地而起。江苏、上海、宁波等地的游客，络绎不绝前来观光旅游。④保护传统文化，夯实发展基础。在旅游大环境下，保护性修缮和利用传统村落、老房子，提升古村品质，可以给转型创业的渔民创造更好的条件。

三、 桐照村： 国家级 "最美渔村"

 案例梗概

1. 投资 3000 万元，建造了一个一级群众渔港。
2. 建成翡翠湾游客集散中心、休闲渔船码头、停车场等一批旅游设施项目。
3. 积极培育水产品交易市场，实施一二三产业联动。
4. 引导渔民转产转业，切实保护好海洋渔业资源。

关键词：群众渔港；旅游设施项目；水产品交易；渔业资源保护

案例全文

2017 年，在原农业部渔业渔政管理局举办的第二届中国休闲渔业高峰论坛暨全国休闲渔业品牌发布活动中，莼湖镇桐照村被授予国家级 "最美渔村" 称号。

被誉为 "中国第一渔村" 的桐照村，渔业生产历史悠久，是全国最早设立的渔村之一，也是全国海洋捕捞能力很强的一个村。全村拥有各类渔船 530 艘，外海捕捞成为桐照村的一大支柱产业。近几年来，桐照村大力调整产业结构，从单纯加工向多元化经营转变，从内向型向外向型转变，从单纯收购向捕、养、销一条龙转变，全村渔业经济年总产值已达 10 亿元以上。

为了适应大马力渔船的发展，提升码头承载能力，桐照村投资 3000 万元，建造了一个一级群众渔港，可停靠 500 多艘渔船和接鲜船，年吞吐量达 150 万吨。一级群众渔港的建成使大马力渔船进出港不再受潮汐影响，渔船的进出港时间和港内停泊时间进一步缩短，极大方便了渔船的进出往来，为渔船装卸渔获物提供了便捷，同时也吸纳了上千人就业。下一步，桐照村将高标准做好新村建设规划，把象山港生态保护作为核心，把渔村经济发展和新农村建设有机结合起来，积极培育水产品交易市场，实施一二三产业联动，进一步引导渔民转产转业，切实保护好海洋渔业资源。

此外，莼湖镇翡翠湾海洋公园被原农业部评为"全国精品休闲渔业示范基地"，全国共45家。

翡翠湾海洋公园拥有休闲渔船58艘，目前已建成翡翠湾游客集散中心、休闲渔船码头、停车场等一批旅游设施项目。如今，每到双休日和节假日，翡翠湾海洋公园成为游客海洋休闲旅游的好去处。2017年翡翠湾接待游客近10万人次，年产值达1800余万元。"翡翠湾能评为全国精品休闲渔业示范基地，这对我们转产转业渔民来说是一个利好消息，相信今后会有更多游客来这里进行海上体验。作为渔民要提高服务质量，多提供新鲜的海鲜以满足游客需求。"翡翠湾海洋公园一位姓林的转产转业渔民如是说。

资料来源：袁盈波：《桐照村被授予国家级"最美渔村"称号》，《奉化日报》2017年11月4日，第A2版。

 经验借鉴

被誉为"中国第一渔村"的桐照村，渔业生产历史悠久，是全国最早设立的渔村之一，也是全国海洋捕捞能力很强的一个村。近年来，桐照村立足转型经济发展模式，打造以渔业为主体的美丽乡村，并且被授予国家级"最美渔村"称号，其美丽乡村建设经验如下：①调整产业结构，拓宽产业链。桐照村大力调整产业结构，从单纯加工向多元化经营转变，从内向型向外向型转变，从单纯收购向捕、养、销一条龙转变，全村渔业经济年总产值已达10亿元以上。②适应市场需要，扩建重点设施。为了适应大马力渔船的发展，提升码头承载能力，桐照村投资3000万元，建造了一个一级群众渔港，可停靠500多艘渔船和接鲜船，年吞吐量达150万吨。③重视生态保护，实施联动发展。桐照村将高标准做好新村建设规划，把象山港生态保护作为核心，把渔村经济发展和新农村建设有机结合起来，积极培育水产品交易市场，实施一二三产业联动。④开发旅游产品，丰富游客体验。翡翠湾海洋公园拥有休闲渔船58艘，目前已建成翡翠湾游客集散中心、休闲渔船码头、停车场等一批旅游设施项目。如今，每到双休日和节假日，翡翠湾海洋公园成为游客海洋休闲旅游的好去处。

四、 五岙村： 全国最美渔村

案例梗概

1. 投入资金 500 多万元，提升规划、建设基础设施、整治环境、指导服务。
2. 提出把五岙村打造成 AAAA 级景区村，台州市农家乐休闲旅游的典范村。
3. 盘活当地闲置的石屋资源，引入资金，大力兴办民宿。
4. 继续推进石塘国际石屋度假小镇建设，打造成温岭版地中海。

关键词：景区打造；休闲旅游；民宿；度假小镇；环境整治；基础设施建设

案例全文

原农业部公布 2017 年休闲渔业品牌创建主体认定名单，认定 27 个村（镇）为"最美渔村"，石塘镇五岙村上榜。这是台州唯一上榜"最美渔村"的村（镇），整个浙江也仅有 4 个。住建部等 5 个部门公布的 2017 年改善农村人居环境示范村名单，五岙村同样榜上有名，荣获全国环境整治示范村之一。

"如今的五岙，可以说是一个省内乃至全国高端民宿集聚的典范村。"说起五岙村，温岭市农办负责人如数家珍。五岙村是石塘镇的一个普通小渔村，近年来，这个藏在温岭市 200 多公里海岸线上的小渔村因发展渔家乐、石屋民宿等乡村休闲旅游而声名鹊起。

可谁曾想，就在十几年前，这个美丽的渔村还因渔业资源枯竭、村民外出打工谋生而日渐"空心"、凋敝。

一个通过环境整治、发展乡村休闲旅游的新思路，让五岙村迎来华丽的转身。在当地村干部的积极争取下，市农办将五岙村列入新农村建设示范村、美丽乡村精品村等创建范围，累计投入资金 500 多万元，通过提升规划、建设基础设施、整治环境、指导服务等，乡村休闲旅游发展环境得到了显著改善，不仅沙滩整洁了，新建的沿海绿道也成为一大亮点。"当时就提出要把五岙村打造成 AAAA 级景区村，台州市农家乐休闲旅游的典范村，国内最浪漫、最美丽的渔村。"该负责人介绍。

同时，在市农林办公室等部门的指导规划下，通过盘活当地闲置的石屋资源，引入资金，大力兴办民宿，走出了一条乡村休闲旅游发展的路子。通过示范引领，民宿如雨后春笋般在当地涌现。截至 2017 年 11 月，五岙村已有民宿 15 家，其中，星罗海野、海山生活、流水人家、静沁苑等民宿颇具特色。江苏卫视的真人秀节目《三个院子》也前来取景拍摄，林更新、陈赫等明星的入住更是掀起了新一波民宿热。

民宿迅速发展的同时，村民的收入得到了显著增加。比如，石屋租价收入更为可观了，已从原来的每间每月 300～500 元提升到 1000～1500 元。另外，村民也可就近在民宿就业，或者通过售卖土特产等方式增加收入，村庄活力得以重新焕发。"从这个角度来说，五岙村也是乡村振兴的典范。"该负责人表示，今后市农办将联合有关单位，继续推进石塘国际石屋度假小镇建设，打造成温岭版地中海。

资料来源：陈潜：《五岙村上榜全国最美渔村 全省仅 4 个村入选》，《浙江新闻》2017 年 11 月 10 日，https：//zj. zjol. com. cn/news/799288. html。

 经验借鉴

十几年前的五岙村，因渔业资源枯竭、村民外出打工谋生而日渐"空心"、凋敝。如今作为台州唯一上榜"最美渔村"的村（镇），石塘镇五岙村成为省内乃至全国高端民宿集聚的典范村，其美丽乡村建设经验如下：①面对发展困难，及时转变观念。这个美丽的渔村曾因渔业资源枯竭、村民外出打工谋生而日渐"空心"、凋敝。如今转变思路，走上发展休闲旅游经济之路。②大力整治环境，发展乡村旅游。通过环境整治、发展乡村休闲旅游的新思路，让五岙村迎来华丽的转身。③提前科学规划，提升基础设施。通过提升规划、投入建设基础设施、整治环境、指导服务等，乡村休闲旅游发展环境得到了显著改善，不仅沙滩整洁了，新建的沿海绿道也成为一大亮点。④依靠现有资源，发展民宿产业。通过盘活当地闲置的石屋资源，引入资金，大力兴办民宿，走出了一条乡村休闲旅游发展的路子。通过示范引领，民宿如雨后春笋般在当地涌现。

本篇启发思考题

1. 村民起初如何看待山地丘陵且沿海环岛地貌?

2. 村民对山地丘陵且沿海环岛地貌的看法是如何转变的?

3. 概括转变前的乡村发展方式。

4. 概括转变后的乡村发展方式。

5. 乡村发展方式转变的客观驱动条件是什么?

6. 乡村发展方式转变的主观驱动条件是什么?

7. 说明山地丘陵且沿海环岛在美丽乡村建设中的作用和角色。

8. 总结分析本篇各村庄美丽乡村建设的共同点。

9. 总结分析本篇各村庄美丽乡村建设的不同点以及为何不同。

10. 说明除山地丘陵且沿海环岛之外的美丽乡村建设的物质基础。

11. 说明除山地丘陵且沿海环岛之外的美丽乡村建设的精神基础。

12. 村庄如何保持和提升这些物质和精神基础?

13. 总结概括本篇美丽乡村建设的效果。

14. 请用一句话概括本篇美丽乡村建设给你的启示，并加以说明。

第五篇
平原盆地地带

一、 方家村： 农村美丽"蝶变"　乡村旧貌换新颜

案例梗概

1. 在"两学一做"学习教育中，重点抓住"学、讲、改、做、评"五个字开展好学习教育工作。
2. 以"美丽乡村我带头　一名党员一面旗"开展行动，充分发挥党员的先锋模范作用。
3. 党员干部们一起行动起来，号召村民清理房前屋后。
4. 把"两学一做"宣传手册、党章和日历发放到村民手中，营造良好宣传氛围。
5. 邀请大学实践队进行美丽庭院改造、创意墙体彩绘等实践创作。

关键词：学习教育；先锋模范；宣传；美丽庭院改造；创意墙体

案例全文

干净整洁的道路、一处处创意盆栽、可爱的动漫轮胎人物、一幅幅美丽的墙画、绕村而过的莘畈溪以及错落有致的户户农宅……一走进方家村，映入眼帘的便是一处处"美景"。短短几个月的时间，方家村发生了美丽"蝶变"，趁着开展"两学一做""四治两化"等工作，党员模范带头引导村民共同参与乡村建设。"浙江师范大学经济与管理学院小婺匠实践队"也为方家村的美丽"蝶变"助力，他们进行美丽庭院改造、创意墙体彩绘等实践创作，助力方家村"四治两化"工作，打造方家村新风貌。通过一系列的努力，乡村旧貌换新颜，方家村这一舒适宜居的家园慢慢呈现在眼前。

"两学一做"做合格党员　党员模范带头引群众点赞

"两学一做"学习教育，基础在"学"，关键在"做"。2016年，方家村在"两学一做"学习教育中，重点抓住"学、讲、改、做、评"五个字开展好学习教育工作，不仅抓好个人自学、开展集中学习，还组织专题学习讨论，村党支部每月召开一次全体会议，每次围绕一个专题组织讨论。"两学一做"，就是要推动党内教育从"关键少数"向广大党员拓展、从集中性教育向经常性教育延伸，把全面从严治党要求落实到每个支部、落实到每名党员。自开展"四治两化"以来，方家村以"美丽乡村我带头　一名党员一面旗"开展行动，充分发挥党员的先锋模范作用，不仅体现在工作岗位上，还切实体现在日常生活之中。方家村还抓住莘畈溪景观改造工程和祝村至大立元建设的有利时机，大力改善村容村貌，教育引导党员"亮身份、亮承诺、亮作风、亮业绩"，把"四治两化""美丽庭院"工作做好。党员干部们一起行动起来，号召村民清理房前屋后，还把清理环境收集到的石头、砖块、酒坛、瓦片等物进行堆砌，形成了具有创意的"废旧物墙壁"，并在墙上种上花草，形成了方家村一道独特的风景线。村里多处空心砖制作的创意花坛、花墙以及休闲椅、致远桥上的创意轮胎盆栽，皆是出自方家村全体党员干部和联村干部之手。

此外，莘畈乡各村还以"两学一做"学习教育为契机，规范公开栏张贴内容；把"两学一做"宣传手册、党章和日历发放到村民手中，营造良好宣传氛围；为确保"四治两化"整治成效，还积极组织好每月15日的党员活动，党员干部学习理论知识的同时，还开展各项公益性质的活动；并将"两学一做"教育与红色阵地建设等基层党建工作相结合，为村级换届选举营造轻松氛围。通过学习教育，莘畈乡党员们统一思想行动，把"两学一做"落实到严明纪律上、落实到行动上，立足岗位，充分发挥先锋模范作用，以实际行动做合格共产党员。在大家的努力下，方家村每天都在发生变化，房前屋后变得整洁有序，村里还出现了一处处"美景"，环境卫生不断提高，人居环境不断改善，村民们齐齐点赞党员干部"有为"。

"小婺匠"助力方家村建设　环保创意打造方家村新风貌

2016年，莘畈乡方家村迎来了一群特殊的客人，他们是来自"浙江师范大学经济与管理学院小婺匠实践队"的同学，应莘畈乡团委的邀请，来到方家村进行美丽庭院改造、创意墙体彩绘等实践创作，助力方家村"四治两化"工作，打造方家村新风貌。此次活动为期十天，在这十天时间里，"小婺匠实践队"的同学们吃住在村里，与村民一起协商、一起讨论，一同为建设美丽村庄出谋划策、挥洒汗水。

一些农户家庭院内的墙上多了许多创意彩绘，有竹子、荷花、卡通人物等各式图样，还有一个个手工制作的小画框，里面画着一幅幅精美的图画。村中广场四周也做了精心的布置，一侧墙体边上整齐地摆放着小盆景，另一面墙上则用手工绘制了一幅方家村的卡通缩略图。俏皮美观的图画、鲜活可爱的创意和美丽的田园风光、古朴的村庄气息完美融合，极大地美化了村庄的视觉效果，也使这个古老的村落又焕发新的别具一格的生机和活力。这些富有创意的绘画和装饰都是出自"小婺匠实践队"之手。

据莘畈乡团委书记章程介绍，在本次活动之前，实践队就已经派出三四名同学对方家村进行了实地考察，选定了5个点，包括4户人家庭院和村中广场，并拟好了初步方案。活动开始后，实践队队员、乡团委和村中农户又根据实际情况，对方案进行了修改完善。除了绘制墙体图画外，实践队的队员还做到了废品利用、就地取材。他们搜集废旧轮胎，把每三个轮胎叠成一摞，在轮胎表面绘制动物、卡通人物图案，并且拾取当地卵石，把小的石头在村中广场拼成"欢迎"的字样，在大的石头上画上图画，摆放在墙边，为方家村增色不少。

活动中，实践队的"小伙伴"们把队伍分成两组，一组负责专业的绘画，另一组负责收集材料、采购物资、整理庭院等工作。白天顶着烈日，忘我工作；晚上开起电灯，继续开工。不管是汗如雨下还是虫蚊叮咬，都浇灭不了实践队同学高昂的热情。他们一笔一画勾勒出的不仅是方家村美丽农村的崭新面貌，也是他们积极投身社会事业、体现自我价值的生动写照。村民透露，他们一开始并不看好这些看上去"稚气未脱"的学生，一些农户还颇有微词，然而实践队同学用十天的努力造就了村庄焕然一新的面貌，让每一个村民都惊讶不已，连连称赞。很多农户看到变美后的村庄，也都自觉地开始修缮整理起自家的庭院。此次活动，实践队队员不仅美化了村庄，更重要的是他们带动了村中居民主动参与到美化环境行动中，让美丽新农村建设的观念深入人心，也让村民真真切切地体会到居住环境变美后带来的益处。

资料来源：施俊、许珂：《方家村：农村美丽"蝶变"　乡村旧貌换新颜》，《今日婺城》2016年8月2日，第04版。

经验借鉴

　　方家村发生了美丽"蝶变"，趁着开展"两学一做""四治两化"等工作，党员模范带头引导村民共同参与乡村建设，又有实践队的助力，进行美丽庭院改造、创意墙体彩绘等实践创作，打造方家村新风貌，其美丽乡村建设经验如下：①党员联合行动，发挥带头作用。村里多处空心砖制作的创意花坛、花墙以及休闲椅、致远桥上的创意轮胎盆栽，皆是出自方家村全体党员干部和联村干部之手。②党员率先行动，提升号召力。党员干部们一起行动起来，号召村民清理房前屋后，还把清理环境收集到的石头、砖块、酒坛、瓦片等物，进行堆砌，形成了具有创意的"废旧物墙壁"，并在墙上种上花草，形成了方家村一道独特的风景线。③集聚各方资源，美化村容村貌。应莘畈乡团委的邀请，"浙江师范大学经济与管理学院小婺匠实践队"来到方家村进行美丽庭院改造、创意墙体彩绘等实践创作，助力方家村"四治两化"工作，打造方家新风貌。④依靠艺术与设计，融合古朴与现代。俏皮美观的图画、鲜活可爱的创意和美丽的田园风光、古朴的村庄气息完美融合，极大地美化了村庄的视觉效果，也使这个古老的村落又焕发出新的别具一格的生机和活力。⑤就地取材，生态环保。除了绘制墙体图画外，实践队的队员还做到了废品利用、就地取材。他们搜集废旧轮胎，把每三个轮胎叠成一摞，在轮胎表面绘制动物、卡通人物图案，并且拾取当地卵石，把小的石头在村中广场拼成"欢迎"的字样。

二、 闽坞村：美丽"升级" 再创"精品"

案例梗概

1. 按"绿色家园、富丽山村"精品村规划设计要求对村内设施进行改造。
2. 深入开展农村环境整治，拆除路口废旧修理厂、废铁场，实施绿化。
3. 建设休闲文化广场，新建公共设施，提升基础设施，保持道路整洁。
4. 农村污水处理实施微动力处理，污水池实行"人工湿地"建设。
5. 按照"四季常绿、三季有花"的要求，大力推进庭院绿化建设。

6. 创造农村"社区化"舒适生活，给予农民周到的社区服务。

关键词：精品村规划；环境整治；休闲文化广场；污水处理；庭院绿化；社区化

 案例全文

藻天线是去往天目山景区的必经之路，沿藻天线一路走去，蓝天白云携手共舞，花草与栅栏交相辉映，绿树与凉亭相依相伴，这样的风景线恨不得拴住游人的脚步，让人还未到天目山就已流连。而身处藻天线路口的闽坞村，更是一道美丽的风景线。闽坞村区域面积 5.5 平方千米，现有农户 354 户、1114 人。经过不断地改造提升，闽坞村获得了"杭州市劳动模范集体""杭州市全面小康示范村""杭州市清洁乡村先进单位""浙江省园林绿化示范村"等荣誉称号。

2010 年，一次"全身"的洗礼，更是让这个不出名的乡村远离了"脏乱"和"黯淡"，开始绽放"清丽"和"闪亮"，成功创建为临安"绿色家园、富丽山村"精品村。在精品村的基础之上，闽坞村积极创建杭州市"美丽乡村"精品村，让自己的美丽再度升级。按"绿色家园、富丽山村"精品村规划设计要求，闽坞村完成了藻天线两侧通透围栏改造和庭院绿化美化、沿线村庄环境整治提升、道路两侧和空闲地的绿化补植、闽秀亭区块景观提升等重点工程，村庄建设基础十分扎实。

2011 年，一场更加细致、更加深入的改变正发生在闽坞村的阡陌之间。村书记沈松华表示，在闽坞，农村的生活是要有洁净的环境，庭院内外有美丽的鲜花，茶余饭后可以在公园散步，闲暇时可以邀伴在小广场跳舞；农民的住房要有太阳能的热水器，卧房要装有宽带网络，客厅要有数字电视，地底有污水处理系统……建设这样一个"美丽乡村"，是闽坞村的梦想，也是一步一个脚印誓要达成的目标。朝着美好目标前进，闽坞村围绕河道整治、房屋整治、道路美化绿化、沿线环境提升、社区服务中心提升、休闲公园建设、农户生活污水处理设施建设这七大工程不断完善村庄角角落落的建设，改善村民生活中的方方面面。"村庄建设要深入到细节，要经得起考验。"沈松华说。

深入开展农村环境整治，拆除路口废旧修理厂、废铁场，实施绿化，建设休闲文化广场，农村污水处理实施微动力处理，污水池实行"人工湿地"建设；按照"四季常绿、三季有花"的要求，大力推进庭院绿化建设，见缝插绿，实施空地整理美化。2010年，"鲜花工程"覆盖3000多平方米，2011年增加4000多平方米，并尽可能实现每个庭院都有3~10平方米的"小小花坛"；修建河道石坎，清理河道，达到"流畅、水清、岸绿、景美"的效果；新建、扩建休闲小公园，铺石筑径、塑造园艺景观小品，并配套建设文化娱乐、健身器材等公共设施；提升全村道路基础设施，保持道路整洁，实施全面绿化和道路插石，加强景观性。沈松华说："建设美丽乡村，不仅是为了给村民一个舒适的家园，给天目山景区一个美丽的入口，也是为了更好地融入杭州生活圈，成为城里人的度假胜地，增加农民的收入和幸福指数。"

创造农村"社区化"舒适生活

社会和谐和生活富裕是美丽乡村建设的保障，是一种有形"美"。给予农民周到的社区服务，帮助农民增收致富，是"村强民富生活美"的必经之路。村主任凌国泉表示，闽坞村的美丽绝不是仅仅局限于人们眼中、镜头内的风景，还有现代化的社区服务和产业的发展、农民的富足。在村委大楼，村民活动室宽敞整洁，在一面墙上安装了一人高的大镜子，方便村里的排舞队、腰鼓队日常的排练；村卫生室面积虽小却很规范，输液室、药房等都设置齐全，村民的"小病小恙"在这里就能解决。

闽坞村拥有集土地流转服务、党员活动、计生、劳动保障服务、图书阅览、文体活动、村委办公等功能为一体的标准化社区服务中心。全面开展"片组户民情联系"活动，做好"服务百姓档案"工作。全村党员干部建立了民情联系服务户和帮扶结对户，结合"创先争优"活动，推行了为民服务的承诺制度、公开制度、代办制度、村干部挂牌值班制度、为民服务日制度、项目服务日制度六项制度，树立了党组织和党员干部服务群众的良好新形象，带动了全村各项工作的开展。此外，村集体林权制度改革、数字电视改装工程已完成，计划生育、农村合作医疗、农村住房保险等政策执行到位。

同时，以"争当示范户、建设新闽坞"为总载体，积极开展创建"秀美庭院"示范户、"文明乡风进万家"等活动。充分发挥"和事佬"调解队、山里人文艺队、志愿者服务队的作用，举办各类节庆主题晚会，开展集中义务劳动，营造良好的创建氛围，全面培育农村特色文化，提升村民素质。2010年，闽坞村以加强招商引资为重点，全面提升绿色新产业。2011年，闽坞村继续围绕培育发展第三产业、加快提升第二产业、调整优化第一产业的思路和目标，提升绿色新产业，加快建设"金沙湾户外拓训基地""杭州临安天目丝绸印染厂整体兼并技改项目""休闲生态农业观光园"等项目。凌国泉自豪地说，在这些项目的带动下，闽坞村的经济结构正在发生积极的变化，而小番薯、花卉苗木等经济作物的种植面积大幅度增加、种植效益大幅度提高也让农民的荷包越来越鼓。

资料来源：王蓓蓓：《天目山镇闽坞村：美丽"升级"　再创"精品"》，《今日临安》2011年10月19日，第08版。

经验借鉴

闽坞村区域面积5.5平方公里，现有农户354户、1114人。经过不断地改造提升，闽坞村获得了"杭州市劳动模范集体""杭州市全面小康示范村""杭州市清洁乡村先进单位""浙江省园林绿化示范村"等荣誉称号。2010年，闽坞村成功创建为临安"绿色家园、富丽山村"精品村。在精品村的基础之上，闽坞村积极创建杭州市"美丽乡村"精品村，让自己的美丽再度升级，其美丽乡村建设经验如下：①规划先行，全面改造。按"绿色家园、富丽山村"精品村规划设计要求，闽坞村完成了藻天线两侧通透围栏改造和庭院绿化美化、沿线村庄环境整治提升、道路两侧和空闲地的绿化补植、闽秀亭区块景观提升等重点工程，村庄建设基础十分扎实。②制定目标，逐一落实。朝着美好目标前进，闽坞村围绕河道整治、房屋整治、道路美化绿化、沿线环境提升、社区服务中心提升、休闲公园建设、农户生活污水处理设施建设这七大工程不断完善村庄角角落落的建设。③开展环境整治，打造卫生村庄。深入开展农村环境整治，拆除路口废旧修理厂、废铁场，实施绿化，建设休闲文化广场，农村污水处理实施微动力处理，污水池实行"人工湿地"建设。④建设基础设施，形成美丽生活。新建、扩建休闲小公园，铺石筑径、塑造园艺景观小品，并配套建设文化娱乐、健身器材等公共设施；提升全村道路基础设施，保持道路整洁，实施全面绿化和道路插石，加强景观性。⑤培育优秀文化，增加村庄软实力。以"争当示范户、建设新闽坞"为总载体，积极开展创建"秀美庭院"示范户、"文明乡风进万家"等活动。

三、 建林村： 让美丽延续

 案例梗概

1. 拓宽道路、亮化路灯、整治河道、整治村民房屋的立面。
2. 依托天然的河道、对原始的桥梁进行布局设计。
3. 提升村庄的景观，发展乡村旅游。
4. 创新经营模式，以公共投入实现公共产出，增加村集体经济收入。
5. 村民在家里办起了农家乐，游客可以赏花、采摘、挖春笋、摘时蔬、品农家菜。

关键词：乡村旅游；公共投入；农家乐；河道整治；房屋整治

 案例全文

　　早在 2005 年，王店镇建林村就拉开了美丽乡村建设的序幕。整治环境、修筑道路、种树栽花，在村庄原有的基础上，依托天然的河道、原始的桥梁进行布局设计，编织出一幅鲜活的江南农村风景画。赏农家景、吃农家饭、住农家屋、享农家乐，如今建林村的乡村美景已是名声在外。然而，这个看起来很美的村庄也有着自己的忧郁：面对年复一年只有投入没有产出的尴尬，村庄该如何延续自己的美丽？

　　自然生态的魅力

　　建林村里有条河，村民自古沿河建房，集聚成一个小村落，原名"徐宝湾"，又名"七宝湾"，两者方言谐音皆为"聚宝湾"。"聚宝湾原是我们美丽乡村建设的一个点，先提升一个点，再辐射周边，现在在嘉兴已经小有名气，其他省市到这里考察美丽乡村建设的团队，算起来也有十七八个了。"建林村党总支书记部群良说，来过这里的人都会感叹一句，"这才是真正的美丽乡村"，而成功的关键就在于追寻村庄自然生态的魅力。

　　走在建林村石板铺就的小路上，湿漉漉的空气里浸润着落英缤纷的香气，河面上时有群鸭嬉戏，古老的木板桥上会偶遇鸡犬，甚是温柔憨厚……不一样的景致，不一样的情趣，不一样的心情，正是建林村的美妙所在。"农村毕竟是农村，不能要求跟城市一个模样，但农村可以有农村独具的味道。"郜群良深有感触地说，每个村庄都有不一样的情况，建林村原先的自然环境基础好，因地制宜加以整治，用少的投入获得好的成效，算是比较成功的一个样板。农家风光引来了四方游客，村民在家里办起了农家乐。到此领略淳朴农家风光的游客，在赏花、采摘之余，还可以挖春笋、摘时蔬、品农家菜，很是新鲜、热闹。"很多游客对这里已经熟门熟路了，夏天又快到了，他们就喜欢到我们村里来找个农家乐，把凳子椅子往院子里一放，纳凉吃饭，要的就是这种感觉。"郜群良说，建林村有 25 个村民小组，如今已成规模的聚宝湾只是其中一个，美丽乡村的建设任重道远。尽管其他的地方不一定要像聚宝湾一样具备旅游的性质，但建设的理念是一样的，也就是在原有的基础之上进行环境的整治、基础设施的建设，发挥聚宝湾的辐射带动能力，提升整个村庄的品位。

延续美丽的忧郁

在美丽乡村建设的浪潮中，尽管建林村起步早、基础好，但停滞不前就等于倒退，郜群良深知这个道理。然而，只有投入没有产出的尴尬，终究是让建林村面临着美丽难以延续的困境。"变化最快的还是一开始的 3 年时间，说到底也就是基础设施建设的完善，而后来这么些年，重头戏都在维护上，比如设施的维护、土地的租金、保洁的开支，虽然每一笔钱单独看起来不多，但是日积月累是一笔很大的开销。"郜群良表示，美丽乡村给老百姓确确实实带来了实惠，但由于相关的一些景点如梅园、桃园等没有相应的主体来承接和经营，村里为了维护这个环境，每年都要投入 20 万元左右。

经济投入没有回报的境遇已成为建林村美丽乡村建设发展的一个"瓶颈"。2013 年，建林村拿到了一个 1300 万元的美丽乡村提升项目，其中包括道路拓宽、路灯亮化、河道整治、村民房屋的立面整治等一系列的工程。"我们去过其他地方，感觉美丽乡村的差距还是很大，总的来说我们还在做最基础的工作。"郜群良说，村里想把聚宝湾这一示范点做些提升，进而更好地辐射周边，带动现代农业产业和乡村旅游的开发，形成自己的风格，也创新一些管理的理念和制度，设法让乡村的美丽可持续的发展。

建林村是秀洲区第一批村庄整治重点村，在保持原有村容、村貌的基础上，进行村庄整治、绿化建设，形成了富有特色的江南乡村景观。同时，村庄结合周边产业的发展，不仅美化了农村环境，也让老百姓鼓起了腰包。针对当前建林村面临的美丽乡村建设继续投入问题，关键是要进一步发展村集体经济。一方面，要提升村庄的景观，发展乡村旅游；另一方面，要创新经营模式，以公共投入实现公共产出，增加村集体经济收入，让美丽乡村建设实现良性的循环。

资料来源：薛佳红：《让美丽延续——走进秀洲区王店镇建林村》，《嘉兴日报》2013 年 6 月 3 日，第 07 版。

 经验借鉴

走进秀洲区王店镇建林村，就像走入了画一般的世界。建林村充满了田园风光、小桥流水、江南民居与特色庭院，这是建林村人数十年努力建设的成果。总结建林村的发展，其美丽乡村建设经验如下：①依托自然优势，建设配套设施。在村庄原有的基础上，依托天然的河道、原始的桥梁进行布局设计，编织出一幅鲜活的江南农村风景画。②保护自然环境，发展旅游经济。赏农家景、吃农家饭、住农家屋、享农家乐，如今建林村的乡村美景已是名声在外。建林村原先的自然环境基础好，因地制宜加以整治，用少的投入获得好的成效，算是比较成功的一个样板。③完善基础设施，夯实发展成果。2013 年，建林村拿到了一个 1300 万元的美丽乡村提升项目，其中包括道路拓宽、路灯亮化、河道整治、村民房屋的立面整治等一系列的工程。④精准把握定位，开发特色产业。村里想把聚宝湾这一个示范点做些提升，进而更好地辐射周边，带动现代农业产业和乡村旅游的开发，形成自己的风格。聚宝湾是建林村美丽乡村建设的一个点，先提升一个点，再辐射周边，现在在嘉兴已经小有名气。

四、 上李家村："全球 500 佳国际环境 保护村" 凤凰涅槃的背后

 案例梗概

1. 首创"四统一联"新农村联户自建方式，新建了 300 套联排别墅及 140 套小高层 住宅。
2. 利用空弃场地，建成 1.3 万平方米标准厂房出租，催生出一批新产业集群。
3. 引进光伏发电，大胆尝试发展绿色环保经济。
4. 打造村文化礼堂，成立全市首个乡村老年食堂。
5. 兴办五金厂、彩印厂、粉末涂抹厂。
6. 建起以猪粪为原料的大型沼气工程，处理环境污染问题。
7. 修订新版村规民约，对村庄生态、环保、平安、文明等方面进行约束，让农村的问 题由村民自己管理解决。

关键词：新农村联户自建；绿色环保经济；文化礼堂；环境污染处理；新 版村规民约

案例全文

位于鄞州区云龙镇的上李家村，是 20 世纪八九十年代宁波的副食品基 地，1988 年，村里正式启用浙江省第一个村级沼气综合工程，后被授予"全 国农村能源建设先进集体"；1992 年，获得"全球 500 佳国际环境保护村" 称号，成为远近闻名的"明星村"。然而世纪交替间，该村变得"沉默寡 言"，经济和社会发展相对缓慢，村庄的发展难以满足村民日益增长的物质和 精神文化需求，村里矛盾日趋突出。

最近几年，上李家村再度崛起。上李家村在全市首创"四统一联"新农村 联户自建方式，新建了 300 套联排别墅及 140 套小高层住宅，让村民全部住上新 居；利用空弃场地，建成 1.3 万平方米标准厂房出租，催生出一批新产业集群；

引进光伏发电，大胆尝试发展绿色环保经济；打造村文化礼堂，成立全市首个乡村老年食堂，让村民幸福感再次满溢，获评"全国文明村"……上李家村再度焕发活力，实现凤凰涅槃。

上李家村是鄞南平原上的一个以李氏为主姓的小村。20 世纪 70 年代后期，该村独立建制。当时，村里一无资金积余，二无固定资产，村委会一班人只能挤在旧祠堂里办公。中共十一届三中全会以后，时任村党支部书记的李成表因势利导，兴办五金厂、彩印厂、粉末涂抹厂，让上李家村得以乘着改革开放的东风逐渐脱贫致富。当时，市场上供应的猪肉是靠农户散养的。捕捉到市场先机后，1986 年，李成表带领村民，在距离村庄 500 米的地方建起了年产 10 万只肉鸡、1 万头猪的大型畜牧场，成为宁波市副食品供应基地。

畜牧场越办越红火，猪粪鸡粪所带来的环境污染日趋严重。为此，李成表带人到上海学习先进经验，并于 1988 年建起以猪粪为原料的大型沼气工程。猪粪发酵后，剩渣已经没有公害，成为理想的农业基肥，所产的沼气能满足全村村民的煮饭烧菜需求。由此，上李家村被原农业部评为"全国农村能源建设先进集体"。1992 年，上李家村又被联合国环境规划署授予"全球 500 佳国际环境保护村"称号。当时评语是这样写的："过去十年里，上李家村在生态农业中付出了极大努力，并最终成为该领域的一个典范。"

俗话说："山坡好上，山尖难爬。""全球 500 佳国际环境保护村"的称号，令上李家村一时成为远近闻名的"明星村"，令人意想不到的是，顶着"明星"光环的上李家村，其后的发展却没能如外人预料的那样顺风顺水、轰轰烈烈。在周边村落快速发展的映射下，上李家村的发展步伐越迈越小，进入长达十多年的"蛰伏期"。在此期间，村委会一班人经历了新老交替。村民们一方面对村子的发展给予了更高的期望，另一方面也在对比中逐渐失去了原有的优越感，村里矛盾日益突出。

涅槃重生　现代化新农村盛装再现

盘点过去十年上李家村的发展成绩，可以说是老先进迸发出新活力。2007 年，牧场转制，村里利用空弃场地，建成 1.3 万平方米标准厂房出租，催生了一批新产业集群，为村集体经济发展奠定了基础。2008 年，通过"四统一联"的改建方式，全村拆迁居民 170 户，共拆除旧农房 2.1 万平方米。2009 年，村里开始建造新房。2010 年，151 套亮丽整洁的连体别墅建成，村里老旧的供电线路、自来水管网等也进行了升级改造，一个现代化的新农村盛装再现于鄞南平原上。2011年底，村里成立了社区服务中心，后来又新增了村级金融服务点和村邮站，解决了村民的日常生活难题；2016年，140套小高层住宅和一批别墅建成交付，村民全部住上了新居。

在备受关注的环境方面，上李家村也敢为人先。2012年，在全省"五水共治"开始之前，上李家村就进行了农村生活污水分散式生态处理，将全村的生活污水通过专用管线集中到污水处理池，达到国家一级排污标准后排放。考虑到村民自古有在河边洗衣的习惯，村里投资40万元，筑河坝，翻水站，构建可控自循环独立水洗系统，让村民依旧可以在河边洗衣服，只是洗好衣服的水会自动流入污水管网进行处理。

党建引领村庄发展的活力之源

2008年3月，李德龙当选为村支书后，就把旧村改造、新村建设作为第一件大事来抓。他带领村干部和党员，分成若干小组，将村里的100多家拆迁户走访了一遍，了解他们的需求，作为拆旧建新政策制定的主要依据。村里又组织全体党员、村民代表进行多次讨论，最后大家一致同意，通过统一规划、统一拆迁、统一配套、统一管理、联户自建的"四统一联"改建方式进行新农村建设。由于前期工作做得细致到位，之前5年都没有"啃"下的拆迁"硬骨头"，在短短6个月内就"啃"下了。

村民幸福指数的提高，离不开经济的发展。村里厂房建好后，急需招商引资。2008年一个大雨倾盆的晚上，得知鄞州区某企业有到上李家村投资的意向却仍顾虑重重时，李德龙带领村里的几名党员冒雨登门，一番长谈后消除了对方的顾虑，这家企业次日就到村里签订了投资协议。2017年，上李家村尝试发展绿色环保经济，引进了光伏发电项目，利用厂房屋顶建造太阳能发电装置，预计每年可为村集体经济创收150万元。"经济发展是基础，新村建设是抓手，党建服务是保障，共同富裕是目标。"李德龙说，通过全村上下几年的努力，村集体经济从原来的负债1000多万元发展到2018年的3000多万元积累。

"我们治理村庄的秘诀是'党建引领'。村干部一人分饰多角，不仅是村里各项决策的执行者，更是群众的政策宣讲员、矛盾调解员。"李德龙说，每月20日是村里的组织生活日，也是开展法治培训、普法学习和党员队伍建设的重要日子。村里还实施了网格化管理，每个支委联片区，每个党员联村民，让基层党组织的力量覆盖到全村每个角落。在此前的全省党建工作考评中，上李家村被评为五星级党支部。前不久，上李家村开通了"书记一点通热线电话"，但凡村民有困难需要救助，有纠纷需要调解，有疑问需要咨询，有问题需要举报，有建议需要沟通，都可以随时打电话给村支书李德龙，而李德龙和村里的党员干部也会第一时间出现在群众中间，帮群众排忧解难。

民意为上　村里的事村民说了算

上李家村有 40 多名高龄独居老人，大多生活不能自理。为此，上李家村制订了一系列优待老人的措施。70 岁以上的老人，可以每人每月 400 元的用餐标准享受一日三餐，本人承担 200 元，其余由村里补助。对于那些腿脚不便的老人，还由村里埋单，请工作人员提供上门送餐、理发、送药、陪同就医等服务。如此一来，老人们能安享晚年，在外工作的子女也没有了后顾之忧。

上李家村的老弱病残弱势群体，在享受政府低保、社保政策的同时，还能享受村级老年社员退休福利金待遇。老年退休社员男满 60 岁、女满 55 岁，每人每月可领取 300 元村级福利金。同时还能享受全村失地农民养老保险待遇和社员大病住院费补助。全村每年福利待遇支出 220 多万元。在贴心为村民排忧解难的同时，上李家村还特别尊重每一位村民的合法权益，村里的大小事情都摆到台面上集体协商。为满足村民的精神文化需求，村里决定出资建造文化礼堂。文化礼堂怎么建，建成啥样，都由村民说了算。最终，经过村民代表大会表决，决定开设村史陈列室、图书室、电子阅览室、老年活动室等场所。如今文化礼堂天天开放，村民们早上来健身、晚上来活动，其乐融融。2018 年，上李家村修订了新版村规民约，对村庄生态、环保、平安、文明等方面进行约束，让农村的问题由村民自己管理解决。有了听民意、讲民主、办民事的"治村法宝"，上李家村的村集体经济和各项社会事业有了新一轮的跨越，获评"全国文明村"也是情理之中的事。

资料来源：王博、杨磊、毛亚昕：《"全球 500 佳"生态村"凤凰涅槃"的背后》，《宁波日报》2018 年 3 月 8 日，第 012 版。

 经验借鉴

位于鄞州区云龙镇的上李家村，是 20 世纪八九十年代宁波的副食品基地，1988 年，村里正式启用浙江省第一个村级沼气综合工程，后被授予"全国农村能源建设先进集体"；1992 年，获得"全球 500 佳国际环境保护村"

称号，成为远近闻名的"明星村"。然而世纪交替间，该村变得"沉默寡言"。上李家村通过新村建设、党建引领，实现凤凰涅槃，其美丽乡村建设经验如下：①改善居住环境，推进美丽生活。2008年，通过"四统一联"的改建方式，全村拆迁居民170户，共拆除旧农房2.1万平方米；2009年，村里开始建造新房；2010年，151套亮丽整洁的连体别墅建成；2011年底，村里成立了社区服务中心，后来又新增了村级金融服务点和村邮站，解决了村民的日常生活难题；2016年，140套小高层住宅和一批别墅建成交付，村民全部住上了新居。②开展生态治理，净化生态环境。2012年，上李家村进行了农村生活污水分散式生态处理；投资40万元，筑河坝，翻水站，构建可控自循环独立水洗系统，让村民依旧可以在河边洗衣服，只是洗好衣服的水会自动流入污水管网进行处理。③发挥党员作用，倾听村民心声。组织村干部和党员，分成若干小组，将村里的100多家拆迁户走访了一遍，了解他们的需求，作为拆旧建新政策制定的主要依据。开通了"书记一点通热线电话"，但凡村民有困难需要救助，有纠纷需要调解，有疑问需要咨询，有问题需要举报，有建议需要沟通，都可以随时打电话给村支书李德龙，而李德龙和村里的党员干部也会第一时间出现在群众中间，帮群众排忧解难。④转变发展模式，开启能源经济。村内引进光伏发电项目，利用厂房屋顶建造太阳能发电装置，预计每年可为村集体经济创收150万元。⑤坚持村民主体，为村民谋利益。制订了一系列优待老人的措施；老弱病残弱势群体，在享受政府低保、社保政策的同时，还能享受村级老年社员退休福利金待遇；出资建造文化礼堂，为村民提供村史陈列室、图书室、电子阅览室、老年活动室等场所；修订了新版村规民约，对村庄生态、环保、平安、文明等方面进行约束，让农村的问题由村民自己管理解决。通过一系列的措施，上李家村实现了凤凰涅槃，在新时代"美丽乡村"建设背景下越走越远。

五、 鞍山村： 村民的新家园　市民的后花园

案例梗概

1. 请设计师进行村庄整体规划，对房屋进行外墙面统一粉刷和仿古屋顶等改造。

2. 请宁波大学设计学院的学生在村庄醒目的位置制作墙绘。

3. 邀请专业的园林设计公司落户打造园林景观样板。

4. 发展农家乐、茶室、民宿、酒坊、农耕体验馆等业态。

5. 兴办农旅经济，增加农民自产农产品附加值。

6. 与周边村庄合作，引入工商资本打造大美儿童公园。

7. 改造旧厂房，打造手作文化部落工作室。

8. 明确"把田园变花园、农村变景区、农民变员工"的工作思路。

关键词：整体规划；墙绘；园林景观；农旅经济；文化部落

 案例全文

走进江北鞍山村，入眼是一排充满古韵的墙门，整洁的道路旁，河水微波荡漾，成排的百年樟树下不时有白鹭掠过。三三两两在村里小弄闲逛的游客与坐在家门口聊天的村民，构成了一幅悠闲而温馨的画面。

鞍山村是洪塘唯一的规划保留村，北依马鞍山，南傍慈江水，东接灵山头，西连保国寺，离宁波市中心 12 公里。随着宁波城市发展北拓，在以奥体中心为代表的一系列重大项目的强势带动下，作为城市副中心的姚江新城建设逐渐深化，鞍山村离城市建成区越来越近。在此背景下，闹中取静的小山村凭借着得天独厚的地理优势、周边自然资源，加上这两年夏秋季"红遍"网络的苏湖花海，逐渐成为宁波市民休闲的"后花园"。"鞍山村以前和江北区的其他村庄一样，是宁波市区的米袋子、菜篮子。"村党总支书记邬明忠说，如今村里的基本农田经过流转，大多由种粮大户负责耕种，菜篮子的功能也已弱化。如何带领村民致富奔小康，是摆在党支部村委会面前的一个难题。

2012 年起，鞍山村响应上级号召开始对村庄环境进行全面整治。2013 年底，离鞍山村仅 2 公里的保国寺举行千年大典，活动期间及活动后，不断有游客顺路逛到村里。看到这种情况，村班子成员的心思活了起来：村子离城区近，周围又有那么多景点，为何不把我们的村庄也变成一个景区，从而带动村民致富。"从要我整治到我要整治，是鞍山村发展迈出的重要一步。"邬明忠说。在区、街道的支持下，村里请了设计师进行村庄整体规划，参照保国寺的建筑风格，在农户自愿的前提下，对 540 处房屋进行了外墙面统一粉刷和仿古屋顶等改造，马头墙女儿墙，白墙青瓦成了鞍山村的新名片；请宁波大学设计学院的学生在村庄醒目的位置制作了墙绘；专业的园林设计公司仔细比选后，也相中了这里，落户打造园林景观样板。

村庄梳妆打扮焕然一新后，吸引的不仅是日益增多的游客和周边市民，还有在外打工、创业的村民。有的人回村开小店，有的人回村开农家乐、民宿。"宁波市十大最美民宿女主人"王少华就是其中的一位，她在外闯荡几年后，亲身体会到了家乡的变化和商机，毅然回老家投资，把奶奶及邻居家的老宅改造成民宿，目前她正在积极规划扩大民宿经营规模，让"沉睡"的老屋焕发活力。截至 2018 年 3 月，全村已有农家乐 19 家，民宿 10 家，客房近百间，300 余名村民实现就地就业。鞍山村由此先后被评为宁波市首届洁美村庄、浙江省 AAA 级景区村庄、浙江省民宿集聚村、浙江省美丽乡村特色精品村。

"经过几年的努力，特色农业、农家乐、茶室、民宿、酒坊、农耕体验馆等业态组成了鞍山村完整的休闲产业链。"洪塘街道党工委书记范胜兵说，"随着生产、生活、生态功能的融合和拓展，'绿水青山'转化为'金山银山'的通道已被打开，村庄经济新的增长点水到渠成。""感谢民宿老板的牵线搭桥，吸引游客解决了我前几年最愁的葡萄销路。"葡萄种植户莫师傅感慨地说，"如今不但不愁销路，而且价格也上去了，以前是按批发价卖的，如今都卖上零售价了。"有着家传酿酒技艺的郑海珊对此也深有体会："酿了大半辈子米酒，没想到还能在游客中做出点小名气。"如今每到周末，郑师傅家的"家乡米酒坊"便成为村里的人气景点。农旅经济的兴起，农民自产农产品附加值的增加，带动了村集体经济收入和村民收入的提高。据统计，鞍山村村民的人均年收入已从 2013 年前的 2 万元增加到了 2018 年的 2.7 万元。

2018 年正月初八下午，由村里的能人、企业家等组成的乡贤理事会举行了新年第一次会议，共同商讨鞍山村未来。会上众乡贤踊跃发言，气氛热烈。"和周边村庄合作，引入工商资本打造大美儿童公园""改造旧厂房，打造手作文化部落工作室"等已进入实施阶段的项目，将进一步提升鞍山村的面貌和村级景区档次，同时也给村里带来更多的收入和就业岗位。当地画家郑尧青不断提起村里花大力气编撰的《鞍山村志》，他说："鞍山村历史悠久，有很多传说和民间故事，这既是老祖宗生活的美好点滴，也是历史传承和文化底蕴。编修村志，挖掘上千年的历史沿革和故事，不仅可以增强村民的自豪感，而且丰富了旅游资源。""经过前几年的摸索，我们渐渐明确了思路，就是把田园变花园、农村变景区、农民变员工。真正走出一条近郊都市农村农旅融合，以农促旅，以旅强农，大家共奔小康之路。"邬明忠说。

资料来源：金波、张建平、徐欣、张落雁：《村民新家园 市民后花园》，《宁波日报》2018年3月5日，第001版。

 经验借鉴

近年来，凭借着得天独厚的地理优势、周边自然资源，加上这两年夏秋季"红遍"网络的苏湖花海，鞍山村逐渐成为宁波市民休闲的"后花园"，其美丽乡村建设经验如下：①聘请专业人士，开展村庄规划。请专业设计师进行村庄整体规划，参照保国寺的建筑风格，在农户自愿的前提下，对540处房屋进行了外墙面统一粉刷和仿古屋顶等改造，马头墙女儿墙，白墙青瓦成了鞍山村的新名片；请宁波大学设计学院的学生在村庄醒目的位置制作了墙绘；邀请专业的园林设计公司落户打造园林景观样板。②吸引返乡村民，推高创业热潮。村庄梳妆打扮焕然一新后，吸引的不仅是日益增多的游客和周边市民，还有在外打工、创业的村民。有的人回村开小店，有的人回村开农家乐、民宿。③依靠地理优势，选择休闲经济。闹中取静的小山村凭借着得天独厚的地理优势、周边自然资源，加上这两年夏秋季"红遍"网络的苏湖花海，逐渐成为宁波市民休闲的"后花园"。④适应市场需求，获取发展机遇。将村庄建成一个景区，从而带动村民致富。⑤依托村庄名声，完善休闲产业。鞍山村先后被评为宁波市首届洁美村庄、浙江省AAA级景区村庄、浙江省民宿集聚村、浙江省美丽乡村特色精品村。特色农业、农家乐、茶室、民宿、酒坊、农耕体验馆等业态组成了鞍山村完整的休闲产业链。⑥及时捕捉商机，培育农旅经济。"绿水青山"转化为"金山银山"的通道已被打开，村庄经济新的增长点水到渠成。吸引游客解决了村里葡萄、米酒等的销路问题。⑦成立乡贤理事会，加强基层民主治理。由村里的能人、企业家等组成的乡贤理事会举行会议，共同商讨鞍山村未来。

六、 姚浜村： 循环农业下的生态之路

案例梗概

1. 为实现农业废料资源的循环利用，姚浜村成立了农肥科技公司。
2. 通过"二分离三配套"对猪粪进行干湿分离后，把干猪粪制成有机肥。
3. 实行整村土地流转，并结合现有的资源和产业对全村 2801 亩农地进行了科学规划。
4. 创新"粮经结合'万元千斤'模式""内塘虾、鳖、草、鹅生产生态高效养殖模式"。
5. 开发"草、菇、笋模式""林、草、禽模式"、休闲观光模式。

关键词：资源循环利用；农地科学规划；生态高效养殖；休闲观光

案例全文

清爽别致的小公园、青翠欲滴的绿草地，透过湿漉漉的空气，远处是连片氤氲着雾气的庄稼地，还有散落在田野上黑瓦白墙的小楼房……这是姚浜村地道的乡村景致。姚浜村的美美在生态，主要得益于整村土地流转之后生态循环农业的发展。

生态扮靓了村庄

没有凌乱的柴草，没有脏乱的垃圾，有的是干净整洁的村道和两旁整齐的风景树……行走在姚浜村的乡间小路上，准确体味到了网友@一笔在微博上描述的景象。有农业生产却没有农业废料，姚浜村生态循环农业的发展策略一举扮靓了整个村庄。"养殖废水处理是让很多村苦恼的一个问题，尤其是水环境问题提上议事日程之后，我们村里面有平湖市最大的一个养猪大户，年出栏生猪量达 7 万多头，但全村养殖污水却实现了零排放。"村党总支书记姚道中不无自豪地说起姚浜村的治理经验。为实现农业废料资源的循环利用，姚浜村成立了农肥科技公司，跟养猪场联合开展"猪（粪便）—沼（气、液）—林、菜"生态循环模式，通过"二分离三配套"对猪粪进行干湿分离

后，把干猪粪制成有机肥，沼液则用管网直接喷灌到苗木田里用作肥料，既减少了环境污染，又改良了土壤，还提高了农产品的质量，实现了一举三得。

2009 年，姚浜村在全省率先实行整村土地流转，并结合现有的资源和产业对全村 2801 亩农地进行了科学规划，推行生态循环农业。现如今，姚浜村创新实践的"粮经结合'万元千斤'模式""内塘虾、鳖、草、鹅生产生态高效养殖模式""草、菇、笋模式"、"林、草、禽模式"、休闲观光模式等几大循环模式均已步入正轨。以前村里种什么养什么，总会有很多垃圾，天一下雨，路上就很脏，生态循环模式改变了这一切。村里实践的六大农业生态循环模式对整个村庄的环境整治起到了至关重要的作用，每个模式都有自己的特点，而且具备推广价值。

生态富裕了村民

在平湖三丰果蔬专业合作社的大棚里，红彤彤的草莓散发着诱人的香气。"现在草莓正上市，等草莓卖完后就种毛豆，毛豆收完后再种水稻。"一位在合作社里工作的村民表示，同一块地一年种三次，收入能比原来翻几倍。三丰果蔬专业合作社承租了 320 亩土地，2012 年的西甜瓜—晚稻、生姜—晚稻、草莓—晚稻等农作方式，亩产值均超过了 10000 元，高的田块达到了 13000 元，而草莓—毛豆—水稻的农作模式，亩产值将更高。

粮经结合"万元千斤"模式的生产效益印证了姚浜村发展生态循环农业的经济效益，在美化乡村的同时，也富裕了村民。"村庄比以前干净很多，村民比以前更加富裕，最根本的原因还是在于土地流转。"姚道中说，一方面，土地流转为发展循环农业提供了可能，减少了环境污染，也增加了农业效益；另一方面，土地流转之后，村民的生活方式、生活习惯都有了改变，房前屋后的环境变好了，在坐收土地租金的同时还可以去企业打工增加收入。姚浜村是美丽的，可如何保留这份美丽并挖掘更多的内涵？姚浜村是富裕的，但如何持续增加村民收入并探索更多的增收方式？姚浜村的美丽乡村建设已经有了新的目标——借助国家级现代农业园区核心区这一平台，改造完善基础设施，围绕六大农业生态循环模式发展整个村庄的农业产业休闲观光，打造平湖市临沪产业园经济发展的"后花园"。

资料来源：薛佳红：《循环农业演绎生态乡村》，《嘉兴日报》2013 年 2月 18 日，第 04 版。

经验借鉴

　　姚浜村将美丽乡村建设与农业生态产业体系建设相结合，粮经结合"万元千斤"模式的生产效益印证了姚浜村发展生态循环农业的经济效益。其美丽乡村建设经验如下：①以农业为根本，不断创新发展模式。姚浜村创新农业生产模式，转变农业发展方式，提高土地产出率、劳动生产率和资源利用率。通过农业发展，带动美丽乡村建设。②循环利用废弃物，有效推进环境治理。为实现农业废料资源的循环利用，姚浜村成立了农肥科技公司，一举三得，推动农业循环经济。通过此举，农业面源污染将得到有效控制，农村生态环境将得到明显改善，农业综合生产能力将稳步提升，对推动农业发展方式转变意义重大。③重构资源关系，深挖产业潜力。姚浜村在全省率先实行整村土地流转，并结合现有的资源和产业对全村2801亩农地进行了科学规划，推行生态循环农业。现如今，姚浜村创新实践的"粮经结合'万元千斤'模式""内塘虾、鳖、草、鹅生产生态高效养殖模式""草、菇、笋模式""林、草、禽模式"、休闲观光模式等几大循环模式均已步入正轨。④制定合理政策，改善村民生活条件。粮经结合"万元千斤"模式的生产效益印证了姚浜村发展生态循环农业的经济效益，在美化乡村的同时，也富裕了村民。

七、　滕头村：　向绿色发展要动能

案例梗概

1. 成立全国最早的村级环保委员会，否决高污染项目。
2. 组建园林公园、林果特产队。
3. 开辟花卉苗木基地、蔬果园、畜牧场等，形成自然循环。
4. 划出几十亩地专门作为旅游区，向游客开放。
5. 出台规划，用小火车线路将7个村子打通，打造经济联合体。
6. 引进专业团队规划建设10个农文旅融合的庄园。

关键词：村级环保委员会；园林公园；经济联合体；农文旅庄园

案例全文

　　宁波市奉化区萧王庙街道的滕头村并不大，只有 355 户、887 人，村域面积 5 平方公里。但就是这样一个小村，却成为唯一入选 2010 年上海世博会"城市最佳实践区"的乡村案例，向世界发出"乡村，让城市更向往"的呼唤。滕头村的底气从何而来？村党委书记傅平均说："40 年来，我们创造了生态优势，又将生态优势转化成经济优势，实现了从穷困到温饱、到小康、再到富裕的跨越式发展。"最新数据显示，2017 年底，滕头村的绿化率达到近70%，同时全村社会总产值超过 95 亿元，村民人均年收入达 6.35 万元。

　　习近平总书记主政浙江期间，曾三次到滕头村考察。2016 年 7 月 1 日，在庆祝中国共产党成立 95 周年大会上，习近平总书记为时任滕头村党委书记傅企平颁发"全国优秀党务工作者"奖章证书时，殷殷叮嘱："常青树不容易，一定要继续走在前列。"总书记的嘱托让滕头村和奉化的干部群众倍感振奋。此后，一次奉化区委常委（扩大）会议走出机关大院，在滕头村召开，议题只有一个，研究如何把总书记的嘱托转化成滕头村再创业、新发展的持续动能。

　　滕头村人清醒地意识到，唯有绿色发展才是不竭动能。1993 年，滕头村成立了全国最早的村级环保委员会。在村党委的支持下，该委员会已累计否决了 50 多个效益看好但可能造成环境污染的项目。村在景中，景在村中。如今一幅生态画卷已在滕头村展开。在"绿水青山就是金山银山"的科学理念指引下，生态成为滕头村越来越亮丽的"金名片"。与此同时，滕头村把绿色苗木种在福建、江西、安徽、山东等地的苗圃基地里。在江西上高县芦洲乡，滕头村的一万多亩苗木基地，打造出春夏秋冬四季花园，成为当地一个绿色旅游景点，带动山区老百姓走上绿色致富之路。

　　2017 年 9 月刚刚上任的滕头村党委书记傅平均充满期待，"从我们村到整个国家，都将是一个新的历史起点。滕头村将坚守生态立村的理念，把村子打造成田成方、屋成行，清清渠水绕村庄、绿树成荫花果香的胜地。"傅平均说，"未来，滕头将持续探索绿色产业新模式、新业态，在循环经济上再做新文章。"他带头创办的再生纸板厂 2016 年创造产值 2.5 亿元，并成为中国循环经济产业会员单位，今后还将尝试生产纸箱。2017 年 5 月，滕头村又引入太阳能发电板组装流水线，并在两家工厂内试水太阳能发电，计划进行推广。

2018 年，村里出台了新规划，用小火车线路将滕头村与塘湾村、傅家岙村等 7 个村打通，形成占地 16.7 平方千米的发展空间，打造经济联合体。同时，引进专业团队规划建设 10 个农文旅融合的庄园，带动周边村民创业就业，实现增收。行走在滕头村，空气清新，满眼绿荫，风光能路灯与光伏发电板整齐铺设，住宅之间没有围墙，邻里之间友好往来。村里按照上海世博园原馆 1∶1 比例建设的"滕头案例馆"，静立在生态旅游区内。一片片垒起的废旧瓦片、一处处凹凸的竹片纹理与乡村戏剧、农耕场景相映，展现着中国乡村的别样魅力。

资料来源：应磊、黄成峰：《奉化滕头村：乡村，让城市更向往》，《浙江日报》2017 年 10 月 16 日，第 3 版；沈晶晶、周松华、黄成峰、钟水军：《乡村，让城市更向往　宁波奉化滕头村向绿色发展要动能》，《浙江日报》2018 年 9 月 7 日，第 03 版。

经验借鉴

在绝大多数中国农村还沉寂在分田到户的喜悦中时，滕头村"两委"却出人意料地决定发展生态高效农业，探索经济与生态双赢的路子。其美丽乡村的建设经验如下：①紧跟党走，狠抓落实。奉化区委常委（扩大）会议走出机关大院，在滕头村召开，议题只有一个，研究如何把总书记的嘱托转化成滕头村再创业、新发展的持续动能。②成立环保委员会，推进环评工作。滕头村创立了全国最早的村级环保委员会，对引进的工业项目实施环境影响评价，50 多个投资项目因其可能造成环境污染而被委员会否决。③投资环保产业，发展绿色经济。2017 年 5 月，滕头村创办再生纸板厂，并成为中国循环经济产业会员单位，今后还将尝试生产纸箱。滕头村又引入太阳能发电板组装流水线，并在两家工厂内试水太阳能发电，计划进行推广。④发展生态农业，形成循环经济。滕头村"两委"超前发展生态高效农业，探索经济与生态双赢的路子。他们开始组建园林公司、林果特产队等，在全村 800 多亩土地上开辟出花卉苗木基地、蔬果园、畜牧场等，形成水里养鱼、岸上养牛、地里种菜的自然循环。⑤村景融合，住行并举。滕头村划出几十亩地作为旅游区，种上花、搭起亭子，用苗木塑造出各式动物造型，与村里新建的联排别墅相连相映，形成"村在景中、景在村中"的模样。⑥专业规划，走农文旅结合道路。引进专业团队规划建设 10 个农文旅融合的庄园，带动周边村民创业就业，实现增收。⑦区域协调，经济联合。村里出台了规划，用小火车线路将滕头村与塘湾村、傅家岙村等 7 个村打通，形成占地 16.7 平方公里的发展空间，打造经济联合体。⑧工业农业互补，打造联动机制。这一举措使他们既能通过工业化的道路发展村庄，又能保持完整的生态优势，是形成生态农业、低碳工业、特色产业等联动发展格局的关键。

八、 美丽庭院扮靓美丽乡村

 案例梗概

1. 把镇村历史文化内涵、特色经济融入创建中。
2. 以多种形式广泛发动宣传，采取评优制度为"视觉美"锦上添花。
3. 聘请设计师帮助农户庭院进行设计，并采取评优制度让农户更好地融入到美丽庭院建设当中。
4. 创建美丽庭院示范带，举办评选活动，丰富群众文化生活。
5. 调动村民参与积极性，并启动专项资金支持美丽庭院创建。
6. 制定计划书和倡议书，并组织相关队伍让美丽庭院建设进入寻常百姓家。

关键词：评优制度；美丽庭院建设；计划书；倡议书

 案例全文

整洁的村道上，有序地摆放着垃圾桶，与一排排行道树遥相呼应。不少农户，把自家的小院收拾得清清爽爽，在绿化植物的拥簇下，形成一道亮丽的风景线……马剑镇寺坞坪村沿途风景令人心旷神怡。寺坞坪村是诸暨市美丽庭院精品村创建中的一个缩影。2017 年，诸暨市明确：50 万元专项资金通过以奖激优形式，对评选出的 5 个市美丽庭院精品村给予每个不超过 10 万元的财政奖励，同时把资金筹集机制列入评选考核细则，要求建立村自筹为主，政府补助为辅，社会各方面支持的资金筹集机制。

针对精品村建设中存在的短板，市农办与市妇联紧密对接，深入开展精品村+美丽庭院创建活动，着力提升精品村的内涵与韵味，取得了一定成效。在市妇联的精心策划、大力推动下，全市各镇乡（街道）充分发挥妇女组织优势，因地制宜，创新措施，尊重群众意愿，激发群众创建热情。目前，全市共组建"村嫂志愿队""七彩玫瑰""七彩娘子军""枫桥大妈""直埠好妈妈""和大姐"等各具区域特色的巾帼志愿者队伍 500 多支，带领农村妇女美化庭院、串珠成链、连线成片，创建工作开展到哪里，就把美丽带到哪里，引领美丽乡村向景点化、景区化、休闲化方向发展。

通过一年的努力，诸暨市的美丽庭院创建工作呈现面广、带美、点靓的特征，各创建带在原有基础上，立足自身优势，因势利导，因地制宜，把镇村历史文化内涵、特色经济融入创建中，初步形成"一镇（村）一品""一户一亮点"的工作特色。应店街镇紫阆村保留了明清古街等古村落风貌；草塔镇上下文村老台门、小弄巷都有旧时的味道；山下湖镇西杨龙村有珍珠水乡特色；马剑镇寺坞坪村成为名副其实的"美丽庭院"精品村；同山镇绿剑村体现了樱桃酒乡特色。

紫阆村为"视觉美"锦上添花

走进应店街镇紫阆村的美丽庭院精品村创建示范带，你会发现环境美了，乱堆乱放不见了，庭院整洁了，花花草草多了；心情美了，不论你是生活在这里还是到此一游，感受到的是干净整洁、其乐融融、安居乐业的氛围。应店街镇制定"女性倡导社会爱美，小家带动大家创美，家庭带领村庄变美，文化引领庭院更美"的工作思路，广泛发动宣传，并迅速下达落实。为营造浓厚的创建氛围，镇妇联下发倡议书 4500 余份，发放宣传品 3400 余份，通过微信、微博等多种信息平台做足动员工作。并成立由党员干部、创建户代表、热心人士组成的庭院环境评审委员会，每月对创建户开展一次督查评审。

紫阆村结合每月督查情况和创建进度，从示范带创建户中评选出一户或几户最美庭院，并在美丽庭院专用电子屏幕和宣传栏上通报表彰。作为五泄瀑布的源头，紫阆村有着深厚的文化底蕴，该村手绘南孟文化上墙，扩充美丽庭院精神内涵，宣传造势，风化育人。通过一系列活动，不仅为"视觉美"锦上添花，更丰富了美丽庭院的实质内涵，有一种用心感受的内在美。

上下文村打造优美的家园

2017 年，草塔镇上下文村确定示范带创建数 18 户，通过聘请设计师帮助农户庭院进行设计，协助农户一起整理庭院，传授他们整洁庭院的小窍门，让他们融入到美丽庭院建设当中。通过采购花木下发到户，用鲜花和盆栽来点缀美丽庭院，帮助农户打造更加美丽的庭院。通过美丽庭院的创建工作，提高农户环保意识和审美意识，邻里之间相互监督，营造整洁、和谐、优美的美丽家园。

为进一步增强家庭成员文明和谐意识、生态意识，上下文村以"美丽庭院·温馨家园"为主题，开展美丽庭院精品村创建工作。成立"庭院环境评审委员会"和"巾帼志愿者"两支队伍，每月 20 日负责美丽庭院创建工作的评审、监督和配合工作，指定专人负责美丽庭院创建工作，多次召开代表会议，讨论评审创建户创建工作开展情况；每月 10 日为"七彩娘子军"活动日，开展清扫保洁、入户宣传指导等活动。为形成"你争我抢"的浓厚创建氛围，该村制定了星级管理办法，把创建成果作为"星级文明家庭""最美村嫂""最美志愿者"等荣誉的评定、年终表彰、入党现实表现的重要依据。

寺坞坪村山美水美生活美

2017 年，马剑镇寺坞坪村投入 1 万余元，对示范带周围的赤膊屋及围墙进行粉刷，还原古色古香的乡村环境；投入 3 万余元对示范户住房楼梯进行改造，防止示范户乱堆乱放；投入 7 万余元对绿化示范带进行花坛修葺、花木补种，村里呈现欣欣向荣的美丽景象。在美丽庭院创建活动中，该村丰富活动形式，紧密结合两路两侧、四乱整治工作，开展环境卫生整治行动，营造洁净优美的人居环境；组织和发动妇女、家庭参与到环境卫生整治行动中，清洁庭院卫生死角、清理房前屋后的堆积物、及时处置生活垃圾等，养成清洁美化环境的好习惯，打下美丽庭院建设的扎实基础。同时，开展巾帼志愿者"五水共治"护河行动。将"五水共治"工作作为美丽庭院创建工作的重要一环，组织妇女群众宣传践行节水、治水理念，打造山美水美生活美的生活氛围。通过创建，吸引了大批游客，给村民带来了一定的经济收入。除了美丽庭院示范带的创建，该村还组织村民开展"文明家庭""卫生家庭""平安家庭"等评选活动，弘扬了优良的传统美德，丰富了群众文化生活。

西杨龙村"钉子户"变成"示范户"

2017 年初，山下湖镇西杨龙村一农户，将柴火废弃物堆在显眼的角落，村指导员上门劝说时，这户人家还态度强硬，觉得自家的庭院自家管，别人没有权利来管他家柴火该怎么堆。村班子成员经过多次沟通后，终于，该农户态度好转，主动将柴火堆放整齐，将废弃物集中处理，也积极投身到美丽庭院创建中。在"美丽庭院"创建过程中，有少部分村民不理解这项工作，抵触上门指导。有的认为自家事情自家管，村干部管得太宽；还有的不积极配合，不愿意整理门前杂物等。尤其是村内矛盾尚未解决的农户，将个人不满情绪带入到村里工作中，干扰美丽庭院创建深入开展。面对这一类人群，村妇代会以及村班子成员一次又一次地上门做工作，晓之以理、动之以情，轮番做工作，将这些"钉子户"逐渐变成美丽庭院创建的"示范户"。镇、村还专门划出经费 20 多万元用于美丽庭院创建，确保创建有人力有物力。从发放倡议书到开展培训，再一户户上门指导，村民也逐步从埋怨、不配合到理解和支持，文明素质也逐渐提高，村庄庭院环境面貌焕然一新。

绿剑村"小环境"干净　"大环境"整洁

走进同山镇绿剑村，只见村民的庭院内清洁干净，家里物品摆放整齐有序，不但"小环境"干净，村容村貌也发生了变化，房前屋后的垃圾不见了，村道宽敞干净，绿化带生机勃勃……为促进美丽庭院创建工作的顺利开展，同山镇制定了《绿剑村"美丽庭院"精品村创建计划》，成立了"巾帼清洁志愿队""庭院环境监督队""庭院环境评审委员会"三支队伍；与 379 户农户签订了美丽庭院创建责任书，责任书明确美丽庭院创建标准，让大家做到心中有数，目标明确，有所约束，真正使广大妇女的思想认识在活动中得到提升，整治环境在活动中形成自觉行动，成为美丽庭院争创行动的主力军。

镇妇联下发了《清洁乡村、美丽庭院活动倡议书》500 余份，号召广大农村妇女积极行动起来，争做美丽庭院创建的倡导者、实践者、监督者，并逐户填写美丽庭院创建户信息卡，还为绿剑村全村 300 多户人家送上印有《"美丽庭院"齐行动、"平安家庭"共创建》字样的果盘。同时，统一制订了具有同山特色的家风家训字样门牌，使美丽庭院争创活动入脑入心入家庭。

资料来源：马青华、胡燕华、应敏利：《美丽庭院扮靓美丽乡村》，《诸暨日报》2018 年 1 月 16 日，http：//www. zjrb. cn/news/2018-01-16/55641. html。

经验借鉴

通过一年的努力，诸暨市的美丽庭院创建工作呈现面广、带美、点靓的特征，各创建带在原有基础上，立足自身优势，因势利导，因地制宜，把镇村历史文化内涵、特色经济融入创建中，初步形成"一镇（村）一品""一户一亮点"的工作特色。总结美丽庭院创建工作，诸暨市美丽乡村建设经验如下：①开展住户评比，美化村庄环境。紫阆村结合每月督查情况和创建进度，从示范带创建户中评选出一户或几户最美庭院，并在美丽庭院专用电子屏幕和宣传栏上通报表彰。②借助精神遗产，打造内涵式发展。作为五泄瀑布的源头，紫阆村有着深厚的文化底蕴，该村手绘南孟文化上墙，扩充美丽庭院精神内涵，宣传造势，风化育人。通过一系列活动，不仅为"视觉美"锦上添花，更丰富了美丽庭院的实质内涵，有一种用心感受的内在美。③邀请专业人士，协助庭院设计。通过聘请设计师帮助农户庭院进行设计，协助农户一起整理庭院，传授他们整洁庭院的小窍门，让他们融入到美丽庭院建设当中。④确立监督评估制度，形成环保新风气。成立"庭院环境评审委员会"和"巾帼志愿者"两支队伍，每月20日负责美丽庭院创建工作的评审、监督和配合工作，指定专人负责美丽庭院创建工作，多次召开代表会议，讨论评审创建户创建工作开展情况。⑤组织志愿活动，提高村民自觉。开展巾帼志愿者"五水共治"护河行动。将"五水共治"工作作为美丽庭院创建工作的重要一环，组织妇女群众宣传践行节水、治水理念，打造山美水美生活美的生活氛围。

九、 长洋村： 擦亮美丽底色　摇身变成花园

案例梗概

1. 以"五水共治""三改一拆"等行动为抓手对碾铜灰行业进行全面整治。
2. 对已被破坏的池塘等生态景观进行整治修复，从根源上整治环境污染。
3. 依托池塘建起占地50多亩的生态公园，实现"一河三桥四公园"。
4. 通过与村民签订《土地租用协议》，进行全村土地流转。

5. 创建苗木种植基地，发展新兴产业——花卉苗木种植。

6. 开拓经营电子商务产业，解决近百人的就业问题。

关键词：生态景观修复；生态公园；苗木种植基地；土地流转

 案例全文

路桥区新桥镇长洋村从十几年前一个零收入村、负债村转变为年均保持20%左右增长，拥有600多万元集体资产的富裕村，长洋村"两委"发挥"钉钉子"精神，认真践行"每年为村里干一件实事"的承诺。

生态建设　绘就美丽画卷

以前，长洋村村道坑坑洼洼，没有路灯照明；垃圾随意倾倒，污水任意排放；池塘一池"死水"，村民避之不及。"荷花池以前是我们村里的'水缸'，大家的生活用水都来自这里，后来村里很多村民都做起了碾铜灰的生意，虽然因此富了起来，但由此造成的环境污染也十分严重，这'水缸'也慢慢变成了一个淤泥堆积、河道堵塞、垃圾密布、气味难闻的臭水沟。"说起村里的变化，长洋村党支部书记缪惠平深有感触。面对"成长的烦恼"，长洋村"两委"痛下决心，以"五水共治""三改一拆"等行动为抓手，积极推进村子转型发展，绘就生态美卷。

改变从源头开始。"以牺牲生态环境换取富裕的做法，代价高昂、教训深刻，所以村里痛定思痛，下决心对碾铜灰行业进行全面整治，从根源上整治环境污染。"缪惠平说，在完成碾铜灰行业整治后，村里对所有的池塘进行整治修复，仅一个荷花池及周边的垃圾就运了将近100车。2014年，长洋村一鼓作气，一年之内完成了全村所有河道的清淤和内河整治工作。现在的荷花池清澈见底，成为周边村民散步嬉戏的好去处。缪惠平自豪地说："荷花池刚好位于村里的中心地带，所以我们依托池塘在这里建起了占地50多亩的生态公园。现在每天晚上公园里都是健身锻炼的人，不仅是我们村的，还有附近闻名而来的村民。"

生态红利　撬动美丽经济

良好生态环境是发展的"金饭碗"。走进长洋村的苗木种植基地，种类繁多的苗木长势良好。这里不仅有花卉苗木，还有各种绿化苗木。在人居环境不断改善的同时，美丽经济成为长洋村发展的一条主脉络。花卉产业作为一项新兴产业，具有良好的发展前景。村"两委"把目光放在花卉苗木种植基地上，通过与村民签订《土地租用协议》，进行全村土地流转。"花卉苗木企业的引进，不仅能改善环境，还能促进农业增效、农民增收，一举两得。"缪惠平说，"我们村里道路两旁的树木，都是花卉苗木企业免费种植，村里也得到了实惠。"

村民张大姐家本来就是做生意的，以前土地自己租，不仅不方便，而且租金也不高，现在村里统一进行流转，她只管拿钱就行，既省事又方便。装盒、打包、贴货单、装车……在村里的"贝贝乐女鞋"淘宝店里，员工们都在紧张地忙碌着。这是长洋村第一家淘宝店，也是目前为止规模最大的一家。企业负责人说："从 2007 年起步从事淘宝，经过发展，已成为了电子商务公司。"截至 2018 年 7 月，该村已注册淘宝店铺占全村总户数的 10%，并解决了近百人的就业问题。缪惠平说："在村民富裕的同时，村庄也变成了一个大花园，这都得益于我们一直践行'绿水青山就是金山银山'的理念不动摇。我们要继续撸起袖子加油干，把村庄建得更美。"

资料来源：王恩兴：《长洋村：擦亮美丽底色　摇身变成花园》，《今日路桥》2018 年 7 月 5 日，第 01 版。

 经验借鉴

长洋村从十几年前一个零收入村、负债村转变为年均保持 20% 左右增长，拥有 600 多万元集体资产的富裕村，并绘就了一幅美丽公园池塘相交映的生态画卷，擦亮美丽底色，摇身变成花园，其美丽乡村建设经验如下：①响应上级号召，积极推进践行。面对"成长的烦恼"，长洋村"两委"痛下决心，以"五水共治""三改一拆"等行动为抓手，积极推进村子转型发展，绘就生态美卷。②整治重点行业，清除环保障碍。以牺牲生态环境换取富裕的做法，代价高昂、教训深刻，所以村里痛定思痛，下决心对碾铜灰行业进行全面整治，从根源上整治环境污染。③整治重点区域，还原自然风光。村里对所有的池塘进行整治修复，仅一个荷花池及周边的垃圾就运了将近 100 车。长洋村一鼓作气，一年之内完成了全村所有河道的清淤和内河整治工作。④依靠生态禀赋，发展特色产业。在人居环境不断改善的同时，美丽经济成为长洋村发展的一条主脉络。花卉作为一项新兴产业，具有良好的发展前景。⑤紧跟时代步伐，拓展创业机会。截至 2018 年 7 月，该村已注册淘宝店铺占全村总户数的 10%，并解决了近百人的就业问题。⑥坚守信念理想，践行美丽梦想。长洋村在村民富裕的同时，村庄也变成了一个大花园，这都得益于其一直践行"绿水青山就是金山银山"的理念不动摇。

十、　余东村：　凝心聚力发展　全心全意为民

案例梗概

1. 督促党员干部起带头作用，着力推进"三改一拆"。
2. 解决生猪养殖问题，推进"五水共治"工作。
3. 发展农民画文化，组织农民画培训，鼓励农民画创作，以画画赚钱，增收致富。
4. 积极营造村庄文化建设氛围，以多种形式宣传进步思想，引导村民树立良好生活观念。
5. 精心制定并严格执行村规民约，实现村民民主自治。
6. 组建多种文化团队，丰富村民文化生活。
7. 修建农村文化礼堂，推进美丽画村项目建设。
8. 开展党员星级测评和评选年度先进党员、优秀村干部，努力发挥党员先锋模范作用。

关键词：农民画文化；良好生活观念；村规民约；民主自治；文化礼堂；星级测评

案例全文

余东村先后被评为全国文明村、国家 AAA 级旅游景区、全国第一批十大农民画画乡、浙江省文化示范村等。

克难攻坚抓重点，全力推进"三改一拆"和"五水共治"

余东村在"三改一拆"工作中，及时召开村民代表会议，形成推进"三

改一拆"的工作决议，同时召开村"两委"干部和全体党员会议，要求党员干部带头签订拆除承诺书。结合"三改一拆"，积极推进"花画世界"建设，对村庄公路边的围墙统一拆除重新建造，围墙上统一画农民画，形成了有特色的千米画街。余东村党支部书记余良耀家的围墙就在这条街上，他不顾老婆儿子的反对，带头拆除了造价2万多元的围墙跟大门。这条街上涉及的"两委"干部和党员有14户，他们也没有二话，大家一起带头拆围墙。全村共涉及农户80多户，共拆除围墙1000多米，"两委"干部的带头起到了关键作用。在党员干部带动下，全村共拆除各类违章建筑1万多平方米，在全乡率先完成了"三改一拆"工作任务。

余东村在"五水共治"工作中，面临的最大问题是生猪养殖。余东村有10户养殖户，存栏10000多头猪，猪比人多。结合村实际，余良耀把养殖户的禁养退养工作分解到每个"两委"干部头上，自己认了一户养猪最多的农户，家里有1000多头猪。他和养猪户磨了7天7夜，农户终于同意禁养生猪，他还帮忙联系收购生猪的老板，功夫不负有心人，1000多头猪终于卖完了。猪卖完了，农户以后生活怎么办？余良耀通过朋友牵线，给养殖户找了份保姆的工作，月工资有2000多元。通过耐心细致做工作和到位的帮扶措施，全村10000多头生猪全部退养禁养到位。现在，余东村已经四次被评为柯城区"最清洁村"。

因地制宜创特色，大力推进美丽画村建设

余东村的农民画很出名，村里就大力发展农民画文化，常年组织农民画培训，鼓励农民画创作，设立农民画优秀人才奖，每年都进行表彰。全村800多人中有300余名村民会画农民画，有100多名村民常年从事农民画绘画创作，以画画赚钱，增收致富，成为村庄最大的亮点特色。余东村积极营造村庄文化建设氛围，以宣传栏、文化墙、文化长廊形式引导群众树立科学、文明、进步的生活观念；精心制定并严格执行村规民约，实现村民民主自治；新组建腰鼓队、舞龙队、排舞队、民乐队等文化团队，丰富村民文化生活。

在推进美丽画村项目建设中，余东村建了一流的农村文化礼堂，有农民文化中心、农民画展览室和文化广场，修建了农民画形象牌、溪边文化长廊和文化路径，溪边装了壁画群，发展了6家农家乐，举办了"五一"假期余东花画世界试行开园和"5·19市长带您游乡村"等系列活动，提

高了余东村的知名度。余东村继续加快建设进度，积极启动农民画创意园、农民画爱情公园、天乐谷亲子游乐园等项目建设，使余东画村这张金名片更加亮丽。

固本强基强队伍，努力发挥党员先锋模范作用

余东村充分发挥党员先锋模范作用，每季度开展一次党员"锋领堡垒"星级测评。每年评选先进党员和优秀村干部，并在群众文艺汇演中进行表彰。余良耀表示，作为一名村党支部书记，他应该努力工作，敬业奉献，把村庄当成自己家，把村民当成自己的亲人。在今后工作中，更要坚持党性原则，率先带头，事事处处严格要求自己，努力工作，为加快建设余东美丽画村做出应有的贡献。

资料来源：周盛：《凝心聚力发展　全心全意为民——沟溪乡余东村党支部书记　余良耀》，《今日柯城》2015 年 12 月 18 日，第 02/03 版。

 经验借鉴

余东村先后被评为全国文明村、国家 AAA 级旅游景区、全国第一批十大农民画画乡、浙江省文化示范村等，其美丽乡村建设经验如下：①坚持抓重点，形成长效体制。余东村以"三改一拆"和"五水共治"为重点展开工作，工作方法主要是召开会议形成决议，并成立工作小组下派任务，让村内工作有据可依、有人可询、有条不紊。②立足村庄禀赋，发展优势产业。余东村抓住民画特色，鼓励村民创作，变画为金，增收致富。③以文化发展产业，以产业复兴文化。积极营造村庄文化建设氛围，以多种形式引导群众树立科学、文明、进步的生活观念，鼓励村民自治，并以组建文化团队的方式丰富村民文化生活；修建文化礼堂，发展农家乐，举办特色活动，在传播村内文化的同时提高余东村的知名度，吸引游客。④激励党员，发挥先锋作用。余东村设立模范党员奖励机制，不断激励党员发挥先锋模范作用，为乡村建设做出贡献。全村共涉及农户 80 多户，共拆除围墙 1000 多米，这其中"两委"干部的带头起到了关键作用。在党员干部带动下，全村共拆除各类违章建筑 1 万多平方米，在全乡率先完成了"三改一拆"工作任务。

十一、 北鹤村： 浙北桃花岛

 案例梗概

1. 积极引导村民将观赏树变成了致富树，使脏乱差的环境变得干净美丽。
2. 配套活动场地，周边再配上绿化带，村民不出村就能享受到城里人的生活环境。
3. 以桃花节、黄桃节为契机，加强对外宣传合作。
4. 扩种其他经济作物来增加收入，北鹤村村民的腰包越来越鼓。

关键词： 绿化；对外宣传；桃花节；黄桃节；经济作物

案例全文

北鹤村地处姚庄镇西北部，村区域面积 2.36 平方千米，耕地面积 3026.7 亩，由于当地大面积种植黄桃，而被誉为"浙北桃花岛"，全村人口 1396 人。在这样一个面积不大、人口不多的村庄内，北鹤人用勤劳质朴的双手将黄桃产业做大做强，成为远近闻名的"桃花岛"。该村通过"美丽乡村"创建，先后获得全国绿色小康村、浙江省森林村庄、省级绿化示范村、嘉兴市优美庭院示范村等荣誉称号。北鹤村在保留原有村貌的基础上，积极引导村民将观赏树变成了致富树，使脏乱差的环境变得干净美丽。

如诗如画的江南村庄

北鹤村沿河都是垂柳，柳条倒挂在水中，微风一吹，在河中画出不规则图案。村里家家户户门口统一建造景观带，不仅让种植的植物与养殖的动物成为美丽的乡村景色，还减少了动物养殖对环境的影响。放眼望去，村屋墙壁上都画上了巨幅农民画，有展示农民种植黄桃场景的，也有展示黄桃销售的，色彩鲜明的农民画画出了村民们的生活和喜悦。在北姚浜入口处，健身设备、绿化带、活动场地一应俱全，村民不出村就能享受到城里人的生活环境。

努力奋进的致富人

北鹤村的黄桃种植大户陆春祥种了22亩黄桃树。种植黄桃已有30多年的他掌握了一套娴熟的种植技术。"我从1986年就开始种植黄桃，在姚庄黄桃还没有知名度的时候，黄桃价格只有每公斤2元，甚至更低。"回忆起以前销售黄桃的窘境，陆春祥感慨万千，没有名气价格卖不高，更没有收购商上门收购，黄桃一度被认为是赔钱的果树。但是随着黄桃产业的转型升级以及镇政府的大力宣传，姚庄黄桃远近闻名。

此时，北鹤村人又开始想办法，如何让黄桃产业做大做强？北鹤村利用"浙北桃花岛"景区优势，以桃花节、黄桃节为契机，加强对外宣传合作，每年都能吸引来自全国各地成千上万的游客来赏花、摘桃，同时给种植户带来了较高的经济效益。村民袁贵荣种植黄桃也有20多年了。起初，他的黄桃亩均效益只有3000元，而如今已达到了1万多元，收入高了，销售黄桃却变得简单不少，之前需要农户自己拉出去卖，而现在北鹤村民不出家门吆喝，顾客仍纷至沓来。如今，北鹤村有80%的农户种植黄桃，总面积达到1800亩，北鹤人在不断致富的同时，还在开拓创新，他们在以黄桃为主产业的基础上，扩种其他经济作物来增加收入，北鹤村村民的腰包越来越鼓。北鹤村还积极利用黄桃来发展休闲旅游，不但增加了农产品的附加值，还使北鹤风光更迷人，生活在如画风景中的北鹤人精神自然更愉悦。

资料来源： 倪杨艳：《北鹤村——这些年一起追寻的"美丽"》，《嘉兴日报嘉善版》2013年10月18日，第B2版。

 经验借鉴

北鹤村地处姚庄镇西北部，是有名的黄桃村，因此被誉为"浙北桃花岛"。勤劳的北鹤村不满足于只是售卖黄桃，他们更将黄桃产业做大做强，做出了黄桃文化。总结北鹤村的发展，其美丽乡村建设经验如下：①重视环境规划，创造和谐自然。家家户户门口统一建造景观带，不仅让种植的植物与养殖的动物成为美丽的乡村景色，还减少了动物养殖对环境的影响。②建设惠民设施，提升幸福水平。沿河修建绿化带、放置健身设备，切实提高了村民的幸福指数，带动了村民建设的积极性。③探索合适商机，加大市场宣传力度。以桃花节、黄桃节为契机，加强对外宣传合作，每年都能吸引来自全国各地成千上万的游客来赏花、摘桃，同时给种植户带来了较高的经济效益。④推进产业升级，发挥政府作用。随着黄桃产业的转型升级以及镇政府的大力宣传，姚庄黄桃远近闻名。

十二、 黄皮村： 美丽乡村建设持续推进

 案例梗概

1. 投入 200 多万元进行村庄整治，对灰寮、废弃木屋、乱搭建等进行拆除整治。
2. 把美丽经济转化为黄皮村发展动力，进一步提升村庄硬件实力，提高村民收入。
3. 保护好独有的村居风貌，发扬传承本村文化，实现和谐发展。
4. 以"景区经济+传统村落保护+民宿经济+集体经济"的模式打造美丽乡村。

关键词：村庄整治；文化传承；景区经济；村落保护；民宿经济；集体经济

 案例全文

　　在百山祖镇境内有一座美丽的乡村——黄皮村，村内古建筑保存良好，是浙西南典型的生态村落。翻看村庄的鸟瞰图，发现村庄呈"人"字形，层层叠叠的梯田与郁郁葱葱的树木点缀在村庄的四周，一幅生机盎然的景象浮于眼前。走进村庄，只见巷道干净整洁，房前屋后花草繁盛，村内古建筑众多，古村貌保留完整。"在过去，通往黄皮村的路窄，给村民出行带来了很大不便，限制了黄皮村的发展，2016 年以来，黄皮村先后投入了 200 余万元进行道路拓宽提升，将村里的水泥路拓宽至 6.5 米，为来往车辆交汇提供了方便，也使交通更加便利。"黄皮村驻村干部周能伟说。

　　2017 年，黄皮村建了 5 个休闲亭，为村民提供了闲暇时刻聊天、娱乐的好去处。黄皮村 2013 年以来先后投入建设了停车场、游步道，沿着游步道行走还能沿途观赏村内的古树林风貌，很是美丽。从 2016 年起，黄皮村累计投

入 200 多万元进行村庄整治，对灰寮、废弃木屋、乱搭建等进行拆除整治。如今，村庄的"容貌"焕然一新。

黄皮村把美丽经济转化为发展动力，进一步提升村庄硬件实力，提高村民收入。美丽乡村的建设也需要文化的承载，需要保护好独有的村居风貌，发扬传承本村文化，实现和谐发展。黄皮村文化底蕴浓厚，村民是吴三公后裔，村内有吴氏宗祠供奉吴三公，距今已有几百年的历史。此外，村庄致力于修缮古村宗祠、保护菇民文化、保留古法香菇种植技艺，现已基本恢复宗祠原貌，并恢复部分宗祠功能。同时，村里还会举行各类民俗活动，展现村史和菇民民风民俗。

"黄皮村的古村貌保留完整、文化底蕴浓厚，基于这些优势，通过美丽乡村不断建设，村庄整体能够得到明显提升，吸引更多的游客前来。"村党支部书记吴小荣说。今后黄皮村将依托百山祖自然保护区，以优越的自然生态环境为基础，以香菇文化体验为核心，以"景区经济+传统村落保护+民宿经济+集体经济"的模式，将村庄打造成集生态观光、民俗体验、乡村度假、高山避暑等为一体的环境优美、功能完善、四季宜游的美丽乡村。

资料来源： 吴继峰：《黄皮村美丽乡村建设持续推进》，《菇乡庆元》2017 年 6 月 13 日，第 02 版。

 经验借鉴

在百山祖镇境内有一座美丽的乡村——黄皮村，村内古建筑保存良好，是浙西南典型的生态村落。黄皮村美丽乡村建设持续推进，其建设经验如下：①设计便捷交通，升级村中道路。为来往车辆交汇提供了方便，也使交通更加便利。②提升硬件实力，拆除整治建筑。黄皮村为进一步提升村庄硬件实力进行村庄整治，对违章建筑进行拆除整治。把美丽经济转化为黄皮村发展动力，提高村民收入。③保护本村文化，修缮传统建筑。为了保护好独有的村居风貌，发扬传承本村文化，实现和谐发展。村庄致力于修缮古村宗祠、保护菇民文化、保留古法香菇种植技艺，现已基本恢复宗祠原貌，并恢复部分宗祠功能。同时，村里还会举行各类民俗活动，展现村史和菇民民风民俗。

十三、 龙门村： 村旅"手拉手" 群众"户结户"

案例梗概

1. 成立九溪龙门旅游开发公司，实行"四统一管理"。
2. 加强与旅行社对接，充分利用旅行社广泛的人脉、网络等资源优势组织客源。
3. 推行"1+X"的结对模式，推动共同富裕。
4. 积极开展污水治理、垃圾处理、彩化绿化、外立面改造等工程。
5. 实施了改水、改厕、改圈、改立面的"四改"工程。
6. 对道路、河道、房屋外立面进行了全面整治，绿化彩化面积6700平方米。
7. 保持龙门村原有的徽派建筑风格和文化韵味。
8. 改造村里的旧民居为民宿，充分利用"空余"的农房。

关键词： 旅游开发公司；污水处理；垃圾处理；绿化彩化；立面改造；民宿

 ## 案例全文

龙门村地处偏僻，2013年以前农户经济收入来源主要以外出务工为主，其他在家劳动力以种植茶叶、毛竹等传统农业为经济来源，总体经济效益低。近几年来，龙门村发展速度飞快、发展变化巨大、发展质量提高。龙门村乡村休闲旅游收入从零开始，到2017年底达924.8万元，村民年人均收入从4115元增加到1.9万余元。"村民人均收入能够得到这么大幅度的增加，与我们独特的乡村旅游经营模式分不开。"王亚令等作为龙门村第一批旅游从业者，是这翻天覆地巨变的见证者和奠基者。

村旅"手拉手" 合力拓市场

2013年，龙门村集体成立九溪龙门旅游开发公司，摒弃单个农家乐单打独斗做营销的模式，实行"四统一管理"：统一管理模式、统一宣传营销、统一服务标准、统一分配客源，农户一心一意做好经营服务。村集体和农户分工抱团合作，实现互补联动发展。同时加强与杭州、上海等旅行社对接，充分利用旅行社广泛的人脉、网络等资源优势组织客源。目前已与上海荣和、杭州爱丽芬、新世纪等几十家旅行社合作，已累计接待各类游客团队1000多个。在暑期及节假日期间，全村农家乐基本处于满负荷运转状态，真正实现合作共赢。

群众"户结户" 合力共致富

为了使全村老百姓都能享受到农家乐经济带来的红利，龙门村推行"1+X"的结对模式，即一户农家乐经营者最少结对一户蔬菜配送提供户、一户农副产品配送提供户，生意好的经营户可结对5~7户。全村53户经营户带动了近200家农户共同富裕。"我店里的结对农户有六七户，分别给我提供蔬菜、鱼、鸡、豆腐等原生态的食材。"久山半农家乐业主余昌山表示，他于2016年回乡创业，了解到村里推行这个模式以后，他第一时间联系了结对的农户，"现在每年都会向他们采购3万元左右的食材，这个模式确实很好，既能提高食材的利用率，又带动了大家一起致富。"

从"美丽环境"到"美丽经济"

这几年，龙门村通过积极开展污水治理、垃圾处理、彩化绿化、外立面改造等工程，实施了改水、改厕、改圈、改立面的"四改"工程，对道路、河道、房屋外立面进行了全面整治，绿化彩化面积6700平方米。在危旧房改造中保持龙门村原有的徽派建筑风格和文化韵味，成功创建"国家AAA级景区"，村庄变得更美了。在县里相关政策的引领下，村里的旧民居通过改造变成了民宿，"空余"的农房得到了充分利用，给农户带来了直接的经济收益，绿水青山真正带来了金山银山。

截至2018年3月，龙门村民宿（农家乐）的规模达到了53户、638张床位，带动了197户村民种植蔬菜、养鸡、养鱼提供给民宿经营户，全村已有60%以上的农户参与到乡村旅游业中。赶街、蛙鸣等电子商务平台的入驻也促进了农特产品销售。民宿（农家乐）、电子商务、乡村旅游成为龙门村民增收致富的就业新途径，吸引了越来越多的农户加入，村民增收路子更宽了。2017年全村实现旅游收入924.8万元，其中最多的一户农家乐营业额达到70多万元。民宿（农家乐）的红火，也带动了农产品的销售，农民在"美丽环境"造就的"美丽经济"推动下，钱袋子更鼓了。

资料来源：唐文楷：《看龙门村"美丽蝶变"》，《今日开化》2018年3

月 8 日，第 00001 版。

经验借鉴

　　龙门村地处偏僻，2013 年以前农户经济收入来源主要以外出务工为主，其他在家劳动力以种植茶叶、毛竹等传统农业为经济来源，总体经济效益低。近几年来，龙门村乡村休闲旅游收入从零开始，到 2017 年底达 924.8 万元，村民年人均收入从 4115 元增加到 1.9 万余元，其美丽乡村建设经验如下：①成立旅游公司，合力开拓市场。龙门村摒弃单个农家乐单打独斗做营销的模式，实行"四统一管理"：统一管理模式、统一宣传营销、统一服务标准、统一分配客源，农户一心一意做好经营服务。村集体和农户分工抱团合作，实现互补联动发展。同时加强与杭州、上海等旅行社对接，充分利用旅行社广泛的人脉、网络等资源优势组织客源。②鼓励村民配合，推动共同富裕。为了使全村老百姓都能享受到农家乐经济带来的红利，龙门村推行"1+X"的结对模式，即一户农家乐经营者最少结对一户蔬菜配送提供户、一户农副产品配送提供户，生意好的经营户可结对 5~7 户。全村 53 户经营户带动了近200 家农户共同富裕。③全面整治环境，提升村容村貌。龙门村通过积极开展污水治理、垃圾处理、彩化绿化、外立面改造等工程，实施了改水、改厕、改圈、改立面的"四改"工程，对道路、河道、房屋外立面进行了全面整治。④紧盯经济形势，发展新兴产业。民宿（农家乐）、电子商务、乡村旅游成为龙门村民增收致富的就业新途径，吸引了越来越多的农户加入，村民增收路子更宽了。

十四、 芙蓉村："党建+" 邂逅美丽乡村

案例梗概

1. 村党支部带头组织村业余消防队，保障古村消防安全。
2. 走街串巷，向村民宣传消防安全知识，对沿路发现的消防安全隐患，及时督促村民整改。

3. 成立一支"星期六志愿者服务队"，深入持续地开展义务劳动。

4. 党员干部带头大搞环境卫生，端掉了屋前的猪圈，清理了周边乱糟糟的环境。

关键词：古村消防；志愿者服务；环境卫生

 案例全文

近几年，永嘉县掀起美丽乡村建设热潮，建设美丽乡村成了各地的中心工作。在旅游资源丰富的岩头镇芙蓉村，村党支部紧紧围绕美丽乡村建设开展党建工作，发挥党组织的战斗堡垒作用，强化党员的服务功能和示范作用，有效保护了古村落资源，改善了村环境卫生，促进了村旅游经济的发展。

村业余消防队　保障古村安全

芙蓉村坐拥上百年历史的古建筑群，获得中国景观村落、中国传统村落、国家级文物保护单位等殊荣。迄今为止，该村存有 46 处重点文保木质建筑。因此，该村消防安全隐患也更加突出，为了保护好宝贵资源，该村党支部带头成立了一支业余消防队。自业余消防队成立以来，村党支部书记陈晓芙的日常工作又多了一项内容，那就是带着队员们走街串巷，向村民宣传消防安全知识，对沿路发现的消防安全隐患，及时督促村民整改。每月 10 日，业余消防队还要挨家挨户进行灭火器检修；每月 20 日则是雷打不动的消防演练日，也是消防安全知识的集中宣传日。

目前，业余消防队已成功参与抢救该村火灾 50 多起，同时积极支援周边村落的火灾救援和森林消防。"我们不只是消防队，还是消防、抢险救灾、治安联防多位一体的队伍。"陈晓芙说，经过多年发展，该业余消防队从规模（目前消防队共有队员 15 人，其中 12 人为党员）到器械装备和人员专业素质都有了显著提升，2015 年，岩头镇在这里成立了微型消防站。

志愿者服务队　致力环境保洁

作为楠溪江的核心旅游景点之一，芙蓉村在喜迎八方游客的同时，也承受着巨大的环境秩序和安全保障压力。为此，该村党支部还牵头成立了一支"星期六志愿者服务队"，深入持续地开展义务劳动，致力于村里的环境卫生整治和安保工作。党支部成员陈建文就是其中的一名志愿服务者。每逢周末和节假日是芙蓉村人流较多的节点，也是陈建文和队友们最忙碌的时候，每到这个时候，志愿者们就要在村里维持秩序，做游客的免费向导，确保游客们享受一个愉悦的游览过程。虽然叫作"星期六志愿者服务队"，但平日里志愿者们也不闲着，在村里四处巡查，发现垃圾及时清理，帮村民整治屋前屋后的脏乱环境等，努力提升芙蓉村的整体环境。

村美游客增多　村民日渐富裕

村民陈文政是芙蓉村环境提升的直接受益者。他说，以前他家房屋周边环境很差，垃圾多，还有猪圈臭气熏天，行人路过都要绕道。后来，村里以美丽乡村建设为契机开展环境整治，党员干部带头大搞环境卫生，端掉了屋前的猪圈，清理了周边乱糟糟的环境。环境改善了，游客也越来越多，子女们就谋划着把老房子收拾一下开成民宿，于是就有了"书香门第"民宿，每逢旅游旺季，房间供不应求，一年下来三五万元收入是妥妥的。像陈文政一样在美丽乡村建设中受益的村民还有很多。据村"两委"干部介绍，目前全村农家乐和民宿已开了约30家，生意都不错，还有很多村民也跃跃欲试，想加入这一行列。同时，旺盛的人气也带动了土特产销售，特别是村里的桑葚果园，深受游客青睐，目前入园门票已卖到40元/人，桑葚也卖出20元/斤的好价格。

资料来源：黄琴琴：《岩头镇芙蓉村："党建+"邂逅美丽乡村》，《今日永嘉》2016年4月26日，第02版。

 经验借鉴

近几年，永嘉县掀起美丽乡村建设热潮，建设美丽乡村成了各地的中心工作。岩头镇芙蓉村党支部巧用旅游资源丰富的优势，紧紧围绕美丽乡村建设开展党建工作，发挥党组织的战斗堡垒作用，强化党员的服务功能和示范作用，有效保护了古村落资源，改善了村环境卫生，促进了村旅游经济的发展。芙蓉村美丽乡村建设经验如下：①村民齐心自建消防队伍，保障古村安全。芙蓉村坐拥上百年历史的古建筑群，获得中国景观村落、中国传统村落、国家级文物保护单位等殊荣。所以，为了保护村庄的古迹，该村党支部带头成立了一支业余消防队。该消防队每日整改村内消防安全隐患，定期检查村内消防器材；组织消防演练。且多次参与抢救消防事件。②组建志愿者服务队伍，建设完善村内旅游服务。作为楠溪江的核心旅游景点之一，芙蓉村在喜迎八方游客的同时，也承受着巨大的环境秩序和安全保障压力。为此，该村党支部还牵头成立志愿者服务队伍，在旅游旺季维持村内秩序，为游客做引导；在平时，帮助整改村内脏乱差的卫生环境。③紧跟时代潮流，健全旅游文化。芙蓉村为建设美丽乡村加大整改力度，大搞环境卫生，从而健全完善以农家乐、民宿为主的旅游产业，推动副产品，如桑葚果园采摘体验的销售。如此一来，不仅使得村落面目大改，还令村民生活质量得以提高，从而全面推动村庄品质的提升。

十五、　银泉村："路长制"　助推美丽乡村建设

 案例梗概

1. 通过将党员与村内道路挂钩，自创村庄道路"路长制"。
2. 引导村民积极地参与到村内环境保护中来。
3. 进行村内最美道路的评比，在村民中心墙上公开、公示。

关键词："路长制"；参与保护；道路评比

 案例全文

随着生活水平的逐步提高，村民对环境卫生的要求也在不断增强，为了让村民有一个舒适的生活环境，大若岩镇银泉村村"两委"充分发挥党员的"领头羊"作用，通过将党员与村内道路挂钩，自创村庄道路"路长制"，通过党员一对一挂钩村内10条道路，每天进行环境巡逻、保洁，有效保障了村内卫生环境。

路面几乎看不到垃圾

银三路是银泉村党支部书记陈荣光一对一挂钩的村内道路，全长约200

米，路面宽约 4 米。路的两边是农田和民居，道路上不时有村民出入，路面上几乎看不到垃圾。

顺着银三路来到粮仓路，一路走来路面上干净整洁也几乎看不到垃圾，村居房前屋后的杂物摆放统一有序，只有几只狗在路边休息。陈荣光表示，村里的路面上放养的家禽已经少了很多，大部分村民在劝说下都将家禽圈养起来了。上门宣传村内环境保护和环境整治工作，也是"路长制"的一部分。

每两周评比最美道路

村里红底白字的银泉村道路"路长"公示牌上写有道路的起止地点、路长姓名和联系方式，以及路长职责等内容。据陈荣光介绍，这样的牌子在村内 10 名党员一对一挂钩的路上都有一个。牌子的树立主要是起到警示的作用，同时引导村民积极地参与到村内环境保护中来。"为了能让'路长制'落到实处，该村每两周会进行村内最美道路的评比，每次评选出 3 条最美道路，评比结果贴在村民中心的墙上，每隔一个月还会评出村内最美院落、最差院落和突出进步院落等称号，同样在村民中心墙上公开、公示。"在村民中心的墙上，有一个写有银泉村党员干部的红色服务网格，10 条村内街道评比结果就在网格的开头显眼位置处，而最美院落的评比则在另一边悬挂公示。

村民陈久福家在第一次的院落评比中被评为最差院落。"家禽比较多，都是放养的，所以就比较乱，结果被评为最差院落，还被公示出来，确实有些丢人，于是就赶紧发动全家进行大扫除，把大部分家禽都关起来养，现在看起来自己都感觉清爽多了。"经过一番努力，在 2016 年 5 月的评比中，陈久福家被评为突出进步院落。"'路长制'是 2016 年 4 月开始实施的，在之前我们每个月都会动员党员进行村内大扫除，但是效果不明显，我扫，你丢，不能从根本上解决问题，于是我们就想到党员一对一挂钩村内道路，对村民自己的院落也进行环境卫生评比。"陈荣光说道，经过 3 次的评比，村内的环境质量已经得到极大的提升，不少村民更是在村"两委"党员的带头下，自发参与到村内的环境保洁当中来。

资料来源：金展鹏：《大若岩镇银泉村自创"路长制"助推美丽乡村建设》，《今日永嘉》2016 年 6 月 17 日，第 02 版。

经验借鉴

　　大若岩镇银泉村村"两委"为让村民有舒适整洁的生活环境，自创村庄道路"路长制"，通过党员一对一挂钩充分发挥党员的"领头羊"作用，每天进行环境巡逻、保洁，有效保障了村内卫生环境。简单来说，银泉村美丽乡村的建设经验如下：①党员与道路相连，创立"路长制"。银泉村巧妙运用党员的模范榜样作用，要求党员以身作则，一对一挂钩村内卫生环境。每位路长上门宣传村内环境保护和环境整治工作，实现党员引导群众，共同努力整改环境。②党员带头行动，协助群众整改。在各负责人带领下，村民开始将散养的家禽圈养起来。实现了村道整洁无垃圾，村居房前屋后整洁无异味。有效地让村民从心中支持环境整改。③开展街道评比，齐力保护环境。为引导党员及群众改造环境，村内每两周进行一评比，每隔一个月还会评出村内最美院落、最差院落和突出进步院落等称号。同时在村民中心墙上公开、公示院落信息，勉励各位村民从自己做起，维护村内环境。将路长公示牌上标注路长信息，促进各位路长尽心尽力处理道路环境问题。从源头发动每一个人为美丽乡村做建设。既有助于群众充分监督各位路长，又巧妙利用群众的知耻心，共同为打造美丽乡村努力。

十六、 渔公桥村： 全域打造"美丽乡村" 升级版

 案例梗概

1. 把 12 个组中最脏乱的蒋家湾组作为示范点，以点带面推进"美丽乡村"建设。

2. 完善基础设施建设，仁和街道渔公桥村被评为美丽乡村创建先进单位。

3. 遇到难题大家共同商量解决，并付诸行动，节省资金，投入环境打造。

4. 开展游步道精品路线、美丽湖泊、"四好农村路"等工程。

5. 利用得天独厚的水资源打造美丽湖泊项目，与永泰村合作，串联起两个美丽乡村。

关键词：以点带面；先进单位创建；游步道精品路线；美丽湖泊

案例全文

2018 年，余杭区首批"美丽余杭"精品村创建考核结果出炉，仁和街道渔公桥村被评为美丽乡村创建先进单位。"先进"二字来之不易，渔公桥村在精品村创建的答卷上是如何作答的？"渔公桥村是仁和最北面的一个小村庄，生态环境优势得天独厚，六条清澈的河道交错分布于 12 个村民小组。"渔公桥村党总支书记陶建兴说，2017 年春天，"美丽乡村"建设的号角吹响后，村里把 12 个组中最脏乱的蒋家湾组作为示范点，以点带面推进"美丽乡村"建设。建设风景田园、打造亲水平台、修建停车场和健身场地，在每个组级道路安装路灯，在主要道路和组级道路旁种植绿化……通过半年多的努力，蒋家湾组实现了蜕变，如今的村道宽阔整洁，家家户户门前花团锦簇。

"'美丽乡村'建设能够取得成效，靠的是全村上下团结一心，遇到难题大家共同商量，更靠的是村民们的理解和支持。"回忆起当时的场景，陶建兴感慨道，"提出申报精品村创建的想法后，村里组织召开了村民小组会议，让村民们自己提需求，村里结合实际把可行的建议融入到规划设计中，同时利用党员会议、网格力量、工青妇等开展各类活动广泛宣传，此外还召集女户主会议，以打茶会的形式落实任务。"

通过一次次面对面的沟通和协调，村民们对"美丽乡村"有了一个全新的认识。村民章卫芳主动敲除了家里已经硬化的路面，无偿为村道留出了 3 米宽的路面；蒋家湾组的组长蒋继根带头让出了自家的宅基地，随后每户人家都或多或少让出了宅基地，用于景观节点建设和绿化种植。"村民们支持不是只停留在口头上，他们的支持更体现在行动上。"陶建兴说，无条件出让土地帮助渔公桥村在"美丽乡村"建设中省下了不少资金，而这些资金将更好地用在环境打造上，为村民带来更多福利。

渔公桥村"美丽乡村"建设初显成效，下一颗棋子打算落在哪里？陶建兴表示，在巩固现有成果的基础上，渔公桥村的美丽环境需要再升级，如今，游步道精品路线、美丽湖泊、"四好农村路"等工程正在如火如荼地开展。"游步道精品路线全长 500 多米，将串联起蒋家湾、陶介角、古荡漾、阮家塘四个小组，我们计划在村民房屋后打造一条休闲绿道，采用彩色沥青铺地，两侧布置绿植和花坛以及供村民休息的座椅。"陶建兴说，前期通过上门征求村民们的意见，村委还将对村民辅房进行统一规划，游步道项目也有序进行。

"渔公桥村水网密布，蒋家漾、大世漾、古荡漾等五漾相连，我们利用得天独厚的水资源打造美丽湖泊项目，与永泰村合作开发蒋家漾、大世漾，通过设置游步道和观望台，串联起两个美丽乡村。此外，渔公桥村已经成功申报了杭州市美丽乡村提升项目，将对杨家西组进行提升改造，目前正在设计招投标阶段。"陶建兴说。美丽乡村+美丽湖泊+风景田园+"四好农村路"，渔公桥村用"仁和速度"绘就了一幅江南水乡田园画卷。

资料来源：吴怡倩：《仁和渔公桥村：全域打造"美丽乡村"升级版》，《余杭晨报》2018年9月7日，第04版。

 经验借鉴

渔公桥村以点带面推动美丽乡村建设，村民在村干部的领导下积极参与其中。在巩固现有成果的基础上，渔公桥村的美丽环境通过各项目实施再升级，通过水资源串联邻近乡村，促进共同发展。仁和街道渔公桥村被评为美丽乡村创建先进单位，其美丽乡村建设经验如下：①以点带面，发挥示范效应。村里把12个组中最脏乱的蒋家湾组作为示范点，以点带面推进"美丽乡村"建设。②激发村民参与，发挥主体作用。在渔公桥村，村民不再是"局外人"，全村上下团结一心，遇到难题大家共同商量，靠着村民们的理解和支持，渔公桥村提出申报精品村创建的想法后，村里组织召开了村民小组会议，让村民们自己提需求，村里结合实际把可行的建议融入到规划设计中，同时利用党员会议、网格力量、工青妇等开展各类活动广泛宣传，让村民享有知情权与参与权。同时，各村民不停留在口头，也付诸行动，节省资金，共同团结建设美丽乡村，也因此为村民带来更多福利。③保护自然环境，修建便民设施。渔公桥村的美丽环境再升级，游步道精品路线、美丽湖泊、"四好农村路"等工程正在开展，届时村民们可以来这里散步、慢跑。④秉持合作理念，整合优势资源。渔公桥村水网密布，蒋家漾、大世漾、古荡漾等五漾相连，利用得天独厚的水资源打造美丽湖泊项目，与永泰村合作开发蒋家漾、大世漾，通过设置游步道和观望台，串联起两个美丽乡村。

十七、 岭五村： 引进新业态让古街焕发新生

 案例梗概

1. 对外交流、学习工作经验，勇于探索尝试建设。
2. 进屋宣传，普及环境卫生整治相关知识，建立监督和垃圾处理机制。
3. 转移管道和电缆至地下，改善村庄面貌，干部带头集资修缮房屋，规划街道。
4. 引进时光影吧、匠心堂等具有特色的优质商户。

关键词：交流学习；环境卫生整治；垃圾处理；优质商户

 案例全文

　　岭五村的坡阳古街长达 500 多米，有着悠久的历史，它曾经是上通丽水、台州、温州，下达金华、衢州、严州（今建德一带）的陆上交通要道，客栈、茶楼、商号鳞次栉比，来往的旅客、商人川流不息。2012 年，岭五村就围绕坡阳古街开始着手环境整治工作，村"两委"带领村民代表到外地学习交流小城镇整治经验。在参观过程中，许多村民都非常羡慕别人的村子干净整洁。同时，他们也产生了一个疑问：我们岭五村也能做得这么好吗？带着这样的疑问，岭五村党员干部回到村里后，开始摸索尝试在全村范围内开展环境卫生整治工作。

　　"美丽乡村建设，首先还是要干净起来。"村干部汤春仙说道，刚开始，岭五村的党员干部挨家挨户进农户屋宣传，和村民普及环境卫生整治的好处，还设置专门人员监督村里垃圾堆放以及清理垃圾。"到了 2016 年，我们的环境卫生已经整治得非常好，污水管和大部分电线都埋到了地下，下一步开始考虑修缮危旧房屋和引进新业态了。"汤春仙说，岭五村党员干部带头集资，一共筹集到了 138 万元修缮金用于建设新农村、创建精品村，对老街重新进行规划，对街面、古建筑进行保护修复。

　　旧老儿时光影吧的老板陈国庆是 IT 高级工程师，被问到在岭五村开这家

影吧的契机，他说："因为我夫人是从事评定景区星级工作的，她在指导岭五村评级工作时和村'两委'结下了深厚的友谊。同时也因为我热爱电影，独乐乐不如众乐乐，我决定开一家集电影、民宿、饮食多重因素融合在一起的影吧，给打算在岭五村投资的老板做个表率。"说干就干，由于有些装修工人不能明白陈国庆的想法，所以他就开始自己画图，自己动手装修。"一开始这个房子的门面破旧不堪，内部结构也不符合我们的规划。所以我们夫妻多次找这间屋子主人做思想工作，告诉他我们要把屋子里的五根柱子改成两根。"在征得主人同意后，陈国庆就逐一解决了采光不够、不通风等问题，短短两个多月就装修完成开业了。值得一提的是，他们还把原来的猪圈改成了美丽庭院。此外，影吧内的客厅、客房都以岭五村的标志性地点命名，有的叫追远厅，有的叫元宝堂，别具特色。

2018 年 8 月，旧老儿时光影吧被评为"金东电影主题馆"，还和浙江师范大学电影专业达成协议，供学生参考学习。"我们在岭五村扎根，是天时、地利、人和。"陈国庆说，美丽乡村建设需要热情、感情和激情，而这三情在岭五村都有，"我们真的非常感谢陈先生对我们岭五村'两委'工作的支持，也希望有越来越多像陈先生这样的人助力我们岭五村的美丽乡村建设和业态引进。"汤春仙表示。"下一步，我们要引入更多的优质商户，为这条古街注入更多新元素。"汤春仙说，目前，业态引进已经完成打造两家标杆示范店——"旧老儿时光影吧"和"匠心堂"。房屋流转工作已经陆续开展，招商工作也在紧密进行中，在不久的将来坡阳古街将会焕发出新的活力，给岭五村的美丽乡村建设添上浓墨重彩的一笔。

资料来源：张恺祺：《岭五村引进新业态让古街焕发新生》，《今日金东》2018 年 9 月 14 日，第 03 版。

 经验借鉴

岭五村以具有悠久历史文化的老街为原始动力，在政府和民间的支持下，改善自身环境，突出自身优势，吸引与老街气质相符的优质商户，成功迈出引进新业态让古街焕发新生的第一步，通过总结分析，其美丽乡村建设经验如下：①结合周边经验，发挥自身优势。岭五村吸收借鉴他村发展经验，结合老街的经济发展优势，合理科学规划利用，并且通过环境卫生整治，为人居生活和未来发展做好充分的准备。②深化村容村貌改造，夯实经济发展基础。将管道电线埋入地下、对街面和古建筑采取保护措施，不仅美化环境，更提高消费者消费舒适度；关注危房旧房的修缮，及时解决发展隐患，具有长远发展的眼光。③引进优质资本，打造新业态。以"旧老儿时光影吧""匠心堂"为示范，抓住业主自身的优质性和可发展性，打造了既符合老街气息又具有创造性的经济发展模式。④利用专业力量，推进文化创业。旧老儿时光影吧被评为"金东电影主题馆"，还和浙江师范大学电影专业达成协议，供学生参考学习。

十八、 屿北村： 提升古村旅游品位 彰显古村个性魅力

案例梗概

1. 启动小城镇环境综合整治，拆除危旧房。
2. 采取统一设计与建造，打造一座具有唐宋风格的景观村落。
3. 进行外立面改造、三线落地、道路改扩建、灯光亮化、景观绿化等项目。
4. 修缮提升展示屿北历史文脉的文化展馆。
5. 实施屿北村综合建筑改造、道路整治、场地建设等八大类综合整治项目。

关键词：环境综合整治；景观村落；文化展馆

 案例全文

为改善古村落环境面貌，推进屿北古村落文化旅游区项目顺利开展，使楠溪状元村——屿北古村成为人们向往的幸福家园、"美丽岩坦"的全新样板，岩坦镇在屿北村启动小城镇环境综合整治，拆除几十间危旧房，并计划统一设计与建造，打造一座具有唐宋风格的景观村落。

改善环境提升古村魅力

屿北分为古村和新村，古村中分布着茂秀堂、乐德堂、钟寿堂等建筑，村内古建筑占现有民居建筑的 95%；新村则是后期村民自建的民房，而小城

镇环境综合整治主要针对新村。屿北村驻村干部刘建光表示，新村民房从 20世纪八九十年代至今，在饱受时间洗礼后，房屋破旧、道路狭窄、线网乱拉、房前屋后环境脏乱差、消防通道不通畅，通过整治将全面改善屿北的外部环境面貌。经过前期排查，需拆除的危旧房约 100 间，将小城镇环境综合整治与古村保护开发相结合，同时考虑到屿北自身特色，围绕既要保护好历史传统文化，又要改善古村周边环境的原则，在旧房拆除的同时，同步进行外立面改造、三线落地、道路改扩建、灯光亮化、景观绿化等项目。刘建光表示，屿北后续还将修缮提升 4~5 个展示屿北历史文脉的文化展馆，统一新建的和现有的房屋外立面采取传统复古样式，以提升古村旅游品位，彰显古村个性魅力。

打造唐宋风格景观村落

除了新村，屿北新区规划也已落地。据岩坦镇常务副镇长金郑献介绍，2017 年 2 月启动屿北村整治项目规划设计，计划实施屿北村综合建筑改造、道路整治、场地建设等八大类综合整治项目，对划定 100 亩的新区安置房采取统一设计、统一建造、统一分配的方式，重新建造一个唐宋风格的景观村落，550 多套住房的屿北新区项目将启动围墙建设。据悉，屿北村拥有"中国景观村落"、中国历史文化名村、全国最美古村落等"金名片"，其独特的村庄布局、建筑肌理、古风遗韵令人赞叹，但多年来却"养在深闺无人识"，同时古村落的保护也限制了村民日常的居住改善，影响了群众的生活质量。上海世贸集团打造的屿北古村落文化旅游区项目，一改过去单户单宅自行开发的旧模式，通过"新村换旧村"的途径，开创了"整村置换"开发新模式，志在打造集"中国古村落文化影视基地""中国艺术作品创意生产基地""中国古村落休闲生态城""中国民族文化古村落建筑基地"等于一体的楠溪江最大文化旅游综合体。

资料来源：厉定武：《提升古村旅游品位　彰显古村个性魅力》，《今日永嘉》2017 年 5 月 10 日，第 01 版。

 经验借鉴

为改善古村落环境面貌，推进屿北古村落文化旅游区项目顺利开展，岩坦镇从改善环境提升古村魅力及打造唐宋风格景观村落这两个方面入手，使楠溪状元村——屿北古村成为人们向往的幸福家园、"美丽岩坦"的全新样板，其美丽乡村建设经验如下：①改善古村环境，提升古村魅力。岩坦镇在屿北村启动小城镇环境综合整治，而小城镇环境综合整治主要针对新村在饱受时间洗礼后，所出现的房屋破旧、道路狭窄、线网乱拉、房前屋后环境脏乱差、消防通道不通畅等问题，通过整治全面改善屿北的外部环境面貌。②结合自身历史，合理整治环境。考虑屿北自身特色，围绕历史传统文化，在旧房拆除的同时，同步进行外立面改造、三线落地、道路改扩建、灯光亮化、景观绿化等项目；修缮提升4~5个展示屿北历史文脉的文化展馆，统一新建的和现有的房屋外立面采取传统复古样式，以提升古村旅游品位，彰显古村个性魅力。③秉持统一管理，打造历史古村。屿北新区对划定的新区安置房采取统一设计、统一建造、统一分配的方式，重新建造一个唐宋风格的景观村落，充分发挥其"中国景观村落"、中国历史文化名村、全国最美古村落等"金名片"作用。为了更好进行古村落保护，屿北古村落文化旅游区项目通过"新村换旧村"的途径，开创了"整村置换"开发新模式，志在打造楠溪江最大文化旅游综合体。

十九、 筧川村："归零翻篇" 打造美丽经济

 案例梗概

1. 以每亩 800 元租金将部分村民的 500 多亩土地流转集体。
2. 投资 1000 多万元建设"花海"观光项目。
3. 推进老村老宅特色改造及开发利用。
4. 改造古街道，修复青石板、鹅卵石道路，并将老庭院打造成花样庭院。
5. 实施五线下地，光伏发电等工程。

关键词：土地流转；观光项目；老村老宅改造；花样庭院；光伏发电

 案例全文

500 多亩土地，投资 1000 多万元种"花海"，同时投入 300 多万元，建环

海观花休闲小火车，建成后将收门票游览，2016年，新建镇笕川村美丽乡村建设有了升级版。

2015年，笕川村以"让居民望得见山、看得见水、记得住乡愁"的发展理念，推进老村老宅特色改造及开发利用。对原来的古街道进行改造，修复青石板、鹅卵石道路，并将原来的庭院打造成花样庭院，使原来的老房子焕发新的活力。五线下地，光伏发电，农村生活污水治理典范……一项项成绩记录着2015年笕川村的发展脚步。"我村美丽乡村、'五水共治'等工作虽然成效显著，但不能'吃老本'，新年要从零开始，开创新局面，创出新业绩。"这是省人大代表、新建镇笕川村党支部书记施颂勤的原话。

2016年春节期间，笕川村将部分村民的500多亩土地流转集体，决心形成连片创意花海，把美丽乡村与美丽经济有效对接，建设成农民增收和集体事业并重，及一二三产融合、观光休闲一体的"花花世界"，让美丽的新笕川进一步提升档次。办集体事业，群众工作是前提，群众支持是基础。"每亩800元租金，土地流出户都十分高兴，500多亩土地不到一个月就落实到位了。"施颂勤介绍，办一项事业，不能搞"空头支票"，打造美丽乡村升级版村里考虑最多的还是村民的利益，因为租金合适，村民的积极性非常高。春节刚过，田畈上便是一派春意浓浓、热火朝天的春耕景象。

在设计图上可以看到，花海选址就在高速和高铁沿线的田畈上，等到花开的时候，乘车过往的乘客可享受到缙云的美景。有关专家分析，花海+小火车建成后将为各地提供休闲、观光、写生、民宿、美食组团营销相结合的"多功能"美丽经济样本，同时将成为推动农户增收、发展集体经济的又一个"摇钱树"。

资料来源：丁南森：《笕川村"归零翻篇"打造美丽经济》，《缙云报》2016年3月11日，第01版。

 经验借鉴

笕川村实现美丽乡村与美丽经济有效对接，建设出农民增收和集体事业并重，及一二三产融合、观光休闲一体的"花花世界"的同时，实现农民增收和集体事业发展，其美丽乡村建设经验如下：①坚持绿色发展理念，推进古村合理修复。笕川村以"让居民望得见山、看得见水、记得住乡愁"的发展理念，推进老村老宅特色改造及开发利用。②加大设施改造，改善居民生活。五线下地，光伏发电，农村生活污水治理典范都是发展的脚步。③持续创新，永不停滞。笕川村美丽乡村、五水共治等工作虽然成效显著，但不能"吃老本"，其从零开始，开创新局面，创出新业绩。④推进产业融合，促进社会经济和谐。2016年春节期间，笕川村将500多亩土地流转集体，决心形成连片创意花海，把美丽乡村与美丽经济有效对接，建设成农民增收和集体事业并重，及一二三产融合、观光休闲一体的"花花世界"，让美丽的新笕川进一步提升档次。⑤以人民为中心，为群众办实事。办集体事业，群众工作是前提，群众支持是基础。办一项事业，不能搞"空头支票"，笕川村打造美丽乡村升级版村里考虑最多的还是村民的利益。

二十、 云会村："美丽乡村" 建设显成效

 案例梗概

1. 上门与村民沟通，获得村民们的理解和支持。
2. 邀请绘画老师结合荷花的主题绘制了墙体画，为村民们打造了一个休闲散步的地方。
3. 支部经常组织开展活动。
4. 建设以新四军红色文化教育基地为主题的党建示范点。
5. 建设以"美丽渔村"为主题的水产样板组。

关键词：村民沟通；墙体绘制；支部活动；党建示范点；美丽渔村

 案例全文

绿树掩映下，沥青道路干净整洁，特色墙画清新动人，宛如一个景色美丽的小公园。在仁和街道云会村，"美丽乡村"建设带来的环境变化，让老百姓感受得真真切切。"路面平整了，门口的小河清了，房子改造得很漂亮，墙上还画了画，住在这样的环境里，我们心里觉得很舒畅。"家住南庄湾28号的陈致祥笑呵呵地说。

能有如此舒适的环境，离不开云会村大刀阔斧的建设。80多岁的陈致祥把这些看在眼里，记在心里。2018年4月初，他将一面锦旗送到了村委，感谢村班子成员为村民们打造"美丽乡村"。他说："我家的房屋东面，有一条崭新的沥青道路，我送锦旗的原因，很大一部分是因为这条路。""以前这条路是石子路，车子开过就会颠簸不平，现在这条路经过重新整治，还铺好了沥青，车子开过就很平坦了。南庄湾是云会村'美丽乡村'建设的样板组，现在大家有了散步的地方，亲戚朋友来了也夸赞南庄湾改造得好，我打心底里高兴。"陈致祥说，云会村书记、党员们都很优秀，帮大家把环境改善好了，他要感谢村干部们，所以要写一封信，送一面锦旗。

云会村是余杭区第三批"美丽乡村"创建村，在"美丽乡村"建设开展前期，班子成员们通过实地察看，最终选择了南庄湾作为样板组进行打造。打造过程中，班子成员们多次上门与村民沟通，获得村民们的理解和支持。经整治，南庄湾样板组已经成型，老百姓对整治后的效果非常满意。据云会村工作人员介绍，"乡村美、支部美、健康美，三美齐推进"是南庄湾打造"美丽乡村"的主题。比如说"乡村美"，南庄湾有一棵100多年树龄的朴树，朴树旁有一个荷花塘，村委邀请了绘画老师结合荷花的主题绘制了墙体画，为村民们打造了一个休闲散步的地方。"支部美"则体现在美化南庄湾的网格支部活动室的外立面，支部经常组织开展活动。"健康美"则体现在新建健身场地，让村民有了锻炼身体的地方。

南庄湾样板组的打造是云会村推进"美丽乡村"建设、优化人居环境的缩影。目前，以新四军红色文化教育基地为主题的党建示范点建设，以"美丽渔村"为主题的水产样板组建设也初见成效。云会村党委书记倪技锋说："'美丽乡村'建设不可能一蹴而就，也不可能一劳永逸。只要我们坚持下去，就一定能够建设好美丽乡村，让老百姓真正有归属感、自豪感、荣誉感和幸福感。"

资料来源：吴怡倩：《仁和街道云会村"美丽乡村"建设显成效》，《余杭晨报》2018年4月25日，第04版。

 经验借鉴

绿树掩映下，沥青道路干净整洁，特色墙画清新动人，宛如一个景色美丽的小公园。在仁和街道云会村，"美丽乡村"建设带来的环境变化，让老百姓感受得真真切切。仁和街道云会村美丽乡村建设的经验如下：①选好村落改造样板，鼓励群众参与工作。选好改造样板进行改造建设，在整治过程中要做好与群众的沟通交流工作，得到群众的理解与支持，才能有满意的效果。②明确乡村打造主题，依照主题进行建设。"乡村美、支部美、健康美，三美齐推进"是南庄湾打造"美丽乡村"的主题。"乡村美"体现在邀请了绘画老师结合荷花的主题绘制了墙体画，为村民们打造了一个休闲散步的地方。"支部美"则体现在美化南庄湾的网格支部活动室的外立面，支部经常组织开展活动。"健康美"则体现在新建健身场地，让村民有了锻炼身体的地方。③结合红色文化教育，结合渔村主题建设。建设新四军红色文化教育基地党建示范点，建设以"美丽渔村"为主题的水产样板组。"美丽乡村"建设不可能一蹴而就，也不可能一劳永逸，只要坚持下去，就一定能够建设好美丽乡村，让老百姓真正有归属感、自豪感、荣誉感和幸福感。

 本篇启发思考题

1. 村民起初如何看待平原盆地地貌？
2. 村民对平原盆地地貌的看法是如何转变的？
3. 概括转变前的乡村发展方式。
4. 概括转变后的乡村发展方式。
5. 乡村发展方式转变的客观驱动条件是什么？
6. 乡村发展方式转变的主观驱动条件是什么？
7. 说明平原盆地在美丽乡村建设中的作用和角色。
8. 总结分析本篇各村庄美丽乡村建设的共同点。
9. 总结分析本篇各村庄美丽乡村建设的不同点以及为何不同。
10. 说明除平原盆地之外的美丽乡村建设的物质基础。
11. 说明除平原盆地之外的美丽乡村建设的精神基础。
12. 村庄如何保持和提升这些物质和精神基础？
13. 总结概括本篇美丽乡村建设的效果。
14. 请用一句话概括本篇美丽乡村建设给你的启示，并加以说明。

浙江美丽乡村建设的经验与启示

一、 浙江美丽乡村建设的八大经验

从近 20 年来浙江美丽乡村建设管理案例的分析，我们可以得出有关浙江美丽乡村建设的八大经验如下。

经验一：注重因地制宜，践行"两山"理念。浙江的不少乡村都因地制宜发展过经济，有发展过采矿业的村庄，有向外输出劳务的村庄，有通过采伐木材发展的村庄，有传统的农业种植村庄，有发展乡镇企业的村庄，随后都纷纷重新考察本地特色，走上了绿色发展之路。例如，环溪村过去建有不少个体小作坊和养猪栏，后来整治村庄卫生和保护生态环境，发展起旅游产业，以种植莲花和新建民宿来吸引游客增加收入。窈口村过去大多数村民都外出打工开餐馆，后来都纷纷返乡创业，大力打造省级生活休闲旅游示范村，走上农家乐+旅游特色项目的道路。长濂村过去一直发展生猪养殖业和木材贩卖，使得村民慢慢脱贫，后来意识到旅游是朝阳产业，成立经济开发公司，发展旅游品牌，打造长濂耕读文化和生态旅游产业。安吉余村早期靠山吃山，办起了三个石矿，开了一家水泥厂，不少村民在这里上班，通过把石灰石运往城市建设的工地上，余村实现了富裕，但这样的过度依赖资源的模式是不可持续的。余村在全面评估村庄的山水系统以后，最终走向了生态立村的道路。白泉村人口不多，早期多数村民种植蔬菜、玉米、茶叶和草药来谋生，但都不成规模，收入并没有明显增加，不少年轻人都选择外出打工另谋出路，只留下几十位老人留守，在评估完村庄的山水风景和获得当地富裕村民的支持后，白泉村发展起来了乡村旅游，最终守住了绿水青山，也完成了村民的生活质量大飞跃。下姜村起初为了发展经济，建设了 40 多座土窑，大量树木被砍倒用于烧窑，山林遭到了很大程度的破坏，另有一些村民则新建了猪圈，以出售生猪为生，使得村庄脏乱不堪，在重新评估下姜村的环境优势以后，以打造景区村庄为基础，最终走上了绿色发展之路。贺田村拥有一千多人，人均耕地半亩不到，村里绝大多数劳动力都出去务工，留守的人则靠山上毛竹、来料加工为生，经济发展一直不见成效，在认识到卫生环境对村庄的重要性以后，村民决定整治环境保护生态，借助生态优势发展生态经济，走可持续发展道路。因此，只有立足于"两山"理念上的因地制宜才是浙江美丽乡村发展的正确之路。

经验二：**遵照党政指示，守初心担使命**。美丽乡村建设从来都是对党政指示的不折不扣地贯彻，而党政指示也是本着对人民负责的态度而形成的集体智慧。不管是中央政府、省级政府还是市区乡镇政府，他们的一切指示都是遵从习近平新时代中国特色社会主义思想而形成的，其根本目的都是建设看得见山、望得见水、留得住乡愁的美好村庄。遵照党政指示，也就是在党政机关的带领下践行"绿水青山就是金山银山"的发展理念。从这个意义上来讲，每一级党政机关的初心和使命都是带领群众走上建设美丽乡村的康庄大道，实现生产美、生活美、生态美、行为美。每个村庄也有其特有的与众不同的初心和使命，最大的共同之处便是给村庄以自然、给村庄以和谐，几乎所有的村庄都想留住一切记忆中美好的事物，包括建筑、食物、诗书、山水、农田、邻里关系等。例如，对文物的修复和保护、对食品生产工艺的传承、对诗书的修整和展示、对农田水利的整顿、对邻里关系的治理。除此之外，不少村庄直接表达了对初心和使命的矢志不渝，比如文溪坞村从规划到实施美丽乡村建设，目的之一就是还原当年胜景，在改造中，按照"踏砖""闻花""听溪""品茶""望山"的精髓设置，还原了马鼻灵泉、古樟问茶、隐马亭、古道印象等十余个景点，体现村庄小、慢、静、幽的特色。月山村通过打造精品街和沿溪景观带，还原了月山晚翠的美丽景色。马剑镇寺坞坪村投入1万余元，对示范带周围的赤膊屋及围墙进行粉刷，还原古色古香的乡村环境。按照村里的规划，文村将全面整修古民居群内的水泥路，将其还原成青石板路。总而言之，遵照党政指示和守初心担使命是一脉相承，首尾呼应的。遵照党政指示是自上而下的一种贯彻和执行，而守初心担使命则是自发的一种探索和行动，两种行为的紧密联合成就了浙江美丽乡村建设的独特魅力。

经验三：**党员模范带头，生态经济优先**。各个村庄的党员都形成了一种共识，那就是发展生态经济，建设美丽乡村。党员的先锋模范作用以及党建的持续推进为生态经济发展注入了不竭的动力。党员首先要做的便是以身作则，带头投资项目发展生态经济、带头拆掉违章建筑、带头整治村庄、带头学习知识、带头签订村规民约、带头自查自纠、带头无偿为村庄劳动。只有党员自身先行先试，主动承担起责任和义务，才能真正起到先锋模范作用。党组织的建设被摆在了愈加突出的位置，围绕美丽乡村建设这个中心发展出各式各样的党建模式，包括"两学一做"教育与红色阵地建设相结合、党建+孝德文化、党员警醒室、党员先锋岗、党员议事制度、经济合作社+西红花党支部、功能性党小组、巾帼治水岗、星级党员户评定。在党员模范带头作用和党建引领下，村庄的各项事业发展都有了较大改观，逐步走上生态经济发展之路。例如，红色党建引领"美丽经济"，在全村党员干部的先锋带头下，颜宅村村民开始从"不参与"到"参与"，从"不支持"到"支持"，逐渐成为了乡村建设的主力军。环溪村党支部书记周忠平抓住机遇，在村中先后开展"生活污水处理""生态河道整治""生态人居提升"等惠民工程，并请来专家团队对村庄进行规划设计，开启了环溪的逆袭之路。面对顽固的伐木者，村党支部将严格的禁伐制度写进村规民约。这极有可能是遂昌乃至丽水境内出现的第一个"美丽村规"。在党建的有力引领下，这些年来，长濂村发展旅游、物业经济，丰富群众生活无不风生水起。荷塘村以党建为引领，发挥基层党组织带头作用，走上了"农旅融合，产业兴村"之路。村党委书记王金明联系了蓝狐集团杭州房车俱乐部，以每年15万元的租金将房车基地出租，让更加专业的人去推动乡村旅游发展。村党支部又通过土地资源整合，以资源入股的形式与永嘉县旅投集团合作。坦头村党支部借"大拆大整、大建大美"的东风，用46天的时间，完成整村拆建，实现从农村到特色小镇的美丽蝶变。在党员个人以身作则和党建的有力引领下，许多村庄确实都走上了生态经济发展的康庄大道，也在美丽乡村建设上取得了不少优异成绩。

经验四：宣传绿色理念，培养环保意识。美丽乡村建设的首要任务便是绿色发展，而绿色发展需要绿色理念和环保意识的支撑。中国过去走过一段先污染后治理的道路，不少村民依然缺乏对生态环境的重视，所以亟须从思想上帮助他们树立生态思维，从而为美丽乡村建设打下精神之根基。各个村庄在宣传绿色理念上面开展了不少工作，为了从根本上扭转村民不可持续的生态观。例如，举水乡干部深入群众，以效果图、专题宣传片等形式，深入宣传绿色发展理念。西河村发动本村巾帼志愿者上门宣传，呼吁全村妇女清洁家园，从我做起。应店镇妇联下发倡议书 4500 余份，发放宣传品 3400 余份，通过微信、微博等多种方式开展信息宣传。可见，宣传的方式多种多样，有面对面式的宣传，有通过纸质印刷品进行宣传，有借助新媒体开展线上宣传。宣传的效果也得到了充分的体现，村民们开始逐渐走上绿色发展道路，他们开办农家乐、新建民宿、创办旅游公司、发展生态农业、组织生态休闲、发展养生经济、引进电商企业、支持文化创业。绿色理念的宣传进一步培养了环保意识，村民们在绿色理念的引导下纷纷开展了内容丰富的环保实践。他们打扫庭院、修整围墙、布置房屋、改造厕所、清理河流、分类垃圾、栽种树木、整修街道、节水节电、保护生物多样性。绿色理念促使村民走上绿色发展之路，开启了致富新村的崭新篇章。环保意识推动村民养成爱护环境、呵护大自然的美好品德，奠定了村庄发展的物质根基。绿色理念和环保意识相得益彰，互相配合，一方面改善了村庄的经济环境，另一方面又提升了村庄的自然环境，真正实现了从理念意识到行动的一次重大飞跃。

经验五：**整合多方资源，统一规划村庄。**浙江的许多乡村开始意识到乡村建设的一盘散沙局面的严重性，纷纷决定走规划发展之路，秉持规划先行、建设后上的理念。美丽乡村建设是一项系统工程，需要联合各方力量，动用多方资源，整合各方优势，形成乡村绿色发展的合力。为此，省市政府、乡村政府、当地居民、相关企业、专家学者、在外乡贤、建筑施工队伍陆续加入到村庄规划当中，为村庄的统一规划建言献策。其中，设计规划方案和实施规划方案成为两条主线，把美丽乡村建设不断推向新高度。规划方案虽然由不同的主体合作而成，但都具有高度的前瞻性和全局性，对美丽乡村建设发挥了不可替代的指挥棒作用，其中包括《建辉村精品村规划设计》《径山村 2005—2020 年建设规划》《长濂村保护利用规划》《村庄整治规划》《农业产业规划》《下姜村及周边地区乡村振兴发展规划》等。可见，以文件形式印发的规划各有侧重点，有涉及全村规划的方案，也有只涉及村庄部分功能规划的方案，总之是规划先行、行动在后。除适度超前的规划文件之外，还有各类有针对性的规划实施意见，有景观规划、景区规划、防洪规划、路面村道规划、文化文物保护规划、旅游线路规划、绿化带规划、工程建设规划、空间布局规划、农田规划、生活保障设施规划。为此，乡镇委员会政府重点邀请了美术绘画、建筑设计、农业生产三方面的专家团队来帮助村庄制定和实施规划。在整合多方资源，动员各方力量的情况下，各村庄规划普遍取得了预期的效果，代表了美丽乡村建设的发展典范。因此，部分村庄走上了可持续发展道路，实现了经济社会环境的和谐融合；部分村庄村容村貌焕然一新，摆脱了脏乱差的环境；部分村庄走上了景区建设道路，成功申请到 AAA 级甚至 AAAA 级景区；部分村庄自然环境得到全面改善，实现了山好、水好、空气好；部分村庄在居民吃、住、行、休闲方面有了大跃升，村民幸福感大幅度提高。总体上，各村庄借助统一规划实现乡村美丽的同时，也逐步实现了幼有所育、学有所教、劳有所得、病有所医、老有所养、住有所居、弱有所扶。

经验六：支持返乡创业，推动绿色发展。农村的空心化在中国的大地上是一个较为普遍的现象，但浙江的乡村却涌现越来越多的返乡创业者，他们普遍受到美丽乡村建设的感召选择回乡发展，致力于推动绿色可持续发展。各个村庄也都意识到了返乡创业者在乡村建设所急需的资金、技术、知识、关系网络等方面的优势，陆续出台政策吸引返乡创业者投入到绿色发展当中。部分村民因为村庄环境的改善和发展前景选择回乡开办农家乐，新建民宿；部分村民在村民的强力邀请下回乡竞选村主任，带领村庄发展绿色产业；部分村民怀着思乡之情带着对村庄发展的期望选择回乡建设；部分村民因为看到家乡人民的困苦和村庄的没落决定回乡发展旅游产业；部分村民因为村容村貌的改善选择回乡发展绿色低碳产业；部分村民因为家乡充满了创业就业的机会选择回乡参加经济建设；部分村民因为村里公共基础设施的改善而选择回乡创业为美丽乡村建设作贡献；部分村民因为看到村民的行动力和意志力而选择回乡和家乡人民共谋发展；部分村民因为村里开办了乡创空间和创业中心而选择回乡接受培训并且尝试创业。当然，返乡创业者确实在乡村绿色发展方面起到了不可替代的作用。例如，在宁波做生意的郑宇峰回到村里，把家中老宅扩建，开起了民宿。他还通过竞选加入村"两委"，成了最年轻的村干部。不少在外地打工的村民，听闻村里的变化，纷纷向他打听开民宿、农家乐的事情。如今，村里的民宿开到了第 23 家，返乡村民和外乡创业人数超过 40 人。在外务工的林苏娟也回来了，开了"桃花源超市"，办起了民宿。大学毕业的陈佳也回来了，她带回了互联网营销的思路，全村年产 3000 多吨的桃子里，有 1/3 以上通过网络销售。飞科集团的老总李丐腾就是李大屋人，他在外事业有成后，仍不忘回乡建设乡村，他计划投资数亿元用于农村旅游发展。除了回乡建好自家气派新房之外，也正是这批人，在旧村改造、新村建设之初，把崭新的眼界，全新的思路一并带回大仁村。同样，缘于他们的乐善好施，全村的基础设施建设，全村贫困户的新房建造，也都有了坚实的推动力量。在上海读完大学的徐铭玥回来了，负责在余村文化礼堂里接待考察团、管理图书室书籍、排定电影院播放片子等工作。可见，返乡创业人员已经加入到美丽乡村建设的各个领域，积极发挥自己的聪明才智，为乡村的绿色发展做出了应有的贡献。

经验七：发动村民参与，增强主体意识。村民是村庄治理的最重要主体，村民也是村庄发展的最重要参与者，美丽乡村的建设当然更加依托于全体村民的共同努力和不懈奋斗。在建设美丽乡村的丰富实践中，发动村民已经成为一种常态和最重要的行动之一，涌现出不少有效的模式，基本上形成了政府主导、村民主体、市场主推的一般化共性模式。个人或组织在政府的支持下成为推动村民参与的发动者，村委会主任、村长、其他村干部、村劳动模范、村致富模范、村委会等个人和组织在思想上和行动上对村民产生积极影响。发动者从态度、认知和行动各个方面着手，鼓励村民参与美丽乡村建设。他们摆事实讲道理并且以身作则，以榜样的力量带头干事，取得了较好的效果。被发动起来的村民逐渐意识到自身的重要性，纷纷参与到美丽乡村建设当中，成为各条战线的主力军。他们中有的主动响应号召拆除自家的违章建筑；有的主动加入到河流整治和村庄清洁队伍中；有的主动参与到村庄管理当中，积极协调群众关系；有的主动承担施工项目，着力解决村内水源供给和保护问题；有的主动负责起自家庭院的周边设施的维护和清理，还设立垃圾桶开展垃圾分类。村民的积极响应和主动参与形成了一种集体主义的风气，也增加了个人的主体意识。他们意识到美丽乡村就是自己向往的生活并且决定做生活的主人；他们意识到环境保护不仅仅是政府的事，更是自己的责任和担当；他们意识到乡村的未来其实和自己密切相关，自己应该有所作为；他们意识到服务顾客不单单为了收入，更是一种尊重和关爱；他们意识到和经济发展、生活富裕同样重要的是生态修复，这是千年万年大计；他们意识到除了生活富足以外，同样应该包含环境之美和文化之美。村民的主体意识得到空前的加强，他们既明白了自己的责任和义务，还弄清了自己在村庄发展中的重要性，不断推动美丽乡村建设取得一个又一个的成绩。

经验八：文化生态并举，物美景美人美。浙江的美丽乡村建设一直都是以经济发展为依托，兼顾生态和文化的保护，使得各个村庄呈现物美景美人美的一派和谐景象。反过来，保护生态和文化也成就了美丽乡村蓬勃发展的经济，开发了诸如文创经济、生态旅游、有机农业、养生经济、运动经济、生态农业等经济模式。浙江的村庄在大力保护生态环境的同时，不忘保护和弘扬村庄的优秀文化，使得文化之美和生态之美相得益彰。例如，建辉村把几百年流传下来的食品制作工艺融入到当代饮食文化中，同时还组织力量修缮文化礼堂，在文化礼堂中品尝美食还可以了解文化风俗，有力地推动了美丽乡村建设。蒲塘村古建筑颇多，尤以文昌阁独具特色，文昌阁一向都是村民崇文向学、宣扬拳术文化的地方，很好地把物质文化和非物质文化融合起来，形成了村庄发展的一大亮点。文溪坞村保留着较为完善的非物质文化，以史料、档案、书画为载体，借助修葺的展厅展现了丰富发达的农耕文化。岭源村充分挖掘的当地特色文化，改造年久失修的文化大礼堂，分别设置图书馆、阅览室、竹马民俗文化展示厅、文娱活动厅、大舞台，既弘扬了传统文化，还促进了当地文化的繁荣发展。环溪村大力培育莲文化，借此加入了创建国家级旅游景区的行动中，吸引了大量游客的到来，推动了低碳经济的发展。长濂村拥有5座省级保护建筑和30多座明清古建筑，还拥有清清的溪水和一望无际的群山，所以该村决定在生态和文化上同时发力，既弘扬了"状元村"的古老精神还保护了千万年来的秀丽山水，产生了较大的社会经济价值。颜宅村从经济作物油茶当中发现了历史悠久的油茶文化，建立了油茶民宿村、油茶科普林、油茶文化展示、压榨体验中心，形成集科普住宿、休闲游玩、文化体验为特色的油茶文化展示地，打造中国油茶文化体验区，走出了一条种植与文化产业并行发展的路子。文化生态并举造就了村庄的物美景美人美，古代建筑重新焕发出夺目的光彩，自然的景色更加的美丽动人，村民的精神风貌也为之一新，使得美丽乡村的建设有了更为广阔和深厚的人文之意。

浙江美丽乡村建设经验的理论框架如图1所示。

本书进一步绘制了浙江美丽乡村建设管理经验的理论框架简图，如图2所示。

二、 浙江美丽乡村建设的八大启示

从近20年来浙江美丽乡村建设管理案例的分析，我们可以得出有关浙江美丽乡村建设的至少八大启示如下。

启示一：美丽乡村建设应该明确绿色发展理念。一个村庄建设得好不好，

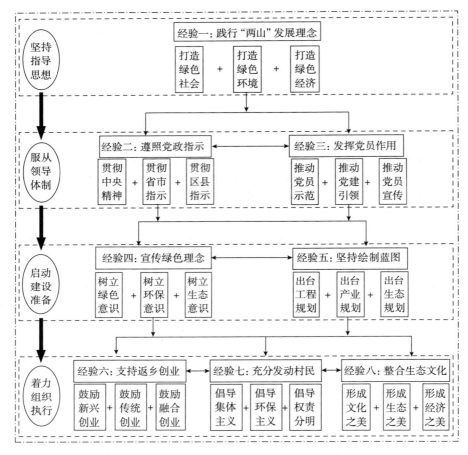

图1 浙江美丽乡村建设经验的理论框架

关键还是要看采用什么样的发展理念。浙江的美丽乡村建设始终围绕着创新、协调、绿色、开放、共享的新发展理念展开。只有扭转新发展理念这个"牛鼻子"，才能确保美丽乡村建设不走偏，不走样。只有全村上下严格贯彻新发展理念，才能从思想上和行动上充分认同美丽乡村的建设蓝图。浙江的美丽乡村建设从来都是充满创新的，从管理模式创新到经济发展方式创新，突出生态经济的重要性。浙江的美丽乡村建设从来都是协调的，注重平衡经济社会环境之间的关系，绝不为了发展经济而牺牲环境。浙江的美丽乡村建设从来都是绿色的，始终把生态环境的修复和保护放在中心位置。浙江的美丽乡

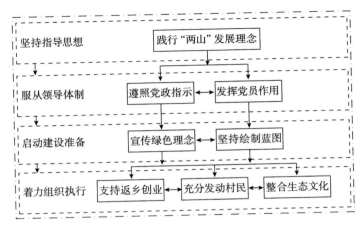

图2 浙江美丽乡村建设经验的理论框架简图

村建设从来都是开放的，积极引入企业、公益组织、专业团队等社会力量。浙江的美丽乡村建设从来都是共享的，始终坚持发展成果由村民共享，走共同富裕的道路。美丽乡村建设是一项系统工程，必须长期坚持；它直接关乎到美丽中国的建成成效，也是美丽中国在农村的具体表现，所以必须以新发展理念为引领。各村庄需在新发展理念的指引下，不断丰富美丽乡村的实践，为达成美丽中国的目标贡献属于浙江独有的经验和方案。

启示二：美丽乡村建设需要提前进行科学规划。科学规划是美丽乡村建设的先导性方针，是决定美丽乡村建设成败的关键一环。科学的规划需要立足于村庄的资源禀赋，统筹村庄内外的空间布局，依靠科研人员的专业力量，形成符合村庄特色的科学可行性规划。例如，姚浜村对全村的2801亩农地进行了科学规划，形成了内塘虾、鳖、草、鹅生产生态高效养殖模式，草、菇、笋模式，林、草、禽模式，休闲观光模式等几大循环农业模式。岭源村为了建设美丽乡村中心村，制定了"一点二溪三桥四园"的建设规划，"一点"为潘家新农居点建设；"二溪"指麻溪、小茆坞溪河道整治；"三桥"指塘干畈大桥、潘家大桥、小茆坞转桥改造；"四园"即打造村民景观公园，诸家粮油园区，万亩山核桃、万亩毛竹园区，"激流回旋"旅游园区。文溪坞村以旅游为龙头，重点对村落外围进行景观提升，从吃、住、行、游、购、娱等方面全面规划设计，完善旅游基础配套设施。专家和专业团队在科学规划中起到了至关重要的作用。例如，环溪村请来专家团队对村庄进行规划设计，开启了环溪的逆袭之路。长潍村根据自然环境和村历史文化特征专门聘请省古建筑设计院的专家规划村庄。可见，科学的规划既可以是某个区域的有针对性规划，也可以是谋全局的全面规划，都会在很大程度上确保美丽乡村建设走在科学合理可行的道路上。

启示三：美丽乡村建设不能放弃发展生产。 美丽乡村建设与国家层面的政策拥有相似的方面，那就是以经济建设为中心，不放弃发展生产，所以美丽乡村建设也是国家层面经济建设在农村领域的缩影。乡村的美丽既是一种人居和生态的美丽，也是发展生产的必要条件和肥沃土壤。生产的发展既是村民赖以生存的基础，也是美丽乡村得以持久的根本保障。乡村的生产涉及众多方面，包括农业生产、旅游发展、新型服务业发展，从而催生了文化旅游、有机农业、养生经济、运动经济、文创经济、电商经济、节庆经济、生态农业等多种经济形式。农业农村已经成为可以进一步大有作为的广阔天地。可见，新时代的浙江农村生产发展再也不能像过去的乡镇企业式或纯农业式的农业农村发展模式那样，而是融入了更多新经济形态的经济发展模式，主要以低碳、循环、绿色为标志。浙江的美丽乡村建设使得生产发展和生活富裕以及生态优美融为一体，它们之间互为作用，互为支撑，共同构成了新时代宜居宜业的农村可持续发展模式。

启示四：美丽乡村建设应该着力提高生活水平。 美丽乡村建设实际上是面向广大农民的发展建设，归根结底还是要提高生活水平。生活水平的提高有一项重要任务也是一项重要条件，那就是创造美丽的生活环境，打造山清水秀的生存环境，所以美丽乡村是提高生活水平的题中应有之义。发展生产直接关系到生活水平的提高，但不能和生活水平提高画等号；提高生活水平应该让所有村民共享发展的成果，并且更多地享受发展的果实。例如，为了实现全民共富，长潍村设立经济开发公司、旅游开发公司与工业园带动全体村民发展经济，提高村民生活水平。通过村企收入分红、种植作物增收、工业园区稳定劳动、农家乐赚取旅游钱成为了村民四大稳定收入方式。提高生活水平既要从增收上下功夫，还要从稳定收入上下功夫，所以需要拓宽和增加收入渠道、推动收入多样化。收入的提高既可以通过增加和稳定就业来达到，又可以通过自主创业来实现。增加和稳定就业即鼓励村民参加村集体经济从而获得客观的收入，自主创业则是根据村委政策自由开展商业活动从而实现增收。当然，提高生活水平还涉及养老、医疗、教育、基础设施等方面，但这些都离不开收入的增加，收入提高直接决定了其他方面能否开展起来，能否开展得顺利。因此，美丽乡村建设应该做到以收入增加为核心的生活水平的全面提升。

启示五：美丽乡村建设应该大力提倡文明乡风。文明乡风代表着一个村庄的精神风貌，也是村庄文化的集中表现。文明乡风反映着一种行为之美，是美丽乡村的重要组成部分。文明乡风的形成并不能一蹴而就，常常依赖于良好的规范约束、历史上的文化积淀、村民的认同和参与。例如，许多人到贺田，学习村庄整治，学习垃圾分类，但在村委书记眼里，他最看重的，却是道德文明的建设。道德教育从娃娃抓起，每年暑假，村里专门邀请老师给孩子们上课，讲敬老尊贤，讲谦逊礼让，讲道德新风。从 2011 年起，村里还推出了一系列评比，有和睦家庭、好媳妇、好婆婆、优秀党员、卫生示范户等。在村委书记看来，搞环境整治也好，培养卫生习惯也罢，目的就是让乡风更文明，只有"人"的文章做好了，那么其他工作也就一顺百顺了，而道德文明的培育是永恒的课题，没有终点。在大仁村，两个方面让人印象深刻，其中一个就是村民们和睦相处，其乐融融。宵井村结合村民意见，修订了"村规村训"，作为村规民约的有益补充，涵盖敬老爱老、公益事业、文明礼仪、生活习惯、邻里关系等诸多内容。浙江的村庄普遍都把道德文明建设放在突出的位置，通过一系列成文和不成文的规定，大力推动文明村庄的建设，促进美丽乡村建设走向人的精神层面，提升美丽乡村的文化内涵，形成美丽乡村建设的人文之基。

启示六：美丽乡村建设必须全力保护生态环境。美丽乡村建设必然要把生态环境保护放在极度重要的位置。优美的生态环境代表着美丽乡村的核心价值，也是美丽乡村建设成果的集中体现。整个村庄以及村庄周边的一切自然之物构成了生态环境的全部内容，都应该受到最严格的保护和最细致的呵护。一方面浙江的各个村庄都把保护生态环境作为建设美丽乡村的优先方向，出台各项政策和举措，全力确保生态环境处在最好的状态，尽力降低人类活动对环境的伤害。相关的政策举措主要包括处理污水垃圾、修建村民活动场所、拆除违章建筑、禁止砍伐和大面积养殖、关停高污染非环保型生产设施、发展循环绿色生态经济。这些政策举措既为村民生产生活提供了合理引导，又为保护生态环境开辟出足够的承载空间，提升了生态环境的承载能力。另一方面就是对生态环境的直接修复和保护，给予自然以最原生态的样貌。相关的举措主要包括植树造林、清理河道、保护森林、坚持河长制守山制、成立环保委。为了建设美丽乡村，各村庄都做到了两手抓，一手抓现有生产生活，着力降低直至消除居民活动对生态环境的损害；一手抓现有生态环境，采取一切措施修复和保护已经受到影响的自然环境。基于两手抓的成果，各村庄又因地制宜，发展生产，提高生活水平。

启示七：美丽乡村建设需要构建民主管理体制。美丽乡村建设依赖于全部村民的积极参与，依赖于一套行之有效的共享共建的管理方法。只有真正发挥每一位村民的主观能动性，才能构建民主的管理体制，也才能使得每一项举措有人负责、有人落实。从这个意义上来说，美丽乡村建设也是一次管理体制上的创新实践，有利于推动农村的村民自治制度的形成和巩固，为美丽乡村建设提供了强大的组织保障和制度保障。尽管各个村庄在构建管理体制上的做法不尽相同，但都朝着民主自治的方向迈进，也都取得了一定的成效。例如，早在2005年前后，安吉余村就建立了党员议事制度、村民委员会会议制度、村民代表会议制度。村干部重视民主管理，村里所有大事都必须由村民代表表决通过才允许去做。这一套民主管理制度有力地推动了"绿水青山就是金山银山"发展理念的进一步落地。上李家村修订了新版村规民约，对村庄生态、环保、平安、文明等方面，通过一系列村规进行约束，让农村的问题由村民自己管理解决。有了听民意、讲民主、办民事的"治村法宝"。不久前经过村民代表大会表决，决定开设村史陈列室、图书室、电子阅览室、老年活动室等场所。时任浙江省委书记的习近平在浙江调研时专门强调要构建完善的民主法治，最大程度发挥村民建设乡村的积极性。可见，民主管理可以不断地为波澜壮阔的美丽乡村建设输送想法、知识、资源，也是确保美丽乡村建设走向深入迈向下一个高潮的制胜法宝之一。

启示八：美丽乡村建设应该打造整洁村容村貌。整洁村容村貌代表着一座村庄的最直接的人居环境，它主要由个人住宅以及住宅外的公共设施组成，包括公园、街道、庙宇、礼堂、亭台、广场等。整洁村容所表现的更多是一种人造环境，也是在短期内可以取得一定改善成效的环境，主要的措施包括分类处理垃圾、清理维护街道、清洁清扫住宅、修复维护设施、打扫清洗广场等。例如，短短几个月，王田村进行了大变身，村内垃圾收集中转点选址并建设完毕；集体牛舍养殖小区新建完成，村容村貌有了极大的改观。阳山畈村把目标瞄准了立面改造、庭院修缮、路灯亮化，对家家户户的庭院进行美化，让一个个"小花园"串联成全村"大花园"。党员干部们一起行动起来，号召村民清理房前屋后，还把清理环境收集到的石头、砖块、酒坛、瓦片等物，进行堆砌，形成了具有创意的"废旧物墙壁"，并在墙上种上花草，形成了方家村一道独特的风景线。与乡风文明相比，整洁村容是对人造的硬件的再次清理清扫维护，其难度相对较低，但同样需要村民的广泛参与以及长期坚持保持。整洁村容直接涉及乡村的卫生状况，既是美丽乡村的重要物质载体，又是村民集体生活状况的重要指标。打造整洁村容实际上是鼓励村民从身边的小事做起，比如爱护公共设施、不乱扔垃圾、不随地吐痰等。这样建设的美丽乡村才更具有细节上的美，更具有生活上的美。

浙江美丽乡村建设管理的启示理论框架如图 3 所示。

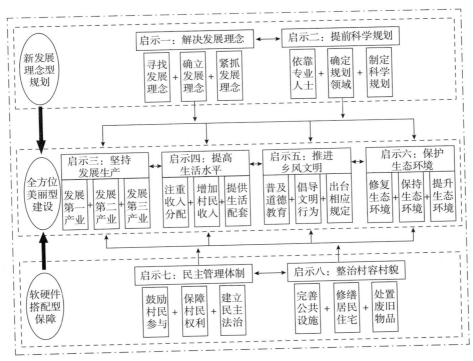

图 3　浙江美丽乡村建设管理的启示理论框架

本书进一步绘制了浙江美丽乡村建设管理的启示理论框架简图，如图 4 所示。

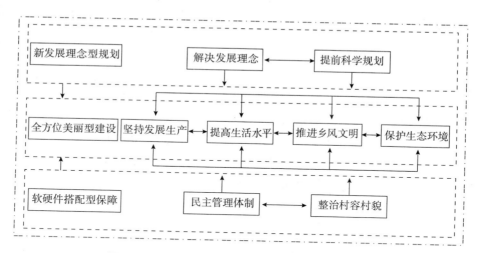

图 4　浙江美丽乡村建设管理的启示理论框架简图

附　录
美丽乡村建设的相关政策法规

1. 《乡村振兴战略规划（2018-2022 年）》
2. 《中共中央国务院关于实施乡村振兴战略的意见》
3. 《关于加强和改进乡村治理的指导意见》
4. 《关于进一步推进移风易俗建设文明乡风的指导意见》
5. 《关于深化农村公共基础设施管护体制改革的指导意见》
6. 《农村人居环境整治三年行动方案》
7. 《国务院关于促进乡村产业振兴的指导意见》
8. 《美丽乡村建设指南国家标准》
9. 《农业部办公厅关于开展"美丽乡村"创建活动的意见》
10. 《新时代美丽乡村建设规范-浙江省地方标准》
11. 《浙江省深化美丽乡村建设行动计划（2016-2020 年）》
12. 《浙江省乡村振兴战略规划（2018-2022 年）》
13. 《2019 年温州市乡村振兴示范带创建标准》
14. 《绍兴市乡村振兴战略规划》
15. 《金华市乡村振兴战略规划（2018-2022 年）》
16. 《衢州市乡村振兴战略规划（2018-2022 年）》
17. 《台州市实施乡村振兴战略行动计划（2018-2022 年）》
18. 《舟山市乡村振兴与美丽乡村升级版战略规划》
19. 《舟山市美丽乡村评价标准（试行）》
20. 《湖州市打造实施乡村振兴战略示范区行动方案》
21. 《绍兴市美丽乡村升级版行动计划（2016-2020 年）》
22. 《安吉县中国美丽乡村建设总体规划》
23. 《安吉县建设中国美丽乡村行动纲要》

参考文献

［1］陈亚，李彐佳. 浅析浙江美丽乡村建设经验［J］. 山西农经，2019（12）：44-49.

［2］王知常，叶歆怡，王媛琳，张忠明. 美丽乡村建设经济背景下浙江农户环境认知与行为研究［J］. 南方农机，2019（11）：19-21.

［3］广德福. 借鉴浙江"千万工程"经验造就千万个美丽乡村［J］. 农村工作通讯，2019（8）：28-29.

［4］张忠明，王媛琳，陈永臻，王梦娜. 基于浙江美丽乡村建设的农户环境认知与行为调查研究［J］. 社会科学（全文版），2019（1）：151-153.

［5］朱春珠. 美丽浙江美丽乡村的创建——以金华浦江为例兼谈乡村振兴战略［J］. 当代旅游（下旬刊），2019（1）：24-27.

［6］付洪良. 美丽乡村建设与农村产业融合发展的协同关系——乡村振兴视角下浙江湖州的实证研究［J］. 湖州师范学院学报，2019（1）：8-12.

［7］陈卓，黄欣. 社会需求导向下的建筑设计教学实践与思考——以同济大学浙江学院"美丽乡村"建筑设计系列课程为例［J］. 城市建设理论研究（电子版），2018（34）：65.

［8］滕琳. 从美丽乡村到美丽经济的路径转换研究——以浙江湖州为例［J］. 湖州师范学院学报，2018（11）：14-19.

［9］付洪良，曹永峰，于敏捷. 浙江美丽乡村生态文明建设动力机制的实证研究［J］. 生态经济，2018（5）：218-223.

［10］齐霁. 透过浙江美丽乡村探索乡村建设新策略［J］. 建筑工程技术与设计，2017（36）：35.

［11］蔡振京，贾洪格，胡齐乐. 关于完善我国乡村旅游可持续发展法律保障机制的对策性研究——以浙江安吉"美丽乡村"建设为例［J］. 法制博览，2016（32）：248-250.

［12］吴健. 构筑浙江发展新格局——加强美丽乡村建设四部曲［J］. 城

市建筑，2016（17）：356.

［13］刘沛，杨君，谭洁，谢红霞，唐弘久，卢子龙. 湖南与浙江"美丽乡村"农业休闲观光模式对比［J］. 城市，2016（11）：44-47.

［14］程永康，赵青. 以古文化资源为抓手建设美丽乡村——以浙江乍浦为例［J］. 科教导刊，2015（34）：155-157.

［15］渠长根，胡雅敏. 开发红色文化　建设美丽乡村——以浙江桐庐为例［J］. 观察与思考，2015（3）：76-80.

［16］郑军德. 美丽乡村建设背景下乡村特色的景观营造——以浙江中部地区为例［J］. 浙江树人大学学报，2014（2）：47-49.

［17］蔡颖萍，周克，杨平. 美丽乡村建设的模式与成效探析——基于浙江省长兴县的调查研究.［J］. 湖州师范学院学报，2014（1）：20-23.

［18］顾益康. 建设美丽浙江，离不开美丽乡村［J］. 农村工作通讯，2013（16）：46-47.

［19］朱莹，王伟光，陈斯斯，张依姗. 浙江衢州市衢江区"美丽乡村"总体规划编制方法探讨［J］. 规划师，2013（8）：113-117.

［20］郑杭生，张本效. "绿色家园、富丽山村"的深刻内涵：浙江临安"美丽乡村"农村生态建设实践的社会学研究［J］. 学习与实践，2013（6）：79-84.

［21］严碧华. 久久为功，建设浙江美丽乡村［J］. 民生周刊，2019（7）：19-20.

［22］陈潇奕. 浙江龙泉：打造美丽乡村样板［J］. 民族大家庭，2019（2）：70-72.

［23］鹤蜚. 青山绿水尽芳菲——浙江安吉美丽乡村建设纪实［J］. 生态文化，2019（1）：4-10.

［24］李津. 美丽乡村建设的"安吉标准"［J］. 当代贵州，2018（16）：4-5.

［25］何玲玲，张旭东，何雨欣，方问禹，王俊禄. 绘就新时代美丽乡村新画卷——习近平总书记关心推动浙江"千村示范、万村整治"工程纪实［J］. 政策，2018（6）：44-48.

［26］汪场. 浙江：践行"两山"理论　打造美丽乡村路［J］. 交通建设与管理，2016（24）：54-57.

［27］李炜，何晓霞，李锦华. 串点成线　巧绘县域乡村风景——浙江

衢州市美丽乡村"一县一带"创建活动纪实［J］. 农村工作通讯，2016（17）：32-35.

［28］严碧华. 美丽乡村从垃圾分类起步——浙江金华金东区农村环境全域综合整治纪实［J］. 民生周刊，2016（11）：23-26.

［29］叶红玲，李风. 圆"美丽乡村"之梦——从浙江几个乡村的"再造"看宅基地整治的巨大功效［J］. 中国土地，2016（10）：4-7.

［30］钟瑜，柏中建. 十年发展成就美丽乡村——2014全国党刊工作者在浙江宁波基层采风［J］. 今日海南，2014（9）：8-9.

［31］赵飞扬. "美丽广西"的他山之石——浙江"美丽乡村"建设对广西的经验借鉴［J］. 广西城镇建设，2014（4）：38-41.

［32］方益波，王政，商意盈. 浙江：再现"美丽乡村"［J］. 瞭望，2013（43）：16-17.

［33］康进昌，许雪亚. 浙江的美丽乡村建设之路——访浙江省委副秘书长、省农办主任章文彪［J］. 农村工作通讯，2013（22）：23-24.

［34］王政，魏董华. 浙江：建设美丽乡村启示录［J］. 半月谈，2013（21）：8-12.

［35］方益波，王政. 浙江美丽乡村是怎样建成的浙江"千万"工程扮靓万千农村的启示［EB/OL］. 三农网，https：//www. zg3n. com. cn. /nyyw/1gK2x0YhMxa NWne9s. html.

［36］栗子. 美丽乡村浙江递出的最美名片［J］. 文化交流，2013（10）：65-67.

［37］周建国，邓国芳. 让绿子弹在原野中飞：浙江日报·美丽乡村周刊的绿色传播实践［J］. 新闻实践，2013（7）：7-10.

［38］沈建波，蒋蕴. 城市化乡土之变中传媒的文化责任呈现：以《浙江日报》《美丽乡村》周刊为例［J］. 中国记者，2013（5）：82-83.

［39］周建国，韩晓军.《浙江日报·美丽乡村周刊》的创新尝试：兼谈三农新闻的时代之变［J］. 中国记者，2011（12）：106-107.

［40］陈珊宇，张慧，曹栋栋，黄玉韬，李政，田燕，阮关海. 向日葵小杂粮作物在浙江美丽乡村建设中的应用功能及实施研究概述［J］. 浙江农业科学，2019（9）：1620-1622.

［41］广德福. 借鉴浙江"千万工程"经验造就千万个美丽乡村［J］. 农村工作通讯，2019（8）：28-29.

［42］孔繁钢. 浙江美丽乡村电网建设的探索与实践［J］. 农村电气化，2019（7）：15-19.

［43］蒋群星，何爽，唐亮. 打造美丽乡村建设的浙江范本［J］. 农业发展与金融，2019（1）：42-46.

［44］苏杨，潘智文. 通过构建美丽乡村治理模式实现乡村绿色振兴——基于浙江仙居国家公园经验［J］. 环境保护，2018（15）：59-62.

［45］王国灿. 建设美丽乡村看浙江［J］. 经贸实践，2018（9）：61-62.

［46］谭秋成. 美丽乡村的浙江标本［J］. 同舟共进，2018（7）：13-15.

［47］浙江省安吉县委、县政府. 浙江安吉：让全域美丽乡村从"一时美"转化为"持久美"［J］. 城乡建设，2017（20）：14-15.

［48］郭雨露. 他山之石，可以攻玉　浙江创建特色小镇和美丽乡村的经验借鉴与思考［J］. 中华建设，2017（12）：105-109.

［49］王合文，章敏，唐宁. 六美导向在浙江安吉美丽乡村景观设计应用中的探索和实践［J］. 建筑与文化，2017（9）：145-147.

［50］苏卫哲，王洪波，谢正飞，曹刚，谢修庆，张文博. 生态优先　绿色发展美丽乡村建设的生动实践——基于浙江安吉、平湖的调研报告［J］. 江苏农村经济，2017（8）：32-35.

［51］蒋国强. 美丽乡村如何抓好垃圾分类——浙江衢州农村生活垃圾分类处理情况调查［J］. 农村工作通讯，2017（4）：56-58.

［52］胡耀华，吴爱晶. 浙江东阳："一事一议"助推美丽乡村建设［J］. 当代农村财经，2016（12）：58.

［53］张艳彬. 浙江"美丽乡村"建设中农村土地综合整治现状分析［J］. 浙江国土资源，2016（3）：25-26.

［54］张晓红. 美丽乡村建设的再认识与实践思考——以浙江为例［J］. 乡村规划建设，2016（1）：49-54.

［55］李乐华，沙洋. 美丽乡村背景下浙江村庄规划编制探讨与思考：以桐庐县环溪村村庄规划为例［J］. 小城镇建设，2015（5）：34-40.

［56］轩玮. 浙江温州市　让平安水电点亮美丽乡村［J］. 中国水利，2014（24）：180-183.

［57］夏宝龙. 美丽乡村建设的浙江实践［J］. 精神文明导刊，2014（11）：13-14.

［58］朱挺锋. 采用天地一体全景　展现浙江美丽乡村［J］. 浙江国土资

源，2014（7）：44.

　　[59] 乔传秀. 浙江：走好美丽乡村建设的"五子棋" [J]. 中国政协，2013（18）：44-45.

　　[60] 荣先恒. 以更大的力度加快推进"美丽广西·清洁乡村"建设：浙江美丽乡村活动的启示 [J]. 广西经济，2013（7）：9-10.